Annette Jensen

Wir steigern das Bruttosozialglück

Annette Jensen

Wir steigern
das Bruttosozialglück

Von Menschen, die anders wirtschaften
und besser leben

HERDER

FREIBURG · BASEL · WIEN

Für Johanna, Benno und Sophie

© Verlag Herder GmbH, Freiburg im Breisgau 2011
Alle Rechte vorbehalten
www.herder.de

Umschlaggestaltung: P. S. Petry & Schwamb, Freiburg
Umschlagmotiv: © Michael Röder – Fotolia.com
Autorinnenfoto: © Rolf Schulten

Satz: Dtp-Satzservice Peter Huber, Freiburg
Herstellung: fgb · freiburger graphische betriebe
www.fgb.de

Dieses Werk wurde vermittelt durch Aenne Glienke |
Agentur für Autoren und Verlage, www.AenneGlienkeAgentur.de

Printed in Germany

ISBN 978-3-451-30404-0

Inhalt

„Wir fangen einfach schon mal an"

Ja – Probleme hat die Menschheit mehr als genug: Klimawandel, fast eine Milliarde Hungernde, wachsende Atommüllberge, ein rasend schneller Verlust der biologischen Vielfalt, ein übermächtiger Finanzsektor und noch ein paar Megakrisen mehr. Dagegen zu sein ist einfach. Dagegen anzukommen, scheint unmöglich.

Selbst etwas aufzubauen, das überschaubar, verantwortbar und sinnvoll ist, haben sich Menschen in ganz unterschiedlichen Lebensbereichen vorgenommen – und einfach damit angefangen. Anders als in den 1970er und 1980er Jahren, als grün-alternative und autonome Kreise annahmen, solche Projekte könnten allein auf ihrem Mist wachsen, sind es heute Menschen mit sehr unterschiedlichen Hintergründen: Da findet sich ebenso ein CSU-Ortsvorsteher wie eine antikapitalistische Hofkommune, der Chef eines Luxushotels wie eine theosophische Bäuerin, der Ingenieur einer städtischen Bauverwaltung wie die Dorfgemeinschaft, die einen Großkonzern rausschmeißt und ihre Stromerzeugung selbst in die Hand nimmt. Genau so vielfältig sind auch die Lebenswege der Protagonisten: Manche sind schon immer gegen den Mainstream geschwommen, andere haben eine steile Karriere abgebrochen und wieder andere sind einfach in ihre neue Aufgabe hineingeschlittert. Niemand von ihnen nimmt für sich in Anspruch, Vorbild oder Vertreter eines allgemeingültigen Modells zu sein. Auch trifft man nirgends auf erhobene Zeigefinger, und die leidige Verzichtsdebatte spielt hier ebenfalls keine Rolle. Vielmehr geht es diesen Menschen darum, ihre selbst gewählte Sache nach bestem Wissen und Gewissen zu tun, ihr „Ding" zu machen; und häufig sind auch Solidarität und gemeinsamer Spaß zentral.

Vielleicht steckt gerade in der Vielfalt der Ansätze und Akteure eine enorme Sprengkraft. Denn was da nebeneinander entstanden ist, ist nicht Ausdruck einer jahrelangen Debatte über den richtigen Weg. Vielmehr zeigen alle diese Menschen, dass Alternativen nicht nur theoretisch denkbar, sondern machbar sind – und darüber hinaus oft sogar ausgesprochen lustvoll und beglückend.

Dagegen nehmen Politiker aller Couleur noch immer an, dass Wirtschaftswachstum der zentrale Schlüssel zur Zufriedenheit der Bürger ist. Der Maßstab in diesem System ist das Bruttoinlandsprodukt. Das nimmt zu, sobald jemand einem anderen eine Rechnung schreibt und der bezahlt. Was über den Ladentisch geht oder welche Dienstleistung abgerechnet wird, ist völlig egal: Auch Sondermüll, Krücken und die Planung einer Bauruine steigern das Bruttoinlandsprodukt. Nicht die Bedürfnisse der Menschen stehen im Zentrum, sondern ein möglichst kostenintensiver Aktionismus.

Darüber hinaus ist das Bruttoinlandsprodukt blind dafür, dass die Reichen immer reicher und die Armen immer ärmer werden. Als Wohlstandsindikator für einen fortschrittlichen, seine Bürger ernst nehmenden Staat ist es somit denkbar ungeeignet. Sollte es weiterhin der zentrale volkswirtschaftliche Indikator bleiben, nützt das vor allem denen, deren persönlicher Vorteil auf diese Weise in der Öffentlichkeit als positiv für die Allgemeinheit dasteht.

Auch hier gibt es ein Gegenbeispiel – und das liegt ebenfalls weit außerhalb des allgemeinen Blickfelds: Im armen Himalaja-Staat Bhutan gilt das Glück der knapp 700.000 Bürger als Staatsziel; seit kurzem gibt es sogar ein entsprechendes Ministerium. Das befragt die Einwohner intensiv nach ihren Wünschen und Befindlichkeiten. Die Themen dabei reichen vom psychischen Wohlergehen über Gesundheit und Bildung bis hin zum Gemeinschaftsleben, der Zufriedenheit mit Lebensmitteln und der Wohnsituation sowie der kulturellen und ökologischen Vielfalt. In dieser Perspektive wissen die Bürger selbst, was am besten für sie ist. Nach Abwägung der unterschiedlichen Interessen sollen daraus politische Entscheidungen abgeleitet werden, die dem Allgemeinwohl am besten dienen.[1]

Genau in diesem Sinne bemühen sich auch bei uns schon Menschen, das Bruttosozialglück zu steigern. Von ihnen soll in diesem Buch die Rede sein.

1
Energie – David gegen Goliath

Gut Holz in Güssing

Bürgermeister Peter Vadasz beginnt ein Gespräch über seine Stadt gerne mit dem Hinweis, wie überaus klimafreundlich Güssing sei. Strom, Wärme und demnächst vielleicht auch ein Teil des Benzins – hier wird alles aus heimischem Holz hergestellt und damit CO_2-neutral. Und wenn sich in den vergangenen zehn Jahren nicht so viele neue Betriebe angesiedelt hätten, dann wäre Güssing in puncto Elektrizität schon längst autonom. Jährlich 15.000 Neugierige lockt das Energiekonzept in die Kleinstadt im süd-östlichsten Zipfel Österreichs. Um den Ansturm zu bewältigen, musste sogar ein neues Hotel gebaut werden.

Doch am Anfang war es keineswegs der Wunsch, das Klima zu schützen, der die Güssinger antrieb, sondern rein wirtschaftliches Kalkül. Der Ort an der ungarischen Grenze war in einem jämmerlichen Zustand, als 1989 der eiserne Vorhang fiel. Die Region galt als extrem strukturschwach, nicht einmal ans Bahn- und Gasnetz waren die Ortschaften im südlichen Burgenland angeschlossen. Eine Nudelfabrik mit etwa 100 Jobs war damals der einzige Betrieb, der überregional überhaupt von Bedeutung war. Bei den kommunalen Einnahmen landete Güssing regelmäßig auf einem der allerletzten Plätze; 70 Prozent der Erwerbstätigen pendelten nach Graz oder Wien und kehrten meist nur zum Wochenende heim. Auch die Bauern kamen kaum über die Runden: Ihre Flurstücke waren aufgrund der Tradition, das Land beim Vererben immer weiter zu teilen, extrem klein und die Hälfte der Flächen war zudem bewaldet.

Geld aus dem leeren Stadtsäckel schöpfen

Auch Reinhard Koch verdiente sein Geld lange Zeit als Ingenieur in der österreichischen Hauptstadt – doch wie die meisten Güssinger hing der frühere Basketballnationalspieler an seiner Heimat und wollte am liebsten dorthin zurückkehren. Als der Zweimetermann bei einem seiner häufigen Besuche den damaligen

Bürgermeister auf der Straße traf und der ihm spontan die Aufsicht über die städtische Kläranlage antrug, zögerte er nicht lange, obwohl ihm die Aufgabe weder interessant noch ausfüllend erschien. Doch die Stelle hatte einen enormen Vorteil: Sie ließ ihm genug Zeit, sich grundsätzliche Gedanken zu machen.

Als Erstes erarbeitete er ein Stromsparprogramm für die Straßenbeleuchtung. Der Gemeinderat segnete das ab – und kein Bürger protestierte. „Die meisten haben die Veränderung wohl gar nicht bemerkt", mutmaßt Koch. Außerdem beantragte er ein Computersystem für die Kläranlage, damit die Sauerstoffpumpen nur dann laufen, wenn es nötig ist – eine Investition, die sich innerhalb weniger Monate amortisierte. Die Abgeordneten registrierten das mit Genugtuung, und als Reinhard Koch ihnen dann wenig später vorrechnete, dass sie beim Heizen von Schulen und Amtsstuben das knappe Geld der Gemeinde gleichsam aus dem Fenster warfen, waren sie bereit, einen Kredit für Wärmedämmung und neue Heizungen aufzunehmen. Sieben Jahre später hatte Güssing das Darlehen abgestottert – und weil sich die Energierechnung halbiert hatte, profitiert der Ort seither Jahr für Jahr von seinen damaligen Ausgaben.

Doch für Koch war das erst der Anfang. 36 Millionen Euro gaben die Leute im Bezirk Güssing früher pro Jahr aus, um Öl und Benzin einzukaufen, hat er einmal ausgerechnet – Geld, das auf Nimmerwiedersehen das Burgendland verließ und die Kassen großer Konzerne irgendwo anders füllte. „Alle sagen immer, wir sind eine arme Gegend – aber wir lassen unsere eigenen Ressourcen einfach verrotten", argumentierte der Ingenieur und verwies auf den Holzreichtum der Region. Er schlug vor, ein Fernheizwerk zu bauen und das mit Durchforstungsholz zu betreiben. Viele Bürger waren skeptisch, und jetzt zögerten auch die Gemeindevertreter – schließlich genossen Ölheizungen damals noch immer den Ruf des Modernen bei der ländlichen Bevölkerung. Vor allem die älteren Leute erinnerten sich gut daran, wie mühsam es früher war, die Wohnstube mit selbstgehackten Scheiten warm zu kriegen. Heizen mit Holz galt als Arme-Leute-Methode. Auch die Öllieferanten und Installateure von Heizkesseln versuchten, Stimmung gegen Kochs neueste Pläne zu machen und verteilten Flugblätter. Dagegen fürchteten die Politiker vor allem, eine zentrale Anlage sei schwer beherrschbar – schließlich gab es so etwas in dieser Größenordnung in Österreich noch nicht. Koch hatte zwar keine Bedenken, nachdem er in Schweden und Dänemark mehrere derartige Heizwerke gesehen hatte. Doch der ruhige Mann verstand schnell, dass er mit Druck nicht weiterkommen würde. So schlug er vor, das Ganze in zwei Dörfern erst einmal auszuprobieren.

„Wie ein Wanderprediger" zog er in den Monaten danach in Urbersdorf von Küchentisch zu Küchentisch – schließlich macht eine Fernwärmeversorgung nur dann Sinn, wenn möglichst viele Häuser in einer Straße angeschlossen sind. „Ohne Not hätte sich hier nie was getan", ist er noch heute überzeugt. „Aber die Leute haben nach und nach verstanden, dass sie jetzt etwas zu Geld machen können, was sie vorher weggeworfen haben." Zum Beispiel Ernst Kedl, der neben einer Gaststätte auch noch eine kleine Landwirtschaft betreibt und sieben Hektar Wald besitzt. Auch er gehörte zunächst zu den Skeptikern. Doch heute liefert er wie andere Urbersdorfer abgebrochene Äste, zu eng stehende Jungbäume, Rinden und Sägespäne an die Genossenschaft und bekommt dafür Geld – und Wärme. „Früher haben wir hier den Wald nicht so geputzt wie heute", sagt er und grinst.

Nachdem am Anfang nur 28 Haushalte in Urbersdorf mitmachten, sind es inzwischen 50. Sowohl der störungsfreie Betrieb als auch die steigenden Ölpreise überzeugten immer mehr Bürger, zu wechseln. Die Leitungen waren so gebaut worden, dass sich die zunächst Unentschiedenen anschließen lassen konnten, ohne dass deswegen jedes Mal die ganze Straße aufgerissen werden musste. Kraftwerk und Kessel sind am Dorfrand in einem Haus mit Satteldach untergebracht; wer nicht danach sucht, wird das Gebäude kaum entdecken.

Das gute Beispiel überzeugte: Kurz danach wurde ein 35 Kilometer langes Fernwärmenetz in Güssing selbst verlegt. Fast 85 Prozent der Haushalte und so gut wie alle öffentlichen Gebäude werden inzwischen damit geheizt.

Weihnachten und Ostern an einem Tag

Der Beitritt Österreichs zur EU 1995 machte das hintere Burgenland zum „Ziel 1 Fördergebiet" – und Güssing wusste das zu nutzen. Während Bürgermeister Peter Vadasz seine Verbindungen zu
einigen Ministerialen spielen ließ, setzte Koch als Nächstes eine
eigene Stromerzeugung auf die Tagesordnung. Wieder sollte Holz
dafür die Energiequelle sein, und wieder stand Kochs Vorbild in
Dänemark. Dass in der Holzvergasungsanlage allerdings erhebliche Mengen Teer und Stickstoff als Abfälle entstanden, störte
den Ingenieur aus Güssing erheblich. Doch weil es auf dem Markt
keine bessere Technik gab, hatte er den Vertrag für die Anlage
bereits unterschriftsreif in seinem Büro liegen. Da kam ihm ein
Zufall zu Hilfe. Der Biomasseverband hatte sich entschieden,
seine Jahrestagung in Güssing abzuhalten. Koch war stark mit
der Organisation beschäftigt und konnte sich deshalb nicht alle
Vorträge anhören. Erst am Abend fiel ihm das Redemanuskript
des Wiener Professors Hermann Hofbauer in die Hände, in dem
er von der „Erzeugung eines Synthesegases aus biogenen Roh-
und Reststoffen mittels Wasserdampfvergasung" berichtete. Professor Hofbauer hatte eine winzige Versuchsanlage in seinem Labor aufgebaut und gab an, dass bei seiner Methode nur geringe
Mengen Stickstoff und Teer anfielen. „Das war wie Weihnachten
und Ostern gleichzeitig", beschreibt Koch sein Gefühl. Auch Hofbauer war begeistert, als er gleich am nächsten Tag einen Anruf
aus Güssing bekam und plötzlich die Chance sah, seine Idee im
größeren Maßstab umzusetzen. Nach einer Weile war dann klar:
Österreich und die EU würden das Pilotprojekt fördern – aber
nur dann, wenn gleichzeitig ein Forschungszentrum in Güssing
entstünde, das sein Know-how an Interessierte weitergibt. Und so
wurde das Europäische Zentrum für Erneuerbare Energien ausgerechnet an einem Ort errichtet, der damals an der äußersten
Peripherie der EU lag.

Inzwischen experimentieren Koch und Hofbauer an einem
Treibstoff aus Holz, Stroh, Hausabfällen und Klärschlamm; etwa
ein Barrel am Tag fließt bereits. Im Jahr 2009 gelang ihnen der

Durchbruch bei der Entwicklung eines Erdgasersatzes aus Holz. „Natürlich ist es toll, wenn Minister oder EU-Kommissare hier vorbeikommen und wir sind auch sehr stolz", sagt Reinhard Koch, und das klingt fast pflichtschuldig. Der Alltag aber sei nun mal Arbeit und da müsse man auf dem Boden bleiben. Auch die Avancen großer Konzerne wischt er zur Seite: „Die können mir ja nichts anderes bieten als Geld. Natürlich braucht man genug zum Leben, aber doch nicht mehr", sagt der 50-Jährige, dessen Schreibtisch in einem schlichten, in alle Richtungen offenen Durchgangszimmer steht. Viel wichtiger als persönlicher Reichtum ist ihm die Dezentralisierung des Energiesystems in Güssing und anderswo – denn Energiezentren sind Machtzentren, und genau dagegen will er sein Provinzstädtchen immunisieren. Auch Bürgermeister Peter Vadasz hat den großen Energieversorgern einen Korb gegeben, die sich gerne in Güssing eingekauft hätten. Nur so nämlich können die Gemeindevertreter die Preise zumindest teilweise selbst bestimmen und standortsuchenden Betrieben günstige Angebote machen.

60 Firmen haben sich seit Mitte der 90er Jahre in Güssing neu angesiedelt, ein riesiges Gewerbegebiet ist entstanden. „Ich frag die Unternehmen, wie viel Arbeitsplätze sie bringen – und je mehr es sind, desto günstiger kriegen die die Energie", so Vadasz. Den Anfang machten zwei große Parkettfirmen, die auf ganzjährige Wärmelieferungen angewiesen sind, dann folgten ein Werk, das aus Holunder Lebensmittelfarbe erzeugt, und schließlich Österreichs erste und bislang einzige Produktionsstätte für Photovoltaikzellen mit immerhin 140 Arbeitsplätzen. Güssings Steuereinnahmen haben sich seit Anfang der 90er Jahre verfünffacht, 1500 neue Jobs sind entstanden. Der zentrale Platz ist jetzt schön gestaltet, die Kanalisation repariert und auch neue Sportstätten konnten eingeweiht werden. Die Abwanderung ist zwar noch nicht gestoppt, hat sich aber deutlich verlangsamt.

Der Durchmarsch der Kleinen

Nicht nur die Güssinger zeigen den großen Energiekonzernen eine Nase. Weil es erneuerbare Energiequellen überall gibt, lassen sie sich auch überall nutzen, ohne dass dafür ein Millionen- oder gar Milliardeninvestor gebraucht wird. Die Anlagen sind im Vergleich zu Großkraftwerken billig, dezentral und kleinteilig, technisch einfach zu beherrschen und ungefährlich. Vor allem in der Provinz sind die Voraussetzungen sehr gut, weil es dort natürliche Abfälle wie Gülle, Mist und Grasschnitt gibt und auch genügend Platz für Windräder. Ausgerechnet die ländlichen Regionen, die mit der zunehmenden Industrialisierung immer weiter an wirtschaftlicher Bedeutung verloren hatten, haben als Erste die Chance, vom Energieverbraucher zum Selbstversorger und schließlich sogar zum Energielieferanten zu werden. Entsprechend bleibt das Geld für Strom und Wärme vor Ort und fließt nicht in die Konzernzentralen in den Großstädten oder nach Saudi-Arabien.

Doch auch in dicht besiedelten Gebieten findet die Energiewende schon längst statt. Die Stadt München beteiligt sich an Geothermie-Anlagen und Windparks mit dem erklärten Ziel, ab 2025 nur noch „grünen" Strom zu nutzen. Im kleinen Wasserburg am Inn mit seinem historischen Ensemble arbeiten Denkmalschutz, Stadtverwaltung und engagierte Bürger eng zusammen und überlegen, wo überall Photovoltaikanlagen integriert werden können. Eine kostenlose Energieberatung hilft, die energetische Sanierung von Privathäusern auf den Weg zu bringen – schließlich hat sich der 12.000-Einwohner-Ort ehrgeizige Klimaschutzziele gesetzt, die nur zum geringen Teil durch den Bau von Erneuerbaren Energien erreichbar sind. Eine Projektgruppe beschäftigt sich mit Heizungspumpen, eine andere mit Beleuchtung, die dritte mit Lebensmitteln und Lebensstilen, berichtet Moderatorin Frauke Liesenborghs. Seit kurzem gibt es in Wasserburg nicht nur einen interkulturellen Garten, sondern auch gemeinsame Kochabende mit regionalen Produkten.

Vielerorts schließen sich auch Gruppen zusammen, sammeln Geld und installieren eine Photovoltaikanlage auf einem Feuerwehrhaus oder einem anderen langfristig gepachteten Dach. Geradezu einen Boom erlebte in diesem Bereich die Unternehmensform Genossenschaft: Ohne Probleme können ständig neue Mitglieder hinzukommen, und sobald wieder genug Geld in der Kasse ist, kann die nächste Anlage in Angriff genommen werden. Weil außerdem jedes Mitglied unabhängig vom finanziellen Beitrag eine Stimme hat, ist die Genossenschaft eine urdemokratische Angelegenheit. Anfang 2009 gab es deutschlandweit 41 Solargenossenschaften[2], ein Jahr später registrierte der vielfache „Genossenschaftsgeburtshelfer" Burghard Flieger schon rund 150.[3]

Die Macht des Schwarms

Die meisten Energiegenossenschaften sind lokal oder regional aufgestellt. Einen Überblick gibt die Seite www.energiegenossenschaften-gruenden.de

Aber es existieren auch Unternehmen mit einem deutschlandweiten Horizont wie die Frauen-Genossenschaft Windfang.
www.windfang.net

Die Energiegenossenschaft fairPla.net agiert sogar weltweit: Ihre bisher 740 Mitglieder stammen nicht nur aus Deutschland, Österreich und der Schweiz, sondern auch aus Argentinien, Afghanistan, Südafrika oder Südkorea. Menschen aus elf Nationen auf vier Kontinenten haben sich zu einer Klimaschutzgemeinschaft zusammengeschlossen. Sie investieren ebenso in Photovoltaikanlagen auf Schuldächern im westfälischen Münster wie in Biomasseanlagen in Indien. In Deutschland ist man mit 250 Euro bei FairPla.net dabei, Mitglieder aus anderen Weltgegenden bekommen Sonderkonditionen.
www.fairpla.net

Inzwischen gibt es auch eine Ausbildung für angehende Gründer von Energiegenossenschaften: In mehrtägigen Seminarblöcken und zwischendurch im Internet lernen sie innerhalb von vier Monaten, wie man ein solches Gemeinschaftsunternehmen organisiert.
www.energiegenossenschaften-gruenden.de

Die Macht der Dinosaurier

So treten im ganzen Land Wärme und Strom erzeugende Bürger an gegen die wirtschaftlich mächtigsten und politisch einflussreichsten Branchen des 20. Jahrhunderts.

Da ist zum einen die internationale Mineralölindustrie. Der mit Abstand größte Konzern ist die staatliche Aramco aus Saudi-Arabien, die zusammen mit der iranischen NIOC über etwa ein Drittel der Ölreserven verfügt. Die umsatzstärksten Privatfirmen sind Exxon Mobil aus den USA und die britischen Firmen BP und Shell. Sie können weitgehend unbehelligt schalten und walten, wie die Öffentlichkeit nach der Explosion der BP-Ölbohrplattform Deepwater Horizon im April 2010 im Golf von Mexiko einmal mehr erfahren musste: Die staatlichen Aufseher hatten die entscheidenden Bauteile nie kontrolliert und sich allein auf die Angaben der Industrie verlassen. Obwohl eine Untersuchungskommission Anfang 2011 eindeutig feststellte, dass ein solcher Unfall aufgrund der üblichen Praktiken in der Ölbranche jederzeit wieder passieren könnte, erlaubte die US-Regierung fast zeitgleich die Aufnahme von 13 vor der Havarie der Deepwater Horizon genehmigten Bohrungen und verlangte keine erneuten Zulassungsverfahren. Auch in der Nordsee sind katastrophale Tiefbohr-Unfälle keineswegs ausgeschlossen, wie ein Bericht des britischen Parlaments warnt.[4]

Beim Strom teilen sich in Deutschland vier Großkonzerne 80 Prozent des Marktes: RWE, Eon, Vattenfall und EnBW. Grundlage ihrer traditionellen Machtposition ist das über mehr als sechs Jahrzehnte geltende Energiewirtschaftsgesetz aus der NS-Zeit. Das sah bis 1998 Gebietsmonopole für die Gas- und Elektrizitätsversorgung vor, um „volkswirtschaftlich schädliche Auswirkungen des Wettbewerbs zu verhindern" und eine billige und sichere Energieversorgung zu garantieren. Doch tatsächlich führte genau diese Konstruktion zu völlig überteuerten Strukturen auf Kosten von Kunden und Umwelt: Die Konzerne bauten einen überdimensionierten Atom- und Kohlekraftwerkspark und leiteten den dort erzeugten Strom durch das von ihnen kontrollierte Hochspannungsnetz. Kosten spielten dank mangelnder Konkurrenz keine Rolle und wurden auf die Kundschaft oder, wie im Falle des Atommülls, auf den Staat abgewälzt.

Zugleich wurde die Konkurrenz nach und nach zum Aufgeben gezwungen: Gab es nach dem Krieg in Westdeutschland noch 15.000 Stromproduzenten, waren es in den 1950er Jahren nur noch 3500 und Mitte der 1980er Jahre nicht einmal mehr 680.[5] Lokale Spitzenpolitiker wurden nicht nur durch üppig dotierte Aufsichtsratsmandate in zahlreichen Tochterunternehmen der Stromfirmen bei Laune gehalten, sondern auch durch die Konzessionszahlungen für die Stromleitungen auf ihrem Gebiet, die in die Gemeindekassen flossen.

Angestoßen durch die EU wurde der Strommarkt in Deutschland 1998 liberalisiert. Viele Ökonomen erwarteten, dass nun auch die letzten selbstständigen Stadtwerke von der Landkarte verschwinden würden: Alles was klein war und womöglich auch noch von der öffentlichen Hand betrieben wurde, galt als unrentabel und damit als Übernahmekandidat. Tatsächlich verkauften reihenweise Gemeinden ihre Stadtwerke. Doch schnell merkten die Bürger, dass bei einem kommerziellen Betreiber die Preise steigen. Zugleich mussten die Abgeordneten einsehen, dass sie bei vielen Versorgungsfragen nun keinen Einblick, geschweige denn Einfluss mehr hatten. Dagegen führten beispielsweise die Münchner oder Bochumer Stadtwerke vor, dass auch Unternehmen, die zu hundert Prozent der öffentlichen Hand gehören, sehr effektiv arbeiten und der Kommune Millioneneinnahmen bescheren können.

So hat sich der Trend inzwischen umgekehrt: Viele Kommunen gründen wieder Stadtwerke. Außerdem wollen sie die gegenwärtig reihenweise auslaufenden Konzessionsverträge für die Leitungen nun lieber an einen regionalen Versorger vergeben als erneut an einen Großkonzern. Dabei sind die Bürger inzwischen häufig Antreiber und manchmal sogar Lehrmeister. Eine in Freiburg ansässige Genossenschaft will sich selbst an Stadtwerken beteiligen und macht dabei zur Bedingung, dass die sich vollständig unabhängig machen von Kohle- und Atomstrom. Schon 30 Millionen Euro hat „Energie in Bürgerhand" auf einem Treuhandkonto. Zusammen mit einem holländischen kommunalen Stromnetzbetreiber und den Schönauer Stromrebellen bieten sie Kommunen außerdem ein „Rundum-Unterstützungspaket" an, das von der Stromakquise über den Netzbetrieb bis hin zur Bürgerbeteiligung reicht.

Parallel sind auch energieerzeugende Bürger längst zu einem entscheidenden Wirtschaftsfaktor geworden. Allein für Solaranlagen haben Privatleute in Deutschland sechs Milliarden Euro im Jahr 2010 investiert – mehr als die vier großen Stromkonzerne zusammen für den Neu- oder Ausbau ihrer Kraftwerke.[6] Summa summarum gehören RWE, Eon, Vattenfall und EnBW bei den Erneuerbaren nur sieben Prozent der installierten Leistung.[7] Und auch wenn BP viel Geld für Werbung investiert, um sich als Vorreiter der erneuerbaren Energien darzustellen, so machen die doch tatsächlich weniger als 0,1 Prozent seiner Gas- und Ölproduktion aus.[8] Die Kraft dieser Entwicklung kommt also eindeutig von unten – von den vielen kleinen Produzenten. Sie haben dafür gesorgt, dass 2010 auf den Import von Erdöl, Gas und Kohle im Wert von 7,4 Milliarden Euro verzichtet werden konnte[9]. Und sobald wieder eine 60-Quadratmeter-Solaranlage auf einem Dach installiert wird, kann damit eine weitere Tonne klimaschädlicher Steinkohle eingespart werden.[10]

Es gibt inzwischen viele Geschichten über Menschen zu erzählen, die die Energiewende vorantreiben– und die sind so unterschiedlich wie die Leute und Regionen, in denen sie stattfinden.

Zukunftsplan auf einem Bierdeckel

Während in Güssing ein für die Kläranlage zuständiger Ingenieur die Entwicklung maßgeblich vorantrieb, brachte im ersten deutschen Bioenergiedorf Jühnde ein wissenschaftlicher Vortrag der Universität Göttingen den entscheidenden Impuls.

Manfred Menke erinnert sich genau an die Stunde, die sein Leben umkrempelte. Der Bürgermeister hatte eingeladen; irgendwelche Professoren wollten eine Idee vorstellen. „Ich hatte mir vorher keine Gedanken gemacht über unsere Energieversorgung – die erschien mir völlig sicher und selbstverständlich", berichtet der Autobahnpolizist. „Und dann haben die Leute uns an dem Abend den Schleier von den Augen weggezogen." Plötzlich fanden es alle im Saal völlig absurd, dass Erdöl aus Saudi-Arabien nach Jühnde gebracht wurde, wo es doch im Dorf selbst genügend Material gibt, das den gleichen Zweck erfüllen kann. Manfred Menke und eine ganze Reihe anderer Dörfler waren sofort von der Idee einer autarken Energieversorgung angefixt. Der Bürgermeister charterte einen Bus und gemeinsam schaute man sich Holzhackschnitzelkraftwerke und Biogasanlagen an, schnüffelte die Umgebungsluft und lauschte auf die Geräusche, die deren Reaktoren von sich gaben. Alles bestens, lautete das einhellige Urteil. Und kurz danach war klar: Entweder engagierten sich jetzt einige Leute richtig – oder man lässt die Sache auf sich beruhen.

Auf Bierdeckeln fixierten mehrere Jühnder spontan ihren Willen, sich gemeinsam in die Arbeit zu stürzen. Kurz darauf standen die Deutsche Bank und potenzielle Investoren auf der Matte, die anboten, die Anlage komplett zu bauen. „Aber wir wollten das selbst in der Hand behalten", berichtet Altbürgermeister August Brandenburg. Arbeitsgruppen wurden eingerichtet und plötzlich entdeckte das Dorf, wie viel Kompetenz es in den eigenen Reihen hat. Neben Handwerkern, Landwirten und Leuten mit betriebswirtschaftlichen Kenntnissen waren das auch Strippenzieher in der Politik sowie Wissenschaftler und Akademiker, die tagsüber nach Göttingen pendeln.

Seit 2005 steht auf dem Hügel über dem romantischen Ortskern ein riesiger grüner Blechkessel mit grauem Kuppeldach, in dem ständig eine braune Pampe blubbert, wie man durch ein Bullauge sehen kann. Stündlich wird eine Ladung Silage aus Gras, ganzen Mais- und Getreidepflanzen sowie Gülle hineingepumpt und die Masse ab und zu umgequirlt. Betriebsleiter Jörn Weitemeier hat die Mischung genau im Blick: „Der Fermenter darf nicht überfüttert werden und nicht verhungern", erklärt er eifrig. Früher war er Bauer, dann musste er sein Geld als Zahntechniker verdienen, bis er dank des neuen Biokraftwerks endlich wieder einen Job in seinem Heimatdorf Jühnde gefunden hat. Mit Hilfe mehrerer Computer achtet er nun darauf, dass sich die Bakterien in der luftdicht abgeschlossenen, körperwarmen Suppe wohl fühlen. Das Methan, das sie produzieren, wandert durch ein Rohr in einen containergroßen Kasten, der Strom und Wärme produziert. Das kleine Blockheizkraftwerk sorgt zusammen mit einem Holzhackschnitzelofen dafür, dass das 760 Einwohner zählende Dorf auf den Import von 300.000 Liter Erdöl verzichten kann.

Drei Viertel der Haushalte haben ihre alte Heizung und die Tanks rausgeschmissen und nutzen den freien Kellerraum nun wahlweise als Wellnessoase, Vorratskammer oder Gästezimmer. Die Kosten für die einen halben Meter breite Abnahmestation, durch die das 80 Grad heiße Wasser in die Häuser kommt, haben sich dank des zwischenzeitlich hohen Ölpreises schon drei Jahre nach Start des Projekts amortisiert. Seither erspart die Gemeinschaftsanlage jedem angeschlossenen Haushalt im Jahr mehrere hundert Euro Heizkosten.

5,4 Millionen Euro hat die Jühnder Energiegenossenschaft investiert – etwa ein Viertel waren Fördergelder für das Pilotprojekt, den Rest haben die Mitglieder aufgebracht. Das sind nicht nur knapp 150 Wärmekunden, sondern auch mehrere Bauern, die zusammen etwa ein Drittel von Jühndes Ackerflächen mit Pflanzen für den Gasreaktor bestellen.[11] Einer von ihnen ist Reinhard von Werder. Er nennt gleich mehrere Vorteile für seinen Hof: Durch die Direktvermarktung und den langfristig vereinbarten Preis ist er unabhängiger von den Höhen und Tiefen des Weltmarkts. Außerdem benötigt er weniger Pestizide als früher, weil die Biogasanlage auch Unkraut schluckt und viele Pflanzen vor der Reife geerntet werden können, so dass Pilzbefall kaum ein Problem ist. Weil die Erntesaison länger dauert, kann von Werder seine Maschinen außerdem besser auslasten. Darüber hinaus bekommt er die von ihm gelieferten Nährstoffe als Güllesubstrat zurück und kann sie als Dünger nutzen – ein Kreislauf eben. Und noch ein weiterer Vorteil fällt dem Landwirt ein: „Im Dorf ist es interessanter geworden und man kennt sich jetzt besser. Anderswo reden die Leute übers Wetter, bei uns über die gemeinsame Anlage."

Kleine Beurteilungshilfe: Biomasse als Energieträger

Alles, was lebt, ist – profan gesprochen – Biomasse. Wenn Pflanzen wachsen, binden sie klimaschädliches CO_2 aus der Luft – wenn sie verrotten oder verbrannt werden, entweicht das CO_2 zurück in die Atmosphäre. Ein Nullsummenspiel fürs Klima also.

Bis vor kurzem waren es fast ausschließlich Menschen in Entwicklungsländern, die Biomasse zur Energieerzeugung nutzten. Sie verwenden vor allem Holz und Dung, um zu kochen und zu heizen. 89 Prozent der globalen Bioenergienutzung entfällt noch heute auf diesen traditionellen Einsatz.[12]

Seit Verabschiedung des Erneuerbare-Energien-Gesetzes landen jedoch auch in Deutschland wachsende Mengen Gülle, Holzreste und Grasschnitt sowie Mais und Getreide in Bioreaktoren. Um daraus Strom und Wärme zu erzeugen, werden sie entweder verbrannt, vergast oder vergoren.

Zugleich entwickelt die Sprit- und Autoindustrie zunehmendes Interesse an Biomasse – zum einen um Erdöl zu ersetzen, zum anderen, weil es dafür massive politische Unterstützung gibt. So verschwinden bereits heute 10 Prozent der weltweiten Maisernte als Ethanol in Benzintanks, in den USA sind es sogar 30 Prozent.[13] Außerdem werden große Mengen Sonnenblumen-, Soja, Raps- und Palmöl zu Diesel verarbeitet. Nur etwa 40 Prozent des in Deutschland hergestellten Biodiesels basieren dabei auf heimischen Gewächsen, die übrigen Rohstoffe werden importiert.[14]

Bei der sogenannten zweiten Treibstoffgeneration können nicht nur die Früchte, sondern ganze Pflanzen, aber auch Stroh oder alte Apfelsinenkisten eingesetzt werden. Damit experimentiert man nicht nur im österreichischen Güssing, sondern zum Beispiel auch im sächsischen Freiberg. Getrieben wird die Entwicklung von der Politik: EU und USA haben nicht nur entsprechende Förderprogramme aufgelegt und steuerliche Anreize verabschiedet, sondern verpflichten die Treibstoffindustrie auch, gewisse Mengen an Biomassesprit beizumischen. Dass Autoindustrie und Mineralölwirtschaft daran kein Interesse haben, demonstrierten sie bei der Einführung der neuen Benzinsorte E10, die zehn Prozent Ethanol enthält. Durch unzureichende und widersprüchliche Informationen verwirrten sie im Frühjahr 2011 die Verbraucher und schürten deren Angst vor Motorschäden, so dass die lieber weiter den teureren Sprit ohne Beimischung tankten.

Die Nutzung von Durchforstungsholz und Holzspänen aus Sägewerken erscheint dann als akzeptabel, wenn die Wälder gut bewirtschaftet und nicht ausgeräumt werden und in der nahen Umgebung liegen. Für Mist und Gülle existieren – außer in Maßen als Dünger – kaum andere Verwendungsmöglichkeiten. In der Regel erscheint ihr Einsatz zur Energieerzeugung deshalb ebenfalls als unproblematisch. Allerdings gibt es insbesondere in Ostdeutschland auch Beispiele, wo gigantische Schweineställe mit mehreren zehntausend Tieren gebaut werden sollen, die die Behörden nur im Doppelpack mit einer Biogasanlage genehmigen wollen. In diesen Fällen ermöglicht die Nutzung der Gülle überhaupt erst diese neue Dimension der Massentierhaltung. Erschwerend hinzu kommt noch, dass es dort gar nicht ausreichend Äcker gibt, wo die Reststoffe als Dünger eingesetzt werden könnten.[15]

Grundsätzlich problematischer ist der Einsatz von Nahrungs- und Futterpflanzen zur Energiegewinnung. Allerdings ist die Sache komplex und es lohnt deshalb, sie differenziert zu betrachten.

Sowohl die EU als auch die USA subventionieren die Produktion ihrer Landwirte mit vielen Milliarden Euro und Dollar. In den Industrieländern werden bis heute viel mehr Grundnahrungsmittel erzeugt, als die hier lebenden Menschen essen. Jahrzehntelang wurden die Überschüsse zu niedrigen Preisen auf den Weltmarkt gekippt. Gegen diese billige Konkurrenz hatten die Kleinbauern in den Entwicklungsländern keine Chance – Millionen von ihnen mussten aufgeben. Ein erheblicher Teil der heute Hungernden sind Opfer genau dieser Entwicklung.

In den Jahren 2007 und 2008 explodierten dann die Nahrungsmittelpreise auf dem Weltmarkt. Für Weizen mussten die Menschen plötzlich dreimal so viel bezahlen wie noch wenige Jahre zuvor, die Maispreise verdoppelten sich.[16] In vielen Ländern kam es zu Brotaufständen, Mexiko erlebte eine Tortillakrise. Ein wichtiger, wenn auch nicht der einzige Grund für die Verteuerung der Nahrungsmittel ist ihre zunehmende Verwendung als Energierohstoff. Verschärft wurde dieser Trend durch den Erdölpreis, der im Sommer 2008 auf einen bis dahin unerreichten Höhepunkt kletterte. Für viele Landwirte war es jetzt sehr lukrativ, ihre Ernte an die Treibstoffindustrie zu verkaufen. Sowohl Bauern in Industrie- als auch Entwicklungsländern haben davon profitiert – doch deutlich mehr Menschen gehörten zu den Verlierern.

Zwar halten es Experten für möglich, landwirtschaftliche Anbauflächen weltweit auszuweiten.[17] Doch Vorsicht ist geboten. In Indonesien oder Brasilien wurden bereits Ökosysteme mit großer biologischer Vielfalt in landwirtschaftliche Nutzflächen umgewandelt und Wasservorräte geplündert.[18] Zudem wirkt sich nicht nur das Abholzen von Wäldern negativ aufs Klima aus. Werden aus Grünland Äcker, geht oft ein Großteil des Humus verloren, der enorme Mengen CO_2 im Boden bindet.[19]

Eine Flächenkonkurrenz zwischen Nahrungsmittel- und Energierohstoffproduktion ist unvermeidlich, wenn ein erheblicher Teil der heutigen Strom-, Wärme- und vor allem Treibstoffproduktion durch Biomasse gedeckt werden soll. Wollte man die auf Deutschlands Straßen herumfahrenden Autos nach heutiger Technik mit Biosprit versorgen, würde es nicht einmal ausreichen, wenn man auf der Gesamtfläche von Deutschland plus den Benelux-staaten ausschließlich Energiepflanzen anbauen würde.[20]

Darüber hinaus gilt es, noch einen weiteren Aspekt im Blick zu behalten: Mais und Raps werden in der Regel in riesigen Schlägen und oft viele Jahre hintereinander auf dem selben Acker angebaut. Diese Monotonie funktioniert auf Dauer nur, wenn ein Landwirt große Mengen Dünger einsetzt. Zwar können die Gärreste aus den Biogas-Anlagen einen Teil der Chemie ersetzen. Trotzdem kommen nach wie vor erhebliche Mengen Stickstoffdünger auf die Felder – und die verursachen extrem klimaschädliche Lachgasemissionen. Mehrere Studien kommen deshalb zu dem Ergebnis, dass aus Mais und Raps erzeugte Bioenergie sogar klimaschädlicher ist als konventionell hergestellter Diesel.[21] Außerdem sind Monokulturen ein Schlaraffenland für Schädlinge – weswegen ein so wirtschaftender Bauer gar nicht darum herumkommt, große Mengen an Pestiziden einzusetzen. Sogar der von der Weltgesundheitsorganisation als hochgiftig eingeschätzte Wirkstoff Tefluthrin darf in Deutschland weiter verwendet werden, wenn es gilt, den Maiswurzelbohrer zu bekämpfen. Dabei ließe sich die Gefahr einer Massenvermehrung dieses gefräßigen Käfers ebenso durch eine abwechslungsreichere Fruchtfolge bannen.[22] Und schließlich gibt es auch Warnungen, dass beim Einsatz von „Biosprit" neue Schadstoffbelastungen aus den Auspuffen quellen.[23]

Zusammenfassend lässt sich sagen: Das Problem ist äußerst komplex. Energie aus Biomasse zu gewinnen erscheint dann als sinnvoll, wenn dafür überwiegend Stoffe eingesetzt werden, die aus der nahen Umgebung stammen und sonst weggeworfen würden wie Gülle oder Holzabfälle. Besonders groß sind die Vorteile für die Umwelt, wenn sowohl Strom als auch Wärme genutzt werden.[24] Ölpflanzen und Getreide zu verwenden ist dagegen nur dann akzeptabel, wenn das weder direkt noch indirekt mit der Lebensmittelversorgung konkurriert. Und schließlich sind auch Umweltbelastungen beim Anbau der Rohstoffe sowie ein größerer Transportaufwand kritisch zu beurteilen.

Ein Bombenplatz für Sonne, Wind und Mist

Während in Güssing und Jühnde ausschließlich nachwachsende Rohstoffe aus der Umgebung zum Einsatz kommen, nutzt Morbach im Rhein-Hunsrück-Kreis eine Kombination aus Wind, Sonne, Holz, Grasschnitt und Gülle, um daraus Strom und Wärme herzustellen. Die Strommenge reicht bereits heute fast aus, um die 11.000 Einwohner in den 19 Dörfern zu versorgen. Allerdings saugt in Morbach allein eine Firma etwa doppelt so viel Elektrizität aus dem Netz wie alle privaten Haushalte zusammen; sie stellt einen Großteil der Plastik- und Papiertüten her, die an Deutschlands Supermarktkassen verkauft werden. Dennoch haben Morbachs Gemeindevertreter 2008 einstimmig beschlossen: Im Jahr 2020 wird ihre Kommune so viel Strom produzieren, dass auch sämtliche ortsansässige Betriebe versorgt werden können. Und danach will die Gemeinde Stromexporteur werden. Alles spricht dafür, dass das gelingt.

Denn wenn Morbach etwas hat, dann ist es Platz. Die Gemeinde dehnt sich über eine Fläche aus, die halb so groß ist wie Frankfurt am Main. Bis vor nicht allzu langer Zeit gab es hier ein streng bewachtes Gelände, das seit Mitte der 50er Jahre kein Zivilist mehr betreten hatte: das wichtigste Munitionslager der USA in Mitteleuropa. 35.000 Tonnen Bomben lagerten unter Aluminiumdächern, die nachts von Flutlichtanlagen beleuchtet wurden. Als die Amerikaner Mitte der 90er Jahre abzogen, hinterließen sie auf dem hügeligen Wald- und Wiesenstück von Splitterschutzwänden umgebene Betonflächen und fast 20 Kilometer Asphaltstraßen. Was tun mit dem Gebiet, das so groß war wie 200 Fußballplätze?, fragten sich die Gemeindevertreter. Nur eines wussten sie genau: Auf keinen Fall wollten und konnten sie auf die Pachteinnahmen aus dem Gelände verzichten.

Zuerst versuchten sie, Investoren für ein Feriendorf anzulocken – schließlich wucherten dort seltene Orchideen, und überhaupt war das Gelände landschaftlich sehr schön. Doch so sehr sie den Platz auch anpriesen, niemand interessierte sich ernsthaft für das abgelegene Terrain.

Etwa in dieser Zeit erstellte die Uni Trier eine Karte über die Sonneneinstrahlung in der Region – und so erfuhren die Morbacher, dass sie in einer der sonnenreichsten und nebelärmsten Gegenden Deutschlands wohnen. Außerdem nahm der Bauamtsmitarbeiter Michael Grehl in diesen Tagen an einer Tagung über Biomasse teil und fand das alles sehr spannend. Und schließlich gab es damals noch einen dritten Impuls: Bei den Bauern in der Umgebung standen laufend Betreibergesellschaften von Windrädern auf den Höfen und besorgten sich dort Vorverträge – während viele ihrer Nachbarn gegen die Errichtung der hohen Türme vor ihren Haustüren protestierten; heftiger Streit in der Bevölkerung schien also vorprogrammiert.

Michael Grehl und seine Kollegen verhängten deshalb erst einmal einen Baustopp und brachten zugleich das Konversionsgelände als viel geeigneteren Standort für die Energieanlagen ins Gespräch. „Das mit dem Feriengelände hat sich ja mangels Investor sowieso erledigt", argumentierte der Staatsdiener gegenüber den Abgeordneten. Mehrere Bürgerversammlungen wurden abgehalten und schließlich kamen die Morbacher zu dem Entschluss, den ehemaligen Bombenlagerplatz in einen Energiepark umzuwandeln. Zwar wären die Pachteinnahmen höher gewesen, wenn dort ausschließlich Windräder gebaut worden wären. „Aber wir wollten was Besonderes, nämlich die Vielfalt der erneuerbaren Energien darstellen", so der Mann aus der kommunalen Bauabteilung. Schließlich mache es langfristig und im größeren Maßstab nur Sinn, alle erneuerbaren Quellen zu nutzen. Und so drehen sich in Morbach heute nicht nur 14 Windräder mit jeweils zwei Megawatt Leistung. Auch 6000 Quadratmeter Sonnenstrommodule, eine von 15 Landwirten beschickte Biogasanlage sowie eine Holzpelletproduktion gibt es auf dem früheren Sperrgelände. Und weil sich in Morbach seit vielen Jahren Bürger in einem Hilfsverein für Mali engagieren, experimentiert man dort auch mit solarer Trinkwasseraufbereitung. Mehr als ein Dutzend dieser Anlagen wurden bereits in das westafrikanische Land geliefert.

Betriebsausflüge zum Berg der Möglichkeiten

Für die Menschen in Morbach hat sich die Entscheidung schon heute ausgezahlt. Nicht nur heimste die Gemeinde zahlreiche Auszeichnungen ein und wurde 2009 sogar Sieger im Bundeswettbewerb Kommunaler Klimaschutz. Ganz gegen die anfängliche Befürchtung der Gastronomen schreckt der Energiepark auch keineswegs Touristen ab, sondern ist im Gegenteil zum Magneten für Oberstufenklassen, Studentengruppen und Betriebsausflügler geworden. Auch Politiker, Wissenschaftler und Ingenieure aus 80 Ländern waren schon hier. Das Institut für ökologische Wirtschaftsforschung hat ausgerechnet, dass die Erneuerbaren dem Rhein-Hunsrück-Kreis 8,3 Millionen Euro an kommunaler Wertschöpfung in Form von Einkommen, Gewinnen und Steuern bringen. Hinzu kommen noch einmal über eine Million Euro an Pachteinnahmen, über die sich die Dorfkämmerer freuen können.[25]

Morbach ist ein Beispiel dafür, dass es für den Umbau des gesamten Energiesystems nicht einmal nötig ist, so wie in Güssing einen Experten direkt vor Ort zu haben. In diesem Fall war es das Unternehmen Juwi aus Wörrstadt, das die Pläne zusammen mit der Kommune entwickelt und umgesetzt hat. Bei der Ausschreibung setzte sich das Unternehmen klar durch gegen einen alten Platzhirsch des deutschen Energiesystems: „RWE hatte sich auch beworben, aber für die war Biomasse damals noch ein Buch mit sieben Siegeln", erzählt Grehl. Außerdem verlangten die Morbacher Politiker eine aktive Bürgerbeteiligung – und auch da konnte der Konzern sie nicht überzeugen. So bekam mit Juwi eine junge Firma den Zuschlag, die sich auf die Fahnen geschrieben hat, Gesamtkonzepte zu liefern: Das beginnt bei der Suche nach dem günstigsten Standort für ein Windrad oder ein Biokraftwerk, geht über das Einholen von Gutachten und Genehmigungen bis hin zur Organisation der Finanzierung. Und schließlich organisiert und überwacht das Unternehmen auch den Bau und übernimmt für 20 Jahre oder länger Reparaturen und Betriebsführung.

Student kauft Riesenwindrad

Nicht ein bisschen unabhängig von den Energieriesen, sondern vollständig – und zwar schnell. Das ist das Credo der Juwi-Chefs Matthias Willenbacher und Fred Jung, die sich Mitte der 1990er Jahre mit jugendlichem Elan in ein Unternehmen stürzten, dessen Entwicklung sie damals nicht im Geringsten absehen konnten. Eigentlich wollte der eine Bauer und der andere Mathe- und Sportlehrer werden. Doch dann passierte etwas, wovon jeder Journalist träumt: Ein Zeitungsbericht wird unmittelbar relevant fürs reale Leben.

Das geschah im Winter 1995. Damals lag der 25-jährige Student Matthias Willenbacher mit einer Knieverletzung im Krankenhaus und las in der Lokalzeitung einen Artikel über vier Leute, die in der Eifel ein Windrad aufgestellt hatten. Auch ein paar Zahlen zur erwarteten Strommenge und den Erträgen hatte der Autor dazugeschrieben. Die Lektüre elektrisierte Willenbacher: Wind gab es in seiner Heimat fast immer – das wusste er, weil er in seiner Jugend viel auf dem Feld gearbeitet hatte. Der daraus produzierte Strom wäre zudem sauber und niemand würde für die Nutzung der Energiequelle eine Rechnung schicken. Fast unmittelbar danach fasste Willenbacher den Entschluss, auf dem Hof seiner Eltern ebenfalls ein Windrad zu bauen. Vor allem die Vorstellung, ohne viel Arbeit Geld zu verdienen, erschien ihm damals überaus attraktiv; schließlich hatte er in seiner Kindheit und Jugend oft schon vor der Schule und am Nachmittag im Stall stehen, füttern und misten müssen. Deshalb stand für ihn auch von Anfang an fest, dass er keine Anlage auf Bastlerniveau wollte, sondern eine Maschine, die sich rentiert.

Jedem Besucher erzählte er sofort von seiner Idee, doch seine Eltern nahmen ihm erstmal sprichwörtlich den Wind aus den Segeln: Woher er denn fast eine Million Mark nehmen wolle, die die Anlage kosten würde, wollten sie wissen. Sie jedenfalls seien nicht bereit, ihr in 40 Jahren hart erarbeitetes Geld für so eine Schnapsidee zu riskieren. Und auch er solle sich doch nicht in hohe Schulden und damit ins Unglück stürzen, rieten sie. „Ich habe als Jugendlicher fast nie Widerworte gegeben – aber jetzt war ich so fasziniert, ich musste es tun", beschreibt Matthias Willenbacher seine damalige Gemütslage. Drei Wochen dauerte es, dann hatte er acht Unterstützer gefunden. Gemeinsam marschierten sie zu seinen Eltern, und die willigten schließlich ein, auf ihrem Hof ein Stück Land zur Verfügung zu stellen.

Gemeinsam richteten Vater und Sohn einen Baumstamm auf und befestigten daran in einigen Metern Höhe ein Windmessgerät. Das aber funktionierte nicht richtig, und so war Willenbacher hocherfreut, als er zufällig erfuhr, dass wenige Kilometer entfernt ein anderer junger Mann offenbar eine ähnliche Idee verfolgte und mit den Messungen schon weiter war. Tatsächlich hatte Fred Jung einige Monate zuvor einen Laternenpfahl mit Anemometer an der Spitze auf einem Acker seiner Eltern errichtet. Akribisch notierte er die Stärke der Luftbewegungen, und die Ergebnisse waren vielversprechend. Allerdings verweigerte die Baubehörde noch die Genehmigung.

Für Michael Willenbacher aber war jetzt alles klar: Er orderte ein Windrad. Als er den Kaufvertrag für weit über 900.000 Mark in Händen hielt, legte er seine Hand einfach über die letzten drei Nullen. „Das sah dann nicht mehr nach so viel aus. Und dann konnte ich unterschreiben".

In vier Wochen werde geliefert, kündigte der Vertreter an – doch dem Studenten dauerte das viel zu lange; schließlich endeten zwei Wochen später seine Semesterferien und er wollte ja alles beaufsichtigen und auch selbst Hand anlegen können. Tatsächlich drehte sich das Windrad, bevor Willenbacher zurück an die Uni musste. Auch Jung kam vorbei, um sich die Anlage anzugucken. Ob man sich nicht mal zusammensetzen wolle, schlug einer der beiden vor. „Ja, wann?" „Morgen". Sie quatschten und quatschten und am Ende gründeten sie eine Firma. Wie die heißen sollte? „Ju" sagte Fred Jung spontan. „Wi" gab Willenbacher zurück – Juwi.

Zunächst arbeiteten die beiden allein, doch seit sie 1998 den ersten Mitarbeiter anstellten, wächst die Personalstärke jährlich um 50 bis 100 Prozent. Ende 2010 verdienten in Deutschland 700 Menschen ihr Geld bei Juwi, hinzu kommen 300 Mitarbeiter in quer über die Welt verstreuten Büros zwischen Polen, den USA, Chile, Südafrika und Indien.

Unterhalb des Radarschirms der Großkonzerne entsteht ein Gesetz

Ohne die günstige deutsche Rechtslage hätte es dieses fast exponentielle Wachstum der Firma in Wörrstadt nicht gegeben. Seit Anfang 1991 galt das Stromeinspeisegesetz, der Vorgänger des Erneuerbare-Energien-Gesetzes. Es sah vor, dass die Betreiber von kleinen Wasserkraftwerken, Windmühlen und Solaranlagen einen festen Prozentsatz der aktuellen Endverbraucherpreise für jede von ihnen gelieferte Kilowattstunde bekommen sollten; die Versorger durften diese Zusatzkosten auf alle Stromkunden umlegen.

Initiiert hatte es der CSU-Bundestagsabgeordnete Matthias Engelsberger, der jahrelang als Vertreter des Verbands bayerischer Wasserkraftwerke mit den großen Energiekonzernen darüber verhandelt hatte, wie viel die für den von außen gelieferten Strom zahlen. Um jeden Pfennig hatte der Mann aus Siegsdorf feilschen müssen, und letztlich doch weniger herausbekommen, als für Atom- und Kohlestrom verrechnet wurde. Engelsberger ärgerte sich. Sonst war er kein Freund der Grünen, aber jetzt wandte er sich hilfesuchend an seinen Parlamentskollegen Wolfgang Daniels. Gemeinsam heckten sie eine Gesetzesvorlage aus, die eine Festvergütung für Ökostrom vorsah.[26] Die wurde in den Wirren der Verhandlungen über die Deutsche Einheit weder von Engelsbergers Parteigenossen noch von den konventionellen Energieerzeugern wirklich wahrgenommen – schließlich stand für die Elektrizitätswirtschaft damals im Vordergrund, wer künftig im Osten das Sagen hat. Mehrfach wurde das Gesetz verschoben, bis es kurz vor der ersten gesamtdeutschen Bundestagswahl plötzlich auf der Tagesordnung auftauchte. Vor allem Vertreter der Stadtwerke versuchten, das Gesetz in letzter Sekunde mit Hilfe von SPD-Abgeordneten zu stoppen – doch ihre Lobbyarbeit hatte keinen Erfolg mehr.[27] Allerdings nahm damals auch noch kaum jemand an, dass das Gesetz von größerer ökonomischer Relevanz werden könnte – ein Grund, der wahrscheinlich die sonst jeder Ordnungspolitik abholde FDP zustimmen ließ und den SPD-Abgeordneten Dietrich Sperling zu der wohl als Beruhigung gemeinten Bemerkung hinriss: „Das Gesetz ist eine kleine Zehenwackelei, mehr nicht."[28]

Das aber stellte sich bald als Fehleinschätzung heraus. Die Verpflichtung der Netzbetreiber, den erneuerbaren Strom abzunehmen und für jede Kilowattstunde je nach Quelle zwischen 14 und 17 Pfennige zu zahlen, führte zu einem ersten Boom. Existierten 1990 gerade einmal Windräder mit einer Leistung von 55 Megawatt, so war diese 1995 bereits zwanzigmal so hoch; heute gibt es in Deutschland mehr als 27.000 Megawatt installierte Windenergieleistung.[29] Parallel dazu wurden in Süddeutschland kleinere Wasserkraftwerke wieder in Betrieb genommen. Für Photovoltaik und Biogasanlagen blieb das Gesetz dagegen irrelevant, weil die garantierte Vergütung zu niedrig war.

Als den großen Stromkonzernen dämmerte, dass ihnen da nach und nach durchaus eine Konkurrenz erwuchs, weigerten sie sich irgendwann einfach, die Vergütung zu überweisen und ließen es auf einen Prozess ankommen. Doch die Richter verurteilten sie schließlich zur Nachzahlung. Auch die Hilfsappelle der Konzerne in Richtung EU-Kommission liefen letztlich ins Leere.

Als dann 1998 Jürgen Trittin als erster Grüner das Bundesumweltministerium übernahm, begann der schnell, das Erneuerbare-Energien-Gesetz auf den Weg zu bringen. Das verpflichtet die Netzbetreiber seit April 2000 nicht nur, den Strom aus erneuerbaren Quellen vorrangig abzunehmen. Für jede von einem Windrad, einer Photovoltaikanlage, einem Biomasse- oder Geothermiekraftwerk eingespeiste Kilowattstunde gibt es jetzt auch eine für 20 Jahre lang garantierte Vergütung, die die jeweiligen Anschaffungskosten der Anlage berücksichtigt. Die Kosten dafür werden auf sämtliche Stromkunden umgelegt. Jetzt lohnte es sich plötzlich, eine Solaranlage aufs Dach oder ein Biokraftwerk neben den Stall zu bauen. So verdoppelte sich allein die installierte Leistung von Sonnenstromanlagen fast von Jahr zu Jahr; der Windstrom steuert scharf auf die 30-Megawatt-Marke zu.

Die Idee eines Aacheners geht um die Welt

Freilich war es nicht Jürgen Trittin persönlich, der die Idee für dieses überaus erfolgreiche Gesetz gehabt hat, das inzwischen von mehreren Dutzend anderen Ländern kopiert wurde – darunter China. Vielmehr war es Wolf von Fabeck aus Aachen.

Der Maschinenbauingenieur hatte Karriere gemacht an der Fachhochschule des Heeres, seinen Bundeswehrjob aber kurz nach dem GAU in Tschernobyl 1986 an den Nagel gehängt, um mehr Zeit für umweltpolitische Vorträge zu haben. Parallel begann er, nach Alternativen zur Atomkraft zu forschen und experimentierte deshalb auch mit einem kleinen Solarmodul herum, das ihn damals immerhin einige hundert Mark gekostet hatte. Zu seinem großen Erstaunen stellte von Fabeck eines Tages fest, dass sich der Mixer seiner Frau tatsächlich drehte, wenn auch nur langsam und gequält, sobald er die Glasplatte mit den Solarzellen daran anschloss und das Ganze in die pralle Sonne stellte. Zusammen mit ein paar anderen Technikbegeisterten gründete er den Solarenergie-Förderverein mit dem Ziel, der neuen Technik zum Durchbruch zu verhelfen. Doch immer wieder mussten von Fabeck und seine Mitstreiter die Erfahrung machen, dass sich nur ganz wenige Idealisten für die umweltfreundlichen Anlagen interessierten – die waren schließlich damals horrend teuer. Deshalb diskutierte das Grüppchen bei den regelmäßigen Mittwochskränzchen immer wieder, wie man das ändern könnte. Eines Abends präsentierte von Fabeck seinen Vereinskollegen seine Idee: Wer eine Solaranlage aufs Dach baut, muss die Garantie haben, dass er seinen Strom ins allgemeine Netz einspeisen kann. Die Vergütung dafür soll langfristig kalkuliert sein und nach und nach die Investitionskosten ersetzen. Bezahlen sollten sämtliche Stromkunden über einen Aufschlag auf ihrer Stromrechnung. Damit war die Idee zum Erneuerbare-Energien-Gesetz geboren.

Doch selbst von Fabecks Kollegen hielten es damals für illusorisch, so etwas politisch durchzusetzen. Trotzdem wandten sie sich an das zuständige Wirtschaftsministerium in Bonn. „Die haben das Ganze wohl nicht ernst genommen und nicht einmal geantwortet", berichtet der Ex-Offizier. Das alles geschah im Spätsommer 1989 – also noch bevor Matthias Engelsberger und Wolfgang Daniels das Stromeinspeisegesetz entwickelt hatten.

Nachdem die Photovoltaikfreunde aus Aachen auf Bundesebene abgeblitzt waren, schlug von Fabecks Vereinskollege Jacek Lampka vor, erst einmal im Kleinen anzufangen: Warum nicht die eigenen Stadtwerke entsprechend verpflichten? Dafür musste der Stadtrat gewonnen werden, denn schließlich gehörte der Betrieb ja der Kommune. Man teilte sich auf: Die Bärtigen aus der Gruppe schickte man zu den Grünen, andere übernahmen die Sozialdemokraten und Wolf von Fabeck sollte den Konservativen einen Besuch abstatten, „weil ich wusste, wie man einen Schlips bindet", so seine Begründung. Tatsächlich überzeugten die Solarfreunde fast alle Abgeordneten von ihrer Idee, und so stimmte die Mehrheit wenig später für den Vorschlag. Nun aber stellte sich der Chef der Stadtwerke quer und weigerte sich, den Beschluss umzusetzen. Er flog schließlich raus; erst sein Nachfolger unterschrieb im Juni 1995 den ersten Vertrag mit einem Solarstromeinspeiser. Zwischenzeitlich hatten die Stadtwerke in Freising und Hammelburg bereits eine entsprechende Regelung umgesetzt. Trotzdem ging der Vorgänger des Erneuerbare-Energien-Gesetzes schließlich als „Aachener Modell" in die Annalen ein. Rund 40 Gemeinden verabschiedeten ähnliche Regeln. Bald war klar: Ein solches bundesweites Gesetz würde einen Boom auslösen. Genau das ist in Deutschland seit Einführung des Erneuerbare-Energien-Gesetzes im Jahr 2000 dann auch tatsächlich passiert.

100 Prozent unabhängig – und zwar schnell

Auch die Hunsrücker Matthias Willenbacher und Fred Jung blieben nicht beim Bau von Windrädern stehen, zumal sie sich immer wieder mit zwei Einwänden konfrontiert sahen. Die einen kritisierten die „Verspargelung" der Landschaft durch die schlanken, hohen Türme, andere wiesen darauf hin, dass es auf jeden Fall immer auch andere Kraftwerke geben müsse, weil ja sonst bei Flaute die Lichter ausgehen würden. „Darauf mussten wir Antworten finden", so Willenbacher. So begannen die beiden, sich nicht nur in Photovoltaik einzuarbeiten, sondern auch in Bioenergie und Erdwärme, die durch ihre Betreiber steuerbar sind. Und dann entstand auf einem Workshop der rheinland-pfälzischen Landesregierung das Unternehmensziel – wieder ganz spontan. Zwei Tage lang sollten die eingeladenen Experten Konzepte entwickeln, wie die Energieversorgung im Jahr 2030 denn wohl aussehen könnte. Als am Schluss alles zusammengetragen wurde, ärgerte sich Matthias Willenbacher über die Hasenfüßigkeit vieler Vorschläge; ein 20-Prozent-Anteil der Erneuerbaren galt den meisten schon als überaus ambitioniert. So trat er schließlich nach vorne und stellte seine soeben entwickelte Vision in den Raum: 100 Prozent bis zum Jahr 2030 sind möglich, wenn man die nur zeitweise verfügbaren Quellen wie Sonne und Wind intelligent koppelt mit regelbaren Energieträgern wie Biomasse oder Geothermie. Ein paar wenige klatschten, ein Mann von der IHK wurde wütend und hielt eine Gegenrede. „Das hat mich angespornt", so Willenbacher, der sich kurz danach hinsetzte, einen Plan entwarf und ihn unter www.100-prozent-erneuerbar.de im Netz zur Diskussion stellte. „Wir wollen dem Kunden ja nicht nur ein Windrad verkaufen, sondern seine Energiefrage lösen", bringt Jung das seither geltende Unternehmenskonzept auf den Punkt.

Wer desinteressiert ist, den bestraft das Leben

Eigentlich wollten sie ihr Unternehmen im Donnersbergkreis aufbauen – da, wo sie beide aufgewachsen waren. Doch die Kreis-
räte mochten sich keine Windräder in der Landschaft vorstellen, und auch in Mainz verhielt sich der Oberbürgermeister sehr
reserviert und ließ die energiegeladenen Jungunternehmer von
seinen Mitarbeitern abwimmeln. Dagegen zeigte sich das Städtchen Wörrstadt aufgeschlossen, und die Verbandsgemeinde entschied sogleich parteiübergreifend, bis zum Jahr 2017 eine „100-
Prozent-Region" zu werden.

2008 wurde die neue Juwi-Firmenzentrale eingeweiht – ein
dreistöckiges Bürogebäude aus Holz, das von der Deutschen Umwelthilfe mit dem Klimaschutzpreis ausgezeichnet wurde, weil
es mehr Energie erzeugt als verbraucht. Viel Licht fällt durch
die dreifach verglasten Fenster und die Oberlichter, die dank der
offen im Raum stehenden Treppenaufgänge auch noch das Erdgeschoss erhellen. Dach und Südfassade sind mit Photovoltaik-
platten gepflastert, weitere Module beschirmen die Terrassen im
oberen Stock. Auch die Decken der Carports sammeln Sonnen-
energie. Bevor der Strom ins allgemeine Netz abgegeben wird,
füllt er eine Kaskade grauer Batterienpakete im Keller. Fällt in
Wörrstadt mal der Strom aus – so wie Silvester 2009 –, merken
die Juwi-Mitarbeiter davon nichts.

Erst ab zehn Grad Außentemperatur muss hier geheizt werden: Die Wärme liefert dann ein firmeneigenes Holzkraftwerk
direkt vor der Tür. Im Sommer fließt dagegen kühles Wasser aus
dem Sprinklertank im Keller durch die Fußbodenrohre und sorgt
so für eine Abkühlung um etwa fünf Grad.

An jedem Arbeitsplatz steht ein Laptop, der stromsparend
auf einen zentralen Server zurückgreift, die Lampen werden erst
nach und nach heller, wenn es draußen dunkelt. Im ganzen Haus
gibt es nur eine Spülmaschine und einen Kühlschrank. Schon ein
Jahr nach dem Bezug des ersten Hauses musste Juwi ein zweites
Gebäude bauen: Quasi jeden Tag stellte das Unternehmen einen
neuen Mitarbeiter ein. Inzwischen blickt man vom Balkon des

Eingangsgebäudes über den betriebseigenen Fußballplatz und einen Teich auf die Lärchenholzfassade des Neubaus, hinter dem sich fünf Windräder drehen. Neben einem hängen Seile, Netze, gewagte Balkenkonstruktionen und Schaukeln – mit der Kletterlandschaft wollen die beiden Inhaber belegen, dass ein ansprechend gestalteter Windpark durchaus ein Touristenmagnet sein kann.

Fachleute kommen oft hierher, um sich die vielen verschiedenen Ladesäulen der Elektrotankstelle unterm Solardach anzugucken, die gerade im Rahmen eines Forschungsprojekts getestet werden. Die neugierigen Blicke der Laien wandern dagegen gleich zu den davor parkenden Elektromobilen. „100 Prozent" steht auf einem quietschorangenen Tesla Roadster – ein Männertraum mit breiten Reifen, der 6831 Laptopbatterien mitschleppt, wo andere Autos einen Kofferraum haben. Doch es soll nicht beim Hingucker bleiben: Wer sich als Juwi-Mitarbeiter für das optisch wenig spektakuläre Elektroauto Mitshubishi i-MiEV als Dienstwagen entscheidet, bekommt von der Firma einen finanziellen Ausgleich für die im Vergleich zu einem Benziner oder Diesel höheren Anschaffungskosten. Geplant ist außerdem, den gesamten Fuhrpark auf elektrischen Antrieb umzustellen.

„Wir möchten nur Dinge tun, die wir für richtig und sinnvoll halten", begründet Matthias Willenbacher, warum ein Börsengang für ihn partout nicht infrage kommt. Sich an fremden Renditeerwartungen oder Quartalsberichten orientieren – undenkbar. Das Bürogebäude hat einige Millionen Euro mehr gekostet als ein üblicher Bau, es gibt einen firmeneigenen Kindergarten, Sporträume, eine Mensa, im ganzen Haus verteilte Sofaecken und einen Andachtsraum. „So was hätte wohl kein Shareholder mitgemacht", mutmaßt Fred Jung.

Längst ist Juwi zum mit Abstand größten Arbeitgeber in Wörrstadt geworden, das 100-Prozent-Ziel wird hier bereits 2012 erreicht: Gerade errichtet die Firma fünf weitere Windräder, seit einiger Zeit schon ist eine 15-Hektar große Photovoltaikanlage auf einer Wiese in Betrieb, und an trüben und windlosen Tagen arbeitet eine Biogasanlage als Lückenfüller. Während viele Betriebe inzwischen über Facharbeitermangel klagen, bekommt Juwi für jede ausgeschriebene Stelle Dutzende von Bewerbungen. Das kompromisslose Motto „100 Prozent" wirkt magisch anziehend auf viele junge Leute. Jung und Willenbacher sind überzeugt, dass in 30 Jahren der Strombedarf vollständig aus regenerativen Quellen gedeckt werden kann – und das weltweit. „Das ist keine Fragen von Gutmenschentum, sondern von Angebot und Nachfrage", argumentiert Willenbacher und verweist auf die schwindenden Öl-, Gas- und Uranvorräte, die seiner Einschätzung nach zu enormen Preissteigerungen führen werden. „Je schneller die Preise für die fossilen Energieträger steigen, desto schneller wachsen auch die erneuerbaren Energien."

Erst ignorieren, dann bekämpfen

Doch die Profiteure des alten Systems räumen keineswegs kampflos das Feld. Die Ölindustrie behauptet, eine Verknappung des Rohstoffs sei noch lange nicht in Sicht, weil sich aufgrund verbesserter Fördertechniken bisher unwirtschaftliche oder kaum nutzbare Vorkommen ausbeuten ließen. So galt die Förderung von Ölsanden in Westkanada früher als unrentabel. Doch in den vergangenen 30 Jahren sind die Produktionskosten dafür extrem gesunken[30] – und nun wird dort aus etwa zwei Tonnen Material ein Barrel Öl (159 Liter) gewonnen. Eine Erschöpfung der Vorräte sei nicht absehbar, alles sei nur eine Frage der Nachfrage, die dann entsprechende Technikschübe auslöse, so die Lobbyisten. Die ökologischen Kosten spielen in dieser Perspektive keine Rolle, solange sie sich ökonomisch auf die Allgemeinheit abwälzen lassen.

Auch in Deutschland versuchte die Stromindustrie lange, die erneuerbare Konkurrenz als irrelevant und sich selbst als unverzichtbar darzustellen. Der Infokreis Kernenergie schrieb 1990, dass die Windenergie wegen „klimatischer Bedingungen"[31] nie auch nur ein Prozent der Stromversorgung in Deutschland werde übernehmen können. Drei Jahre später hieß es in einer Anzeige: „Regenerative Energien wie Sonne, Wasser und Wind können auch langfristig nicht mehr als 4% unseres Strombedarfs decken. Können wir ein solches Vorgehen verantworten? Nein. Der steigende Energiebedarf der dritten Welt verpflichtet die reichen Staaten, ihre CO_2-Emissionen zu mindern. Schaffen wir das ohne Kernkraft, allein durch Energiesparen? Nein ...“ Unterschrieben war die Seite mit „Ihre Stromversorger“.[32] Sehr geschickt hatten die AKW-Betreiber auf diese Weise auch noch das Thema Klimaschutz für sich instrumentalisiert.

Auch die Politik unterschätzte die Entwicklungsmöglichkeiten der Erneuerbaren regelmäßig. Das Wirtschaftsministerium hat wiederholt das Prognos-Institut mit Expertisen beauftragt – und obwohl die Forscher stets extrem danebenlagen, büßten sie ihre Funktion als Berater nicht ein. So hatten die Wissenschaftler 1998 vorhergesagt, dass im Jahr 2020 die Photovoltaikleistung bei 0,44 Terrawattstunden liegen würde[33] – doch bereits im Jahr 2009 war dieser Wert um 1500 Prozent überschritten. Tatsächlich lieferten erneuerbare Quellen Ende 2010 bereits 16,8 Prozent des Stroms in Deutschland.[34]

Eine Brücke in die Sackgasse

Seit es nicht mehr half, die neue Konkurrenz zu ignorieren, verbreiteten die deutschen Stromkonzerne die Mär von einer angeblich drohenden Stromlücke, sollten ihre AKW tatsächlich bald abgeschaltet werden: Als „Brückentechnologie“ in eine Zukunft der Erneuerbaren sei die Atomkraft unverzichtbar, so die gebetsmühlenartig wiederholte Behauptung. Im Morgengrauen des 6. September 2010 waren sie am Ziel: Die schwarz-gelbe Bundesregierung beschloss, die Laufzeiten der Atomkraftwerke bis über die Mitte der 2030er Jahre hinaus zu verlängern. Weil die AKW-Reaktoren bereits abgeschrieben sind, kam der Beschluss einer Lizenz zum Gelddrucken gleich: Das Ökoinstitut errechnete, dass Vattenfall, RWE, Eon und EnBW bis 2037 rund 57 Milliar-

den Euro zusätzliche Gewinne würden einstreichen können –
wenn der Strompreis stabil bliebe. Nur knapp die Hälfte davon
sollten sie an den Staat abgeben, den Rest würden sie und ihre
Aktionäre behalten dürfen. Bei den wahrscheinlich leicht steigenden Strompreisen hätten die großen Vier sogar 94 Milliarden
zusätzlich verdient und der Finanzminister nur noch 28 Prozent
abschöpfen können.[35]

Parallel gelang es den Stromgiganten, eine Diskussion über
die angeblich so teure kleine Konkurrenz vom Zaun zu brechen.
Nicht nur wurde die Energieeinspeisevergütung für Photovoltaik
in mehreren Schritten rasant zurückgefahren, was aufgrund der
deutlich gesunkenen Herstellungspreise eine gewisse Berechtigung
hat. Die Regierung erwog bei Solaranlagen auch eine Deckelung
der jährlichen Zuwachsmenge.

Die Strommanager waren zufrieden: Ihre Marktmacht schien
zementiert, und der Atom-Beschluss ließ ihnen genug Zeit, um
auch für die Nach-Atom-Phase vorzusorgen. Dabei verfolgen sie
zwei Wege. Zum einen wollen sie neue Kohlekraftwerke errich-
ten, zum zweiten gigantische Erneuerbare-Energie-Anlagen. In
Hamburg-Moorburg baut Vattenfall über 2200 Megawatt neue
Kapazitäten auf, in Nordrhein-Westfalen kommen, trotz Still-
legung einiger Altmeiler, 3355 Megawatt hinzu. Insgesamt sind
19 Kohlekraftwerke im Bau, die auf rund 40 Jahre Laufzeit ausgelegt sind. Weil Kohlekraftwerke bekanntermaßen das Klima
stark belasten, präsentieren die Konzerne zur Beruhigung eine
angebliche Lösung: Die Abscheidung und Lagerung von CO_2 in
tiefen Sedimentschichten, unterirdischen Kavernen oder gar am
Meeresboden. Die Bundesanstalt für Geowissenschaften hat 408
Standorte überwiegend im Wattenmeer, in Niedersachsen und
Mecklenburg-Vorpommern identifiziert, die für CO_2-Lagerung
geeignet sein sollen.

An seinem Kraftwerksstandort Spremberg in Brandenburg
betreibt Vattenfall schon seit einer Weile eine CCS-Pilotanlage[36],
die Kohlendioxid auffangen, verflüssigen und unterirdisch lagern
soll. Der Konzern verbreitet Optimismus: „Die Projekte von Vattenfall haben ... Vorzeigecharakter. Diesen Vorsprung wollen wir

nutzen und weiter ausbauen."[37] Zwischen 2015 und 2020 soll die Technik im großen Maßstab einsetzbar sein.[38] Eine andere Methode erproben Eon und Siemens im hessischen Großkrotzenburg, wo täglich eine Tonne CO_2 abgeschieden wird; auch dort gibt man sich zuversichtlich.[39] Doch das Deutsche Institut für Wirtschaftsforschung (DIW) widerspricht: Die Speicherpotenziale in Deutschland seien viel geringer als ursprünglich angenommen und die Ergebnisse aus Pilotanlagen ließen sich auf keinen Fall auf die „Volumenströme eines Kohlekraftwerks" anwenden.[40] Tatsächlich wurde das erste CCS-Großprojekt in Norwegen, bei dem Kohlendioxid in leergepumpten Ölfeldern unter der Nordsee gelagert werden sollte, auf unbestimmte Zeit verschoben.[41] „Aus heutiger Sicht erscheinen die Perspektiven der CO_2-Abscheide-, Transport- und Speichertechnologie sowohl in Deutschland als auch im Rest Europas als sehr unsicher. Vor einer eventuellen großflächigen Umsetzung dieser Technologie dürften mehrere Jahrzehnte vergehen"[42], urteilt das DIW.

Stromkonzerne wollen Nordafrikas Wüsten und die Nordsee erobern

Letztendlich ist aber auch den deutschen Stromkonzernen klar, dass die Zeit der fossilen und nuklearen Kraftwerke zu Ende geht. Zusammen mit Shell, Siemens, aber auch dem WWF und einigen anderen Organisationen, haben sie bei der Unternehmensberatung McKinsey eine Studie in Auftrag gegeben. Hauptaussage der „Roadmap 2050": Europas Energieversorgung kann bis zur Mitte des Jahrhunderts vollständig auf erneuerbare Quellen umgestellt werden. Doch nicht viele dezentrale Lieferanten sollen diesem Konzept zufolge die Hauptrolle spielen, sondern einzelne Mammutprojekte. Die Vorteile aus Sicht der Konzerne sind klar: Nur Großinvestoren können hier mitmachen, die Marktmacht der traditionellen Player wäre gesichert.

Herzstück dieser Planungen ist das Wüstenstromprojekt Desertec – mit einer heute schon geschätzten Investitionssumme von 400 Milliarden Euro das teuerste Infrastrukturprojekt aller Zeiten. Schüsselartige, verspiegelte Kollektoren sollen in den nordafrikanischen Wüsten auf mehreren tausend Quadratkilometern Sonnenwärme einsammeln und damit Dampf erzeugen, der dann Kraftwerksturbinen antreibt. 15 Prozent des europäischen Strombedarfs könnten damit 2050 gedeckt werden, so die Ankündigung. Initiatoren waren fast ausschließlich deutsche Unternehmen – darunter RWE, Eon, Siemens, die Münchner Rück sowie die Deutsche Bank; inzwischen sind auch einige internationale Partner beteiligt.

Doch vielerorts schlägt dem Projekt Misstrauen entgegen, notwendige Unterstützer fühlen sich übergangen. Zudem liegen zwei der geplanten sechs Standorte in der von Marokko völkerrechtswidrig besetzten Westsahara. Die politischen Umbrüche in den arabischen Staaten könnten zudem auch einen erheblichen Teil der bisherigen Verhandlungspartner in den Ministerien hinweggefegt haben. Hinzu kommen technische Unwägbarkeiten. Bis zu 5000 Kilometer Hochspannungs-Gleichstrom-Übertragungsleitungen (HGÜ) sollen gebaut und zum Teil durchs Mittelmeer geführt werden. Doch für den Weg durch erhebliche Wassertiefen gibt es ebenso wenig Vorbilder, wie für ein HGÜ-Netz mit mehreren Zuleitungen.[43] Eine unübersehbare Zahl an Institutionen müsste dauerhaft mitspielen: „Über vierzig Regierungen von Staaten mit ihren jeweiligen Netzsystemen und nicht zuletzt viele Regionalregierungen, durch deren Gebiet die Stromtrassen gelegt werden müssten ... Ein planmäßiger Trassenbau ist aber vor allem deshalb extrem unwahrscheinlich, weil Widerstände aus der Bevölkerung vorprogrammiert sind."[44]

Trotzdem verbreiten die Desertec-Initiatoren Optimismus: Schon Ende 2015 könnte der erste Wüstenstrom nach Europa fließen, behaupten sie.[45] Der frühere Wirtschaftsminister Rainer Brüderle (FDP) hat den Investoren die Unterstützung der Bundesregierung zugesichert, staatliche Exporthilfen angekündigt und das Projekt als „Entwicklungshilfe" bezeichnet.[46] Desertec-Chef Paul van Son versichert: „Dem deutschen Steuerzahler kann man versprechen, dass die Investitionen der ersten 15 Jahre in den zweiten 25 Jahren zurückverdient werden. Klappt das nicht, dürften wir Desertec gar nicht erst anpacken."[47] Paul van Son wird nicht mehr im Amt sein, wenn es um die Frage geht, ob seine Firma das Versprechen gehalten hat.

Parallel setzen die Stromkonzerne auf Offshore-Windparks in der Nord- und Ostsee – auch das Milliardenprojekte, die allein Großinvestoren finanzieren können; das von Bürgern geplante Projekt „Butendiek" scheiterte vor Jahren aufgrund mangelnder staatlicher Bürgschaften schon im Ansatz. Dabei unterstützt die Bundesregierung den Bau von Offshore-Windrädern ansonsten massiv: Die Einspeisevergütung für Windstrom vom Meer liegt deutlich höher als an Land, 25 Standorte sind genehmigt und im Frühjahr 2011 kündigte die staatliche KfW-Bank ein 5-Milliarden-Kreditprogramm an. Tatsächlich aber existieren die meisten Projekte bisher nur auf dem Papier, lediglich 200 Megawatt sind installiert. Auch hier ist vieles technisch noch ungelöst, die Vorbilder vor England und Dänemark stehen in deutlich flacheren Gewässern und es mangelt an Spezialschiffen und Personal, das die Anlagen auch bei starkem Wind warten kann.

Im Grunde sind alle Projekte der Stromkonzerne Versprechen auf die Zukunft – eine Zukunft, die nach der Vereinbarung mit der Bundesregierung im Herbst 2010 weiterhin vor allem den großen Vier zu gehören schien. Dann aber bebte die Erde in Japan – und erschütterte auch die Grundfeste der deutschen Energiewirtschaft.

Nach dem Mehrfach-GAU in einem Industrieland sackten die Umfragewerte der Regierungsparteien ab wie Börsenkurse bei einem Crash – die AKW-Laufzeitverlängerung war nicht mehr zu halten,. Der Spontanentschluss der Kanzlerin, sieben AKW sofort herunterzufahren, ohne dass es danach irgendein Versorgungsproblem gab, machte klar: Die angeblich notwendige „Brückentechnologie" ist ein Popanz – es geht auch ohne. Tatsächlich gibt es in Deutschland erhebliche Überkapazitäten, so dass in den vergangenen Jahren regelmäßig Strom in der Größenordnung mehrerer Atomkraftwerke exportiert wurde.

Im Juni 2011 wurde die Laufzeitverlängerung rückgängig gemacht: Deutschland ist das erste Industrieland, das endgültig und unumkehrbar aus der Atomkraft aussteigt – ein Weg, der über kurz oder lang auch allen anderen bevorsteht. Zwar wird der letzte Meiler hierzulande erst 2022 vom Netz gehen; das Umweltbundesamt hatte errechnet, dass auch 2017 problemlos möglich gewesen wäre und Umweltverbände hatten ein noch früheres Datum favorisiert. Dennoch ist die Entscheidung ohne Zweifel eine nicht zu unterschätzende Zäsur: Ein fast 40 Jahre währender Bürgerprotest ist zur Regierungspolitik geworden – und die Stromkonzerne waren an den Beschlüssen nicht beteiligt.

Viele Kleine gegen die großen Vier

Was jetzt ansteht, ist eine Grundsatzentscheidung. Die Riesen versuchen verzweifelt, mit der Androhung von Klagen gegen den Atomausstieg ihre Machtposition zu verteidigen. Außerdem schüren sie die Angst vor massiven Stromausfällen. Alles läuft auf einen Konflikt hinaus, denn ein friedliches Nebeneinander der alten und neuen Techniken kann es nicht geben. „Die auf fossile und Atomenergie gestützte Energieversorgung wurde im Laufe des 20. Jahrhunderts zum Leitbild der Energieversorgung. Zu diesem gehört die Fixierung auf Großkraftwerke und dafür ausgelegte Stromnetze."[48] Diese Strukturen wollen die Großen erhalten – denn daran hängen ihre Gewinne und ihr politischer Einfluss. Doch die neuen Energiequellen erfordern andere Netze, sollen sie sich bestmöglich entfalten können.

Traditionell schickten riesige, zentrale Kraftwerke ihren Strom an die vielen großen und kleinen Nutzer in ihrem Gebiet. Die sind relativ gut berechenbar: Morgens früh steigt ihr Bedarf zunächst steil an, klettert dann weiter bis zur Tagesspitze um die Mittagszeit, und nach einem weiteren Hoch am Abend schlafft die Nachfrage in der Nacht immer weiter ab. Was in diesen verbrauchsarmen Stunden benötigt wird, liefern Atom- und Braunkohlekraftwerke, die sowohl aus betriebswirtschaftlichen als auch technischen Gründen möglichst gleichmäßig rund um die Uhr laufen sollen. Den regelmäßig ansteigenden Verbrauch decken Steinkohlemeiler ab und die spontanes Reagieren erfordernden Spitzen übernehmen Gaskraftwerke.

Die meisten erneuerbaren Quellen sind dagegen „launisch". Der Wind kann auch kurzfristig zwischen völliger Flaute und starken Böen wechseln, und die bereits heute in Deutschland installierten Photovoltaikanlagen sind im Sommer bei strahlend blauem Himmel locker in der Lage, mehrere Großkraftwerke zu ersetzen. Dagegen liefern sie im Winter oft nur sehr geringe Mengen. Biomasse lässt sich zwar regeln – aber nicht spontan. Und Wasserkraft und Erdwärme reichen bei weitem nicht aus, um die starken Schwankungen der anderen Erneuerbaren auszugleichen. Wie dieses Problem gelöst wird ist der Dreh- und Angelpunkt für die Struktur der künftigen Energiewirtschaft.

Nach gegenwärtiger Rechtslage haben die Erneuerbaren Vortritt: Wenn die Anlagen Strom liefern, sind die Netzbetreiber verpflichtet, ihn abzunehmen. Zugleich ist klar, dass aus technischen Gründen im Stromnetz zu jedem Zeitpunkt ein Gleichgewicht herrschen muss zwischen Lieferung und Abnahme. Folglich bleibt den Betreibern der konventionellen Kraftwerke nichts anderes übrig, als ihre Meiler je nach den aktuellen Vorgaben der Erneuerbaren und dem jeweiligen Strombedarf rauf- und runterzufahren.

Das aber wird absehbar immer schwieriger, weil vor allem die traditionellen Grundlastkraftwerke ausgesprochen träge sind. Schon aus Sicherheitsgründen sollte ein Atomkraftwerk möglichst selten zwischendurch abgeschaltet werden – und wenn es, aus welchen Gründen auch immer, doch geschieht, dauert ein Wiederanfahren mehr als zwei Tage. Zwar sind Braunkohlekraftwerke weniger gefährlich als AKW, doch auch sie reagieren nur langsam.

Laut einer Studie des Fraunhofer-Instituts für Windenergie und Energiesystemtechnik werden Wind, Sonne und Biomasse schon ab etwa 2020 zeitweilig so viel Strom liefern, dass alle anderen Kraftwerke komplett abgeschaltet werden müssen. Grundlastkraftwerke aber sind als Lückenbüßer denkbar ungeeignet;

sie werden vielmehr beim Übergang zur 100-Prozent-Stromversorgung mit Erneuerbaren als Erste überflüssig. Was dagegen noch am längsten benötigt wird, sind flexible Gasmeiler. Damit ist umgekehrt klar: Weder Atom- noch Kohlekraftwerke waren jemals Brückentechnologien, sondern führen im Gegenteil in die Sackgasse.

Bereits heute schalten die Netzbetreiber Windräder und Photovoltaikanlagen trotz gesetzlicher Einspeiseverpflichtung gelegentlich ab, weil deren Lieferungen nicht mehr aufgenommen werden können. An der Leipziger Strombörse mehren sich zudem die Zeiten, in denen Elektrizität kostenlos oder sogar mit Aufschlag abgegeben wird, nur damit die großen Kraftwerke auch bei Sturm weiterlaufen können. Dort herrscht aber sowieso ein Zustand, der einer Manipulation der Strompreise Tür und Tor öffnet: Eine staatliche Aufsicht der Stromspotbörse existiert nicht mehr, seit die Leipziger und Pariser Strombörsen kooperieren. Im September 2009 übernahm die in Paris ansässige EPEX Spot SE auch den innerdeutschen Kurzfristhandel, doch nach französischem Recht sind die dortigen Behörden nur für innerfranzösische und grenzüberschreitende Geschäfte zuständig. Ohne jede Aufsicht können mächtige Spieler in Deutschland nun die Strompreise zum eigenen Vorteil gestalten – etwa durch gezielte Angebotsverknappung oder Insiderhandel und müssen dabei aufgrund mangelnder Dokumentationspflichten nicht einmal juristische Konsequenzen befürchten.[49]

Außerdem versucht die Kanzlerin, den großen Vier weiter die Stange zu halten: Statt die Zielmarke für die Erneuerbaren nach dem Ausstieg aus der Atomkraft rasch hoch zu setzen, strebt sie weiter einen 35-Prozent-Anteil für das Jahr 2020 an – genau wie vor dem AKW-Unfall in Fukoshima. Im Klartext: Kohle- und Gaskraftwerke sollen den Atomstrom ersetzen. Damit würde das strukturelle Problem fortbestehen, dass schwer regelbare Grundlastkraftwerke den Ausbau der Erneuerbaren bremsen. Auf einer Maritimen Konferenz kündigte Merkel zudem an, dass sie bis zum Jahr 2030 Windparks mit 25 000 Megawatt Leistung anpeile[50] – der weitere Ausbau der Erneuerbaren soll demnach nicht durch viele dezentrale Kleinkraftwerke vonstatten gehen. Entsprechend wurde der Fördersatz für Windräder an Land gekürzt. Auch eine neue Photovoltaikanlage wird sich künftig nicht mehr lohnen, wenn im selben Jahr bereits 3500 Megawatt Leistung installiert wurden.

Befürworter einer dezentralen, von vielen Kleinen getragenen Energieversorgung plädieren für einen ganz anderen Übergang ins erneuerbare Zeitalter: Sie wollen die vorhandenen Windräder an den günstigen Standorten durch größere Anlagen ersetzen. Das wäre nicht nur viel billiger als der Bau und Betrieb von Offshore-Windparks. Das sogenannte „Repowering" brächte auch massive Ertragssteigerungen und würde zugleich die Zahl der Anlagen reduzieren; die „Verspargelung" der Landschaft ließe sich also zum Teil zurücknehmen. Auch eine systematische Nutzung der ökologisch und landschaftlich ohnehin stark belasteten Autobahntrassen als „Energiealleen" wäre denkbar. Der glühende Verfechter einer raschen Energiewende und SPD-Politiker Hermann Scheer hatte in dem kurz nach seinem Tod erschienenen Buch „Der Energetische Imperatv" ausgerechnet, dass sich allein an der 960 Kilometer langen A7 rund 2,2 Prozent des deutschen Strombedarfs herstellen ließen. Würde man 50 Milliarden Euro in 5-Megawatt-Windräder investieren, könnte man die erwartete Strommenge von Desertec in Deutschland erzeugen – und das schätzungsweise bereits in drei Jahren.[51]

Der Politik- und Wirtschaftswissenschaftler Mohssen Massarat empfiehlt den vielfachen Einsatz von Blockheizkraftwerken in Privatkellern als „Brückentechnologie" und „Hebel zum Einstieg in ein Zeitalter dezentraler und demokratisch kontrollierter Energieversorgung".[52] Der Ökostromanbieter Lichtblick macht bereits vor, wie Tausende von „Zuhausekraftwerken" als Netzwerk funktionieren und damit eine viel flexiblere Versorgung ermöglichen als traditionelle Großkraftwerke. Und auch wenn Photovoltaik heute noch teurer ist als andere Arten der Stromerzeugung, so gehen Experten doch davon aus, dass sie sich ab 2030 auch ohne Unterstützung rechnet – vorausgesetzt, die Entwicklung wird jetzt nicht abgewürgt.

Das kluge Netz

Dass das Stromnetz aus- und umgebaut werden muss, wenn der Anteil an erneuerbaren Energien zunimmt, ist unumstritten. Wind, Sonne, Wasser, Biomasse und Erdwärme werden zwar in absehbarer Zeit in der Summe ausreichende Mengen an Strom produzieren, den aber nur unregelmäßig liefern können. Um Liefer- und Abnahmemengen in Einklang zu bringen, muss das Netz flexibler und mit Zwischenspeichern ausgestattet werden.

Dafür gibt es verschiedene Möglichkeiten. Zum einen können die Kunden durch günstige Preise dazu motiviert werden, beispielsweise ihre Wasch- oder Spülmaschinen nachts oder in sonnigen Zeiten laufen zu lassen. Für die Industrie gibt es derartige Sonderangebote schon seit Jahren. Mit Hilfe moderner Kommunikationstechniken wäre inzwischen genauso auch der Maschinenpark in den 40 Millionen Haushalten mit „Intelligenz" auszustatten, so dass viele Geräte immer dann anspringen, wenn der Stromzähler meldet: „Achtung, Elektronen wandern jetzt zum Billigtarif durch die Leitungen." Konsequent eingesetzt sowohl in Betrieben, öffentlichen Gebäuden als auch im privaten Bereich könnten die Verbrauchsspitzen in Deutschland damit von gegenwärtig 85 Gigawatt um knapp zehn Prozent gesenkt werden, vermutet die Deutsche Umwelthilfe.[53] Forscher, die gerade einen Pilotversuch in Mannheim durchführen, kalkulieren sogar mit 30 Prozent.[54]

Andere Vorschläge zielen auf eine Vergrößerung des Gesamtnetzes: Wenn es in Spanien stürmt, herrscht in Deutschland vielleicht gerade Windstille – oder umgekehrt. Das Fraunhoferinstitut für Windenergie und Systemtechnik hat ausgerechnet, dass sich in einem europaweiten, optimalen Netz die Erneuerbaren in über 99 Prozent der Zeiten ausgleichen können.[55]

Viele Experten halten einen raschen Ausbau der Hochspannungstrassen innerhalb Deutschlands für unumgänglich, weil die Kraftwerke künftig nicht mehr überwiegend in den Regionen stehen werden, wo der meiste Strom gebraucht wird: in den Industriegebieten Nordrhein-Westfalens und Süddeutschlands. Vor allem die Windmüller im Norden und Osten werden bald hohe Überschüsse produzieren, die dann in den Süden und Westen geleitet werden müssen. Dafür reichen die gegenwärtig 18.000 Kilometer langen Übertragungsleitungen und die wenigen Kopplungsstellen zwischen den verschiedenen Versorgungsgebieten nicht aus. Die Deutsche Energie-Agentur Dena, die zu 50 Prozent von den großen Stromkonzernen finanziert wird, sollte deshalb Vorschläge für den Netzausbau machen.

Die beiden bisher von ihr veröffentlichten Studien sind allerdings vage, in sich widersprüchlich und keineswegs auf eine schnelle Umsetzung hin ausgerichtet. Erst war davon die Rede, dass 850 Kilometer neue Hochspannungstrassen bis zum Jahr 2015 gebraucht werden, jetzt werden mehr als viermal so viele genannt – doch wo die verlaufen sollten, bleibt ebenso im Nebel wie die Berechnungsgrundlagen. Nur eines ist sicher: Gebaut wurde bisher im Schneckentempo. In den vergangenen sechs Jahren sind gerade einmal 80 Kilometer 380-Kilovolt-Leitungen dazugekommen. In der Öffentlichkeit wird die Schuld an den Verzögerungen gerne Anwohnern in die Schuhe geschoben, die gegen neue Freileitungen protestieren und die Verlegung der Kabel unter die Erde fordern.

Dass aber auch die Stromriesen bisher kein Interesse an einem zügigen Ausbau hatten, zeigt sich schon daran, dass sich bereits die Recherchen, wie und wo die Kapazitäten bestehender Freileitungen durch ein besseres Management erweitert werden könnten, seit Jahren hinziehen. Dabei ist auch in ihren Kreisen klar, dass die gegenwärtig erlaubten Durchleitungsmengen in 95 Prozent der Betriebszeiten ohne Probleme um zehn Prozent erhöht werden könnten; lediglich bei extremer Hitze und Windstille dehnen sich die Starkstromkabel so sehr aus, dass der Sicherheitsabstand zum Boden keine zusätzlichen Strommengen zulässt.[56] Zwar haben sich Vattenfall und Eon auf Druck der EU mittlerweile von ihren Stromnetzen getrennt und bei RWE ist das inzwischen ebenfalls im Gespräch. Doch sowohl über die Dena als auch über ihre Lobbyisten haben die großen Vier auch weiterhin enormen Einfluss auf die Netzentwicklung.

Der frühere Wirtschaftsminister Rainer Brüderle hat ein von führenden Juristen als verfassungswidrig eingeschätzes[57] „Netzausbaubeschleunigungsgesetz" auf den Weg gebracht, das die rasche Errichtung von großen Stromtrassen erzwingen soll, damit insbesondere Offshore-Strom abtransportiert werden kann. Zwar ist eine Bürgerbeteiligung vorgesehen, doch angesichts der sehr kurz angesetzten Verfahrenszeit kann die auf keinen Fall intensiv ausfallen. Geprüft wird außerdem, ob das Stromnetz der Bahn ausgebaut werden könnte, weil hier aufgrund der schon bestehenden Trassen weniger Konflikte mit Anwohnern zu erwarten sind.

Gegen die Fixierung auf die Anforderungen der teuren Windanlagen in Nord- und Ostsee regt sich aber auch grundsätzlicher Widerstand. Schließlich liegt die strukturelle Stärke der erneuerbaren Energien gerade darin, dass sie dezentral eingesammelt werden können. Warum also sollte das Netz nicht viel stärker auf eine Erzeugung und Verteilung in den Regionen ausgelegt sein? Dass hier noch viel Potenzial besteht, belegt beispielsweise der im Frühjahr 2011 vom Wirtschaftsministerium in Stuttgart präsentierte Windatlas: In Baden-Württemberg gibt es zahlreiche Standorte, die denen an den Küsten ebenbürtig sind. Doch bisher wird im Ländle nur 0,8 Prozent des Stroms aus Wind erzeugt, im benachbarten Rheinland-Pfalz dagegen schon achtmal so viel.

Sonne und Wind speichern

Ein Aus- und Umbau der Stromtrassen ist zwar ohne Zweifel notwendig, aber keineswegs ausreichend für ein zukunftsfähiges Netz. Das benötigt darüber hinaus so etwas wie Batterien, um die Schwankungen der Erneuerbaren auszugleichen. Bewährt, mit 5 bis 10 Cent pro Kilowattstunde[58] noch relativ preiswert und ohne allzu große Nutzenergieverluste arbeiten Pumpspeicherwerke. Sie verwenden überschüssigen Strom, um Wasser von einem tiefer gelegenen Gewässer in ein deutlich höheres Becken zu transportieren, und sobald Energiemangel herrscht, fällt es wieder nach unten und treibt dabei eine Turbine an. Eine solche Anlage ist hochflexibel: Innerhalb von wenig mehr als einer Minute kann auf Speichern oder Produzieren umgeschaltet werden.

In Deutschland gibt es gegenwärtig etwa zwei Dutzend solcher Anlagen, die gemeinsam von jetzt auf gleich so viel Strom liefern könnten wie vier Atomkraftwerke von der Größe Brokdorfs. Allerdings laufen sie innerhalb kurzer Zeit leer und müssen dann vor einem neuen Einsatz erneut „aufgeladen" werden. Wenn Deutschlands heutiger Strombedarf komplett mit erneuerbaren Energien gedeckt werden sollte, bräuchte man für eine sichere Versorgung etwa 100-mal so viel Pumpspeicherwerkkapazität wie gegenwärtig. Zwar plant ein Tochterunternehmen von RWE und EnBW im Südschwarzwald gerade das größte Werk der Republik, das dank einer Fallhöhe von 600 Metern kurzfristig so viel Strom abgeben könnte wie ein Großkraftwerk. Doch zum einen ist das Projekt aufgrund des hohen Naturverbrauchs stark umstritten, zumal die Hersteller dort erfahrungsgemäß zuerst ihren konventionell hergestellten Strom speichern wollen. Zum zweiten reicht es für den Gesamtbedarf Deutschlands bei weitem nicht aus. Viele weitere geeignete Standorte aber gibt es hierzulande nicht.

Große Hoffnungen ruhen deshalb auf Norwegen. Allein der blaue See des Wasserkraftwerks Kvilldal hat eine 200-mal so große Kapazität wie alle deutschen Pumpspeicherwerke zusammen. Dazu müssten allerdings 30 Milliarden Euro teure Hochspannungskabel durch die Nordsee verlegt werden.[59]

Wesentlich teurer und mit höheren Verlusten verbunden, aber ebenfalls geeignet als monatelange Reserve sind Druckluftspeicher in unterirdischen Kavernen. Eon betreibt seit den 1970er Jahren solch eine Anlage in einem niedersächsischen Salzstock – bisher die einzige in Deutschland.[60] Schließlich kann man mit Hilfe von Strom aus Wasser auch Wasserstoff herstellen und den dann anschließend in einer Brennstoffzelle wieder als Stromquelle nutzen. Im Idealfall entsteht am Schluss nichts anderes als Wasser. Allerdings ist die Prozedur bisher noch mit Kosten von etwa 25 Cent pro Kilowattstunde verbunden,[61] die Lagerung des sehr flüchtigen Wasserstoffs ist aufwändig und außerdem entschwinden durch die doppelte Umwandlung mehr als zwei Drittel der nutzbaren Energie.

Das Fraunhofer-Institut für Windenergie und Energiesystemtechnik will noch einen Schritt weitergehen und aus überschüssigem Windstrom Wasserstoff und schließlich Methan herstellen. Das ist im Grunde nichts anderes als synthetisch hergestelltes Erdgas. Als Speicher könnte das landesweit vorhandene Gasnetz genutzt werden, dessen Kapazität so groß ist, dass sich daraus zwei Monate lang der gesamte Strom für Deutschland erzeugen ließe.[62]

Manche Experten plädieren auch für Elektroautos als Batterien. Schließlich stehen Privatwagen durchschnittlich 23 Stunden am Tag irgendwo herum. Sie könnten zu billigen Tarifen befüllt werden und später entweder Strom für Haushaltsgeräte liefern, die Energie zum Fahren nutzen oder den Strom sogar wieder zu einem höheren Tarif ins allgemeine Netz einspeisen. Die Meinungen, ob das eine realistische Option ist, gehen weit auseinander. Gegenwärtig gibt es jedenfalls noch so gut wie keine Elektroautos, und die Akkus dafür sind noch sehr teuer. Doch auch auf lange Sicht werden sie bestenfalls als Kurzfristspeicher für einen Tag dienen können und auf keinen Fall die Kraft der Herbststürme ins Frühjahr retten.

Welche Speicher- und Wandlungstechniken in welchem Maße zum Einsatz kommen werden, ist noch unklar. Eine einzelne auszusuchen und zu optimieren, scheint jedenfalls nicht sinnvoll. Wahrscheinlich liegt die beste Lösung in einer Kombination –[63] und vor allem darin, Strom zu sparen. Viele Effizienzsteigerungsmöglichkeiten sind bei weitem noch nicht ausgeschöpft, ihr Einsatz ist in der Regel ohne jede Komforteinbuße für die Nutzer zu haben. Um welche Dimensionen es geht, zeigt die folgende Kalkulation: Im Jahr 2010 lag der deutsche Stromverbrauch bei 600 Milliarden Kilowattstunden. „Steigt dieser nur um ein Prozent jährlich, wird man im Jahr 2030 bereits gut 730 Milliarden Kilowattstunden decken müssen. Schafft man es hingegen, den Verbrauch um nur ein Prozent jährlich zu senken – was bei politischen Anreizen keine wirklich große Herausforderung ist – so kommt man künftig mit 490 Milliarden Kilowattstunden pro Jahr aus", rechnet der Energiejournalist Bernward Janzing vor.[64] Von dieser Entwicklung hängen logischerweise der Ausbau des Netzes und der Speicherkapazitäten unmittelbar ab.

Doch sicher ist: „Eine vollständig regenerative Stromversorgung in Deutschland (ist) machbar, sicher und bezahlbar", wie der Sachverständigenrat für Umweltfragen in seinem Gutachten vom Januar 2011 schreibt.[65] Eine klare Absage erteilten die von der Bundesregierung beauftragten Wissenschaftler schon vor der mehrfachen Kernschmelze im AKW Fukushima den Wünschen der traditionellen Energieversorger: „Weder eine Verlängerung der Laufzeit von Atomkraftwerken noch der Bau neuer Kohlekraftwerke mit Kohlendioxidabscheidung und -speicherung sind notwendig." Vielmehr würde beides dazu führen, „dass über zunehmend längere Zeitfenster Überkapazitäten im System entstehen, die entweder die zeitweilige Abschaltung regenerativer Kapazitäten erfordern oder zu kostspieliger Unterauslastung konventioneller Kapazitäten führen und damit die Kosten des Übergangs unnötig erhöhen."[66] „Energieeffizienz ist die eigentliche Brückentechnologie"[67], empfiehlt der Sachverständigenrat – also den Verbrauch systematisch zu reduzieren und Verluste bei der Übertragung zu verhindern.

Die Rebellen aus dem Schwarzwald

Hätte einer Ursula Sladek vor 20 Jahren gesagt, dass sie heute Geschäftsführerin eines Ökostromlieferanten mit 40 Angestellten ist und zudem eine beliebte Interviewpartnerin in Talkshows, hätte sie demjenigen wahrscheinlich einen Vogel gezeigt. „Geld hat mich nie interessiert, und mit Energie hatte ich früher gar nichts zu tun", sagt die Mutter von fünf Kindern. Und hätte sie Anfang der 1990er Jahre gewusst, was da alles auf sie zukommt, wäre sie wohl auch zurückgezuckt. „Doch wir waren am Anfang naiv. Und dann bin ich da reingeschlittert und hab im Lauf der

Jahre all die Dinge gelernt, die dazugehören." 70 Millionen Euro Jahresumsatz machen die Elektrizitätswerke Schönau (EWS) heute – und der Trend zeigt steil nach oben.

Begonnen hat alles kurz nach dem GAU in Tschernobyl im Frühjahr 1986. Wie überall im Land schlossen sich auch in Schönau besorgte Eltern zusammen, und wie vielerorts glaubten sie auch hier, dass die Politik nun gar nicht anders könne, als sich von der Atomkraft zu verabschieden. Doch nichts geschah. Da gab der Arzt Michael Sladek das Motto aus: Wir müssen die Sache selbst in die Hand nehmen und mit dem Atomausstieg im Kleinen beginnen. „Entwickeln Sie ein liebevolles Verhältnis zu Ihrem Stromzähler, besuchen Sie ihn täglich"[68], riet er mit dem ihm eigenen Humor. Stromsparwettbewerbe wurden veranstaltet, Blockheizkraftwerke geplant und genügsame Küchengeräte kamen ganz groß in Mode. Als natürlichen Kooperationspartner sah die Initiatorengruppe damals noch den regionalen Stromversorger. Doch die Geschäftsführung der Kraftübertragungswerke Rheinfelden (KWR) reagierte ausgesprochen schroff. Man lebe schließlich vom Stromverkauf, Einsparungen seien nicht im eigenen Interesse. „Und dann sagten die noch: Passen Sie auf, dass wir Sie nicht wegen Geschäftsschädigung verklagen",[69] erinnert sich Ursula Sladek an den Besuch. Auch seine Beteiligungen an Atomkraftwerken wollte der Stromlieferant nicht infrage stellen.

Der Konflikt eskalierte: Die KWR versuchten, vorzeitig eine Konzessionsverlängerung für die Stromleitungen von der Stadt Schönau zu bekommen und boten dafür sogar einen finanziellen Aufschlag an. Die Bürger sammelten ebenso viel Geld, um den Stadtrat davon zu überzeugen, die Entscheidung aufzuschieben – und hatten Erfolg. Nun standen sie unverhofft vor dem Problem, ein Alternativkonzept präsentieren zu müssen, und das auch noch ganz schnell. Zum ersten Mal machten die Stromrebellen eine Erfahrung, die sich in den kommenden Jahren häufig wiederholen sollte: Menschen von außen fasziniert das Projekt und sie stellen bereitwillig ihr Fachwissen zur Verfügung – Ingenieure, Unternehmens- und Steuerberater, Stadtwerksvertreterinnen,

Werbefachleute. Beim ersten Mal war es ein promovierter Elektrotechniker aus Aachen, der zur Hilfe eilte. So konnte die Bürgerinitiative drei Monate später eine 500-seitige Machbarkeitsstudie präsentieren, die sogar das zuständige Landesamt beeindruckte.

Die KWR versuchten dagegen zu halten, verbesserten ihr Angebot und drängten den CDU-Bürgermeister, den Vertrag endlich unter Dach und Fach zu bringen. Tatsächlich stimmte der Stadtrat schließlich für eine Verlängerung des bisherigen Konzessionsvertrags – und sah sich noch am selben Abend mit der Ankündigung eines Bürgerbegehrens konfrontiert. Ein heftiger Wahlkampf folgte, Schönau war gespalten. Am Schluss kamen die Stromrebellen mit einer Nasenlänge voraus ins Ziel.

Und gleich folgte die nächste Runde: Was ist das Stromnetz wert? Die KWR verlangten 8,7 Millionen Mark und präsentierten eine Expertise der renommierten Wibera, einem späteren Tochterunternehmen der Wirtschaftsprüfungs- und Beratungsgesellschaft PricewaterhouseCoopers. Die Stromrebellen hatten zwei Freiberufler beauftragt, die 3,95 Millionen errechneten. Diese Summe hatte die inzwischen gegründete Genossenschaft auch tatsächlich schon zusammen – schließlich war das Schönauer Experiment inzwischen republikweit bekannt. So hatte sich der bei der GLS-Bank aufgelegte Netzkauf-Fonds schnell gefüllt und darüber hinaus beteiligten sich auch 650 Privatpersonen direkt am Unternehmen. Ein Gericht würde über die Kaufsumme entscheiden müssen. Doch so etwas zieht sich über Jahre hin – und deshalb beschlossen die Genossen, den überhöhten Kaufpreis unter Vorbehalt zu zahlen und dafür bundesweit Spenden zu sammeln.

Eine Werbeagentur kreierte kostenlos eine Kampagne. Deren Motto „Ich bin ein Störfall" hefteten sich Unterstützer bald in ganz Deutschland ans Revers. Nach und nach senkte die KWR nun von sich aus den Kaufpreis und am 1. Juli 1997 überwiesen die Stromrebellen schließlich 5,7 Millionen Mark. Endlich waren sie am Ziel und Besitzer des Schönauer Netzes. Der Rechtsstreit wurde tatsächlich erst acht Jahre später mit einem für die Stromrebellen überaus erfreulichen und für die renommierte Wibera extrem peinlichen Ergebnis beendet: Die Stromrebellen bekamen 1,2 Millionen Euro plus Zinsen erstattet.[70]

Das Unternehmen wuchs rasch – vor allem seit Michael Sladek kurz nach der Liberalisierung des Strommarkts spontan angekündigt hatte, dass man den Schönauer Strom nun in ganz Deutschland kaufen könne. „Das haben wir schwuppdiwupp eingeführt. Nicht alle waren damals begeistert", erinnert sich seine Frau. Viele fürchteten, ein so großer Schritt sei zu riskant. Doch das Wagnis hat sich gelohnt: Ende 2010 konnte das Unternehmen aus dem 2500-Einwohner-Ort seinen 100.000sten Kunden begrüßen.

Zeit, um kaufmännische Kurse zu besuchen, hat Ursula Sladek nie gehabt, doch große Zahlen schrecken sie heute nicht mehr. „Man muss genau gucken, wofür man das Geld ausgibt, und damit so umgehen, als sei es das eigene", beschreibt sie die Grundsätze ihres Wirtschaftens und ist stolz, dass sie außer im ersten Geschäftsjahr immer ein Plus hat ausweisen können.

Wer bei den Schönauern bestellt, bekommt garantiert Ökostrom; Kraftwerke und Anlagen, an denen AKW-Betreiber oder deren Tochterunternehmen beteiligt sind, sind tabu. Pro Kilowattstunde wird ein Sonnencent berechnet, mit dem der Bau neuer Anlagen gefördert wird. Auch Wasserkraftwerke dürfen maximal sechs Jahre alt sein, denn nur wenn neue Anlagen entstehen, können sie die Kohle- und Atomkraftwerke aus dem Markt drängen – und das ist ja das zentrale Ziel. Dabei haben die Stromrebellen nicht nur Deutschland im Blick. In Bangladesh unterstützen sie beispielsweise Initiativen, die Photovoltaikanlagen auf Schuldächern installieren. „So was machen wir aber nur, wenn persönliche Kontakte existieren und wir ganz sicher sein können, dass es da vor Ort auch wirklich unterstützenswerte Projekte gibt", betont Ursula Sladek.

Man muss kein Idealist sein, um zu den Schönauer Stromrebellen zu wechseln. Gerade hatte Ursula Sladek die Anfrage einer Frau aus Melle bei Osnabrück auf dem Schreibtisch, die bisher konventionellen Strom bei Yello bezogen hat – ein Tochterunternehmen von EnBW, das ständig mit seinen angeblich überaus günstigen Preisen wirbt. Doch die Kalkulation ergab, dass der „Rebellenstrom" deutlich billiger für sie ist. „Die Großen stopfen sich die Taschen voll. Bei uns gibt es dagegen vergleichsweise schmale Margen", erklärt das Sladek und ergänzt. „Wir haben außerdem eine sehr schlanke Hierarchie". Die zeigt sich schon daran, dass die Chefin zurzeit selbst Anfragen von Neukunden bearbeitet, weil die zuständigen Kollegen gerade extrem viel zu tun haben.

Auch wird in Schönau nach wie vor vieles von Ehrenamtlichen erledigt. „Unser Produkt ist ja ein gesellschaftliches Produkt, und die Leute, die wir beliefern, sind nicht nur unsere Kunden, sondern vor allem Mitstreiter und Mitbewegende", beschreibt Aufsichtsrat Michael Sladek seine Sicht der Dinge. Fast jedes freie Wochenende opfert der Mann mit dem Rauschebart für die Genossenschaft. Häufig ist er irgendwo zu einem Vortrag unterwegs: „Unsere Geschichte macht vielen anderen Mut. Und mir selbst macht es auch immer wieder Spaß, wenn andere Kommunen sich aus den Klauen der Monopole befreien wollen." Ein besonderes Anliegen ist es Sladek, seine Lernerfahrungen in punkto Kommunikation weiterzugeben. Da sei man selbst anfangs nämlich auch alles andere als professionell gewesen, meint er. Zum einen hält Sladek es für ganz wichtig, das „Moralin" außen vorzulassen: „EWS-Kunden sind nicht die besseren Menschen." Zum zweiten plädiert er für eine „Kultur des Siegens", bei der ein Angriff des politischen Gegners nicht mit Gleichem vergolten wird. „Ich hab einmal im Stadtrat einen Kollegen vorgeführt. Ein paar Minuten ging es mir danach besser, aber die Sache hat mir anschließend jahrelang geschadet", erzählt der 65-Jährige, der ein Mandat der Freien Wähler hat. Und seine gleichaltrige Frau ergänzt: „Ich muss auch ein freundliches Guten Morgen sagen können, wenn ich weiß, dass der andere ein AKW-Befürworter ist."

Die EWS hat Schönau in vielerlei Hinsicht verändert. Die Genossenschaft ist nicht nur zum zweitgrößten Gewerbesteuerzahler der Kommune geworden. Vor allem ist sie Zentrum eines überaus lebendigen Netzwerks, in dem Privates und Politisches untrennbar miteinander verquickt sind.

Wenn Stromanbieterwechsel, dann richtig

Ein angebliches Ökoangebot haben inzwischen fast alle Stromfirmen. Das zu ordern ist in der Regel reine Geldverschwendung. Schließlich betreiben auch die konventionellen Konzerne ein paar Wasserkraftwerke oder Windräder – und den dort erzeugten Strom deklarieren sie nun einfach als „grün", während ihre übrigen Kunden entsprechend mehr Atom- und Kohlestrom bekommen. Ein Nullsummenspiel also, bei dem ausschließlich die Betreiber verdienen, denn das angebliche Ökostromangebot ist selbstverständlich teurer.

Entscheidend sind deshalb zwei Dinge: Der Lieferant sollte seinen gesamten Strom bei den Betreibern erneuerbarer Stromanlagen einkaufen oder ihn selbst auf diese Weise herstellen. Und er muss durch seine Geschäftspolitik dafür sorgen, dass die Zahl der neuen Anlagen ständig wächst. Zwei Genossenschaften erfüllen diese Kriterien in besonderer Weise: Die Schönauer Stromrebellen (www.ews-schoenau.de) und Greenpeace-Energy (www.greenpeace-energy.de). Darüber hinaus gibt es auch zwei Aktiengesellschaften, die nach diesen Kriterien arbeiten: Die Naturstrom AG (www.naturstrom.de) und Lichtblick AG (www.lichtblick.de).

Sparen als Volkssport

Während die traditionellen Stromlieferanten kein Interesse haben, dass ihre Kunden möglichst wenig Energie abfordern, sieht das bei Initiativen von unten ganz anders aus. Im bayrischen Dörfchen Wilpoldsried ist das Sparen zu einer Art Volkssport geworden.

Es ist schon eine Weile her, da stellte der Bauer Ignaz Einsiedler die Frage, wie man denn eigentlich feststellen könne, ob das eigene Haus anständig isoliert sei. In der Gemeindevertretung erörterte man das Problem, und plötzlich kam jemand auf die Idee, die örtlichen Ballonsportfreunde „Feuer und Flamme" einzuspannen. Ausgerüstet mit Fotoapparat und Filmkamera schwebten die an einem Wintertag über das Dorf. Eindeutig zu sehen war, wo die Dachisolierung gut in Schuss war: Der Schnee war liegen geblieben. Wer wollte, konnte sich die Ergebnisse anschließend im Rathaus anschauen. „Wir wollten ja niemanden an den Pranger stellen", erläutert Bürgermeister Arno Zengerle das diskrete Vorgehen. „Bei uns ist eines immer ganz wichtig: Es darf nichts mit Zwang geben", sekundiert Susi Vogl, die das Energie- und Klimaschutzbüro im Rathaus managt.

Anschließend machte die Gemeindevertretung ein Angebot: Wer sein Haus dämmen lassen will, kann es von einem örtlichen Zimmermann mit einer Wärmebildkamera zu einem günstigen Preis untersuchen lassen und erhält außerdem eine umfassende Beratung. Ausgestattet mit dem Ergebnispapier sollten sich die Hausbesitzer dann selbst auf die Suche nach einer Firma machen, die die Sanierung durchführt – vor Ort oder anderswo.

Die Wilpoldsrieder sind ein konservativer Menschenschlag. Was sie antreibt, ist vor allem ökonomisches Kalkül, aber auch eine gute Portion Lokalpatriotismus und die christliche Überzeugung, dass man die Schöpfung zu bewahren hat. „Von anderen Leuten hier in der Gegend werden wir oft als Öko-Freaks diffamiert, aber den Leuten geht es vor allem darum, dass unsere Energieversorgung billiger wird und das Geld hier vor Ort bleibt", sagt ein junger Mann, der mit seinem Kumpel beim günstigen Mittagstisch im Gasthaus eine Pause macht. Und was ihm besonders gefällt: „Der Bürgermeister hängt sich großartig rein, überall was abzuziehen, wo es Fördertöpfe gibt." Gegenüber im Mitteilungskasten neben dem rosa Rathaus hängen ausschließlich Flugblätter der CSU, obwohl der Platz offiziell allen Parteien zusteht. Das aber habe nichts zu sagen, wiegelt Bürgermeister

Zengerle ab: Bei Energiefragen gäbe es im Gemeinderat sowieso fast jedes Mal einstimmige Beschlüsse.

Mehrfach haben die Wilpoldsrieder schon kollektive Einkaufsaktionen gestartet, um Strom und Geld zu sparen. Zum Beispiel bei Heizungsumwälzpumpen: Ältere Modelle sind wahre Energiefresser, weil sie dauernd arbeiten, auch wenn sie gar nicht gebraucht werden. Die Gemeindevertreter beschlossen, in der Schule, im Kindergarten, im Rathaus, bei der Feuerwehr und einem weiteren Dutzend öffentlicher Gebäude neue Geräte einzubauen und den Bürgern das Gleiche zu empfehlen. Ein Abgeordneter, der in einer Herstellerfirma arbeitet, tingelte am Feierabend durch 180 Wilpoldsrieder Keller, begutachtete die dortigen Geräte und handelte mit seinem Arbeitgeber ein günstiges Angebot aus. Auch zwei Installateure vor Ort wurden eingebunden – und so bekam jeder Haushalt, der wollte, für 200 Euro eine Pumpe inklusive Einbau. „Durchschnittlich nach zwei Jahren hatte sich das amortisiert, und seither sparen die Leute jedes Jahr 100 Euro", rechnet Zengerle vor.

Außerdem wärmen die meisten Wilpoldsrieder ihre Häuser in den zentrumsnahen Straßen inzwischen durch heißes Wasser aus dem Fernwärmenetz. Das wird mit bayerischen Holzpellets und Biogas betrieben, dessen Rohstoff aus den umliegenden Kuhställen sowie von Wiesen, Mais- und Getreidefeldern stammt. Die Nutzungskosten des Wilpoldsrieder Fernwärmenetzes liegen nur halb so hoch wie die von Ölheizungen; kein Wunder also, dass auch die Bürger in den noch nicht erschlossenen Straßen auf einen Ausbau drängen. Auf den meisten öffentlichen und einem Großteil der privaten Dächer prangen außerdem Solarmodule – ebenfalls Folge einer Massen-Einkaufsaktion. Der Lieferant revanchierte sich für den 3-Millionen-Euro-Auftrag, indem er seine Firmenzentrale nach Wilpoldsried verlegte – und dort nun Steuern zahlt.

Über hundert Wilpoldsrieder Bürger haben sich schon am Bau von fünf Windrädern beteiligt, die auf dem Hügel über dem Ort ihre Kreise drehen. Ende 2010 beschlossen sie, noch zwei höhere Anlagen dazuzustellen – denn je weiter die Nabe des Propellers in den Himmel ragt, desto höher der Ertrag des Rotors und desto mehr Einnahmen. So wird der 2500-Einwohner-Ort im Allgäu demnächst fünfmal so viel Strom ins Netz einspeisen, wie hier verbraucht wird.

Auf diesen Weg gebracht hat die Wilpoldsrieder einer ihrer Bauern: Wendelin Einsiedler, Bruder von Ignaz und von vielen im Ort als „Windpapst" bezeichnet. Er wohnt oben auf dem Berg und behauptet von sich, ein eher schweigsamer Zeitgenosse zu sein – doch wenn er auf sein Lieblingsthema zu sprechen kommt, kann davon keine Rede sein. „Es gibt für mich nichts Schöneres als auf meinem Balkon zu sitzen und den Windrädern zuzuschauen", schwärmt der bärtige Mann mit den Lachfalten. „Mit der Natur arbeiten, sie nutzen, aber nicht ausnutzen und dann auch noch viel billigen Strom zu bekommen – das ist doch einfach toll."

Von Anfang an war Einsiedler darauf bedacht, möglichst viele Wilpoldsrieder zu beteiligen. „So was klappt nur, wenn die Leute denken: Das ist unsere Anlage. Ein Investor von außen würde hier nie eine Genehmigung kriegen". Beim ersten Mal musste sich der gelernte Agraringenieur noch sehr anstrengen, bis er elf Mitfinanziers gefunden hatte. Drei Jahre später meldeten sich schon 30 Dörfler und in der aktuellen Runde wollten 94 mitmachen. Längst hatte sich herumgesprochen, dass die Geldgeber den Bankkredit nach etwa zehn Jahren abbezahlt haben und danach gut verdienen. „Solche Bürgeranlagen stärken den Zusammenhalt im Ort, weil davon nicht RWE, Eon oder sonst wer profitiert", sagt Susi Vogl. Auch bei den Pachteinnahmen hat Einsiedler ein System ausgeheckt, das nicht nur den unmittelbaren Besitzer des Baugrunds begünstigt, sondern alle Anwohner im Umkreis von 300 Metern. 17 Parteien werden auf diese Weise von den beiden geplanten Windkraftanlagen profitieren.

Schließlich wollen die Wilpoldsrieder auch in puncto Elektromobilität ganz vorne mitfahren. „Siemens ist bei uns aufgesprungen. Wir werden Versuchskaninchen für 50 Autos", berichtet Einsiedler und hofft, dass er bald selbst hinter dem Lenkrad eines solchen Kleinwagens mit Stromantrieb sitzt. Für ihn sei ein Auto kein Statussymbol, sondern ein reines Transportmittel, versichert der Bauer. „Und wenn sich Elektroautos durchsetzen, dann sind wir hier wirklich autark."

Fürs Wohnen bezahlt werden

Rund 40 Prozent der hierzulande benötigten Energie fließen heute in Gebäude. Raumwärme ist dabei mit durchschnittlich 70 Prozent mit großem Abstand der wichtigste Faktor. Doch es geht auch anders: Im Süden Freiburgs liegt die weltweit erste Neubausiedlung, die mehr Energie erzeugt als verbraucht.

Vor den in leuchtenden Farben gestrichenen Häuserreihen stehen kleine Hütten für die Fahrräder, dazwischen toben Kinder. Wer hier ein Auto besitzt, muss einen kleinen Fußmarsch in Kauf nehmen. Obwohl es draußen nur wenige Grad über Null ist, sitzt Wolfgang Schnürer ohne Jacke in seinem ungeheizten Wohnzimmer. „Mein Körper und die Tasse Kaffee reichen völlig aus, um das ganze Haus zu wärmen", sagt der pensionierte Grund- und Hauptschullehrer und freut sich diebisch, wenn seine Besucher ihn für ein bisschen verrückt halten. Die 40 Zentimeter dicke Isolierung der Wände und die tief in die Rahmen eingelassenen Fensterscheiben sorgen dafür, dass so gut wie keine Wärme verloren geht. „Dennoch ist die Atmosphäre hier drinnen besser als in anderen Häusern", versichert Schnürer, der zwölf Jahre lang an Asthma litt, seit seinem Umzug aber keine Beschwerden mehr hat. Der Pensionär ist sich ganz sicher, dass sein Wohlbefinden etwas mit dem Feinstaubfilter in der Lüftung und den ausschließlich ökologischen Baumaterialien, Farben und Klebstoffen in seinem Haus zu tun hat – schließlich hat eine Nachbarin ebenfalls diese Erfahrung gemacht.

Innerhalb von zwei Stunden wird der Sauerstoff in seinem Wohnzimmer durch eine unauffällige Öffnung über der Terrassentür vollständig erneuert; ein Wärmetauscher sorgt dafür, dass die einströmende Luft kaum kälter ist als die, die rausgeht. Zu hören ist nichts, es sei denn, Schnürer und seine Frau haben Kohl gekocht und die Anlage in der Küche kurzzeitig auf volle Kraft gestellt. Doch die Bewohner der im Jahr 2000 errichteten Siedlung können zum Lüften auch ganz einfach ein Fenster aufreißen – was Schnürer auch im Winter öfters tut, „weil es sonst hier drinnen manchmal zu warm ist".

Die Siedlung in der Rosa-Luxemburg-Straße ist exakt in Nord-Südrichtung gebaut, die Fensterfronten auf der Gartenseite reichen bis zur Erde. Der Dachüberstand ist so dimensioniert, dass die tief stehende Wintersonne das ganze Wohnzimmer durchfluten kann, während sie im Sommer abgeschirmt wird. Für besonders kalte und bewölkte Tage hängt aber auch in jedem Raum ein kleiner Heizkörper, der sich das warme Wasser aus dem einige hundert Meter entfernten Blockheizkraftwerk holt, das überwiegend mit Holzhackschnitzeln befeuert wird. Auch das Dusch- und Spülwasser kommt von dorther.

Schnürer führt Buch, was ihn sein Domizil kostet. Für Heizung und Warmwasser hat er im Jahr 2009 exakt 246,60 Euro überwiesen – darin enthalten sind die Grundgebühren für den Anschluss sowie der Verbrauch. Früher, als er noch ein freistehendes Einfamilienhaus bewohnte, musste er diesen Betrag etwa monatlich einkalkulieren, um Heizöl, Wartung und den Schornsteinfeger bezahlen zu können. „Und hier brauch ich weder Platz für den Tank noch für den Brenner", beschreibt er einen weiteren Vorteil seines „Wohlfühlhauses", wie er das hellblau gestrichene 130-Quadratmetergebäude liebevoll nennt.

Hinzu kommen jährliche Einnahmen für den Strom. Den liefert die Photovoltaikanlage auf dem asymmetrischen Dach, dessen größere Seite nach Süden ausgerichtet ist. Fast 5800 Kilowattstunden konnte Schnürer im Jahr 2010 ins öffentliche Netz einspeisen – verbraucht haben er und seine Frau aber nur 2700 Kilowattstunden. Abzüglich der Mehrwertsteuer bedeutete das ein Plus von etwa 3000 Euro auf ihrem Konto. „Im Sommer werden wir fürs Wohnen bezahlt", schmunzelt der 73-Jährige. Zwar musste das Paar am Anfang 10 bis 15 Prozent mehr aufbringen, als es für ein vergleichbares Haus in ähnlicher Lage ausgegeben hätte. Doch der höhere Kaufpreis amortisiert sich innerhalb weniger Jahre. „Ich guck jetzt lächelnd zu, wie der Ölpreis steigt", sagt der Pensionär.

Plusenergiehäuser:
Belächelt, bekämpft – und irgendwann Standard

Gleich neben der Siedlung im zweiten Stock eines sechsstöckigen Wohn- und Geschäftshauses befindet sich das „Büro für Solararchitektur" von Rolf Disch. „Sonnenschiff" hat er den langgestreckten Bau mit der heiteren Fassade aus Glas, Metall und bunten Rechtecken genannt – selbstverständlich auch das ein Plusenergiehaus. Hier residieren außerdem das Ökoinstitut, eine Umweltbank, mehrere Freiberufler und im Erdgeschoss ein Naturkaufhaus und ein Drogeriemarkt.

„Es sind allein die Widerstände im Kopf, die bisher verhindern, dass sich das als Standard ausbreitet", sagt der Mann, der einst als Maurer und Schreiner anfing, bevor er studierte. Ein Zitat von Arthur Schopenhauer scheint ihm besonders treffend, wenn er seine Erfahrung beschreiben soll. „Neue Ideen durchlaufen drei Phasen: Anfangs werden sie belächelt, später bekämpft, und irgendwann sind sie selbstverständlich." Der da so gelassen spricht, strahlt die Überzeugung aus, dass er die zweite Phase schon weitgehend hinter sich hat und seine Position sowieso bald überall zur Normalität geworden sein wird.

Die Außenwände des Sonnenschiffs sind mit dünnen Stahl-Vakuum-Paneelen gedämmt: Durch die Abwesenheit von Luft in den Zwischenräumen kann die Wärme nicht hindurch und bleibt – ähnlich wie bei einer Thermoskanne – in den Räumen erhalten. Das ist nicht nur wirkungsvoller als Glaswolle, sondern auch noch platzsparender. Den gleichen Effekt haben auch die dreifachverglasten Fensterscheiben, die die Infrarotstrahlung nach drinnen reflektieren. Die Baustoffe im Sonnenschiff sind entweder nachwachsend oder gut recycelbar – wird das Haus mal irgendwann abgerissen, werden künftige Generationen keine Last mit der Hinterlassenschaft haben.

Zugleich sorgt ein ausgeklügeltes Lüftungssystem dafür, dass die dort Arbeitenden sommers wie winters immer tief durchatmen können. Obwohl das Haus an einer vielbefahrenen Durchgangsstraße liegt, ist es drinnen selbst bei geöffneten Fenstern weitgehend ruhig: Disch hat die Konstruktion mit Hilfe eines Schalllabors optimiert.

Der Solararchitekt ist ein unprätentiöser Typ, der auf die Frage, was ihn angetrieben hat, schnell auf den erfolgreichen Kampf der Menschen in seiner Region gegen das geplante Atomkraftwerk in Wyhl zu sprechen kommt. Damals in den 1970er Jahren schlossen sich viele hier in Freiburg dem Protest der Winzer am Kaiserstuhl an. Auch Disch war oft auf der Straße und dem besetzten Bauplatz. „Wir haben aber damals auch immer gesagt: Wir können nicht nur dagegen sein, sondern müssen auch sagen, wofür wir sind." Disch wollte Methoden finden, mit denen sich konventionelle Energie einsparen lässt, und so begann er, Solarmobile zu konstruieren. 20 solcher Kisten hat er damals zusammengeschraubt, und 1987 wurde er bei der ersten Australiendurchquerung sogar Weltmeister. Dann aber entschied er, sich auf die Architektur zu konzentrieren – schließlich hatte er inzwischen Bautechnik studiert.

Das „Heliotrop" in der Form eines Baums war sein erstes Meisterwerk – ein Versuchsgebäude, in dem er Anfang der 90er Jahre viele verschiedene Techniken ausprobierte. Der dreistöckige, runde Turm steht an einem Abhang am Waldrand auf einem schmalen Sockel und dreht sich im Tagesverlauf von Ost nach West. Wird es im Sommer zu heiß, können die Wohnräume vorübergehend auch nach Norden hin ausgerichtet werden. Die Außenwände sind vorwiegend riesige Fenster, davor verlaufen Bündel von Kollektorrohren, die wie Balkonbrüstungen aussehen und der Warmwasserversorgung dienen. Oben auf dem Dach reckt sich ein großes Sonnensegel in den Himmel.

Drinnen besteht der zylindrische Bau fast ausschließlich aus Holz. Auch die Sanitäranlagen sind umweltfreundlich: Es gibt ein Kompostklo, eine Schilfkläranlage und für die Waschmaschine

Regenwasser. Seit 17 Jahren leben der Erbauer und seine Frau nun schon in dem Gebäude, dessen schmaler Fuß nur neun Quadratmeter Erde versiegelt.

Als Rolf Disch Ende der 1990er Jahre die Plusenergie-Siedlung plante, traf er auf wenig Zustimmung. „Die gesamte Immobilienbranche Freiburgs sagte, das könne nicht funktionieren". Auch die Banken winkten ab. Passivhäuser galten damals als das Nonplusultra – ein Gebäude mit weniger als zehn Kilowattstunden Verbrauch pro Quadratmeter und Jahr als Wolkenkuckucksheim. So war es für Rolf Disch äußerst schwierig, das nötige Geld zusammenzubekommen. Schließlich begeisterte sich ein privater Investor für die Idee.

Selbst als der erste Bauabschnitt stand und die Bewohner sich hochzufrieden äußerten, hielt der Widerstand an. „Konventionelle Bauträger haben den Zuschlag für das Gelände nebenan bekommen, auf dem wir gerne weitergemacht hätten", berichtet Disch. In gewisser Weise versteht er, warum er von vielen lange als spinnerter Außenseiter abgestempelt werden sollte. „Es ist billiger, das gleiche Schema immer wieder nur aus der Schublade zu holen. Was anders zu machen als vorher, kostet erst einmal Geld."

Häuser zu Kraftwerken!

Inzwischen haben Bauphysiker von der Uni Wuppertal bestätigt: Dischs Plusenergiehäuser produzieren 36 Kilowattstunden Primärenergie pro Quadratmeter und Jahr mehr, als dort fürs Heizen, Duschen, Kochen, Fernsehen und Internetsurfen verbraucht werden.[71] Allein 200.000 Liter Heizöl werden hier Jahr für Jahr eingespart. Und Disch ist überzeugt, dass das Potenzial noch keineswegs ausgereizt ist: Auf seinem Papier existieren sogar schon Gebäude, die ein Energieplus von 200 Kilowatt pro Jahr und Quadratmeter schaffen. Beim Nahwärmekraftwerk, das in Freiburg außer Holzspänen auch Gas verfeuert, sieht er noch Einsparmöglichkeiten. Auch wenn alle Bewohner energiesparende Haushaltsgeräte verwenden würden, wäre noch mehr drin. „Das sind ja nicht alles Ökos, die in der Solarsiedlung wohnen; viele haben ihre alten Kühlschränke und Waschmaschinen mitgebracht." Vielleicht könnte man ja künftig den Einkauf koordinieren und günstige Preise mit einem Händler vereinbaren, referiert er den Vorschlag einer Baugruppe in Berlin. Initiativen von unten mit Bürgerbeteiligung sind Disch überaus sympathisch. Wo er kann, vermittelt er vielfältige Kontakte und berät über Fördermöglichkeiten. Auch hier wirken die positiven Erfahrungen aus den Zeiten des Wyhl-Widerstands fort.

Disch geht es um mehr, als um den Bau von ein paar Vorbildhäusern. Natürlich müsse auch der gesamte Wohnungsbestand saniert werden; dabei seien viele der Techniken anwendbar, die auch bei seinen Neubauten zum Einsatz kommen. In Frankreich hat er gerade ein mittelalterliches Haus zum Plusenergiegebäude umgebaut. Und selbstverständlich gehört für Disch, der vorwiegend mit Fahrrad und Bahn unterwegs ist und sich nicht erinnern kann, wann er zuletzt geflogen ist, auch eine nachhaltige Mobilität zur Architekturplanung. Ein Kernelement ist für ihn das Auto-Teilen. Deshalb sind die Carsharing-Parkplätze für die Bewohner der Solarsiedlung auch einfacher zu erreichen als der eigene Wagen.

Vor Rolf Dischs innerem Auge existiert sie schon – die Stadt der Zukunft: Weil es viel weniger Privat-PKW gibt, könnten Straßen und Parkplätze rückgebaut werden. Draußen wird es auch deshalb deutlich leiser, weil Elektroautos kaum Geräusche machen. „Die Städte werden traumhaft", prognostiziert Disch – und hält es nicht für ausgeschlossen, dass er das selbst noch erleben wird: „Denken Sie nur daran, wie schnell sich Handys und iPhones ausgebreitet haben." Und doch – er ist auch ungeduldig. Im November 2010 hat er ein Manifest veröffentlicht: „Der Klimawandel muss eingedämmt werden, die fossil-nuklearen Ressourcen laufen aus. Und was machen wir? Wir veranstalten Kongresse. In Kyoto, Kopenhagen und Cancun ... Die Weltvernunft ist verrannt in Negationen: Verbote, Reduktionen, Strafzahlungen. ... Lasst uns nicht das Alte langsam eindämmen, sondern das Neue aufbauen ... Häuser zu Kraftwerken!"

Die Reichsten bauen den größten Schrott

Neu errichtete Wohngebäude dürfen heute pro Quadratmeter und Jahre maximal 40 bis 70 Kilowattstunden fürs Heizen benötigen – und im Jahr 2012 werden die Werte erneut gesenkt. Die Maßeinheit ist dabei der Primärenergiebedarf, der nicht nur den Energieaufwand einkalkuliert, der im Haus selbst anfällt, sondern zusätzlich auch die Energiemenge, die für die Rohstoffgewinnung, den Transport und die Umwandlung in Nutzenergie gebraucht wird. Dagegen sind die meisten Altbauten und frei stehenden Einfamilienhäuser nach wie vor gierige Öl- und Gasfresser: 300 bis 400 Kilowattstunden Primärenergiebedarf pro Jahr und Quadratmeter sind keine Seltenheit. Von den fast 40 Millionen in Deutschland existierenden Wohnungen wurden zwischen 2006 und 2008 zwar 800.000 energetisch saniert.[72] Das heißt aber im Klartext: Geht es in diesem Tempo weiter, bräuchte man für den Gesamtbestand rechnerisch 100 Jahre. Die Bundesregierung muss also kräftig Gas geben: Schließlich hat sie offiziell das Ziel ausgegeben, dass im Jahr 2050 alle Gebäude so gut wie klimaneutral sein sollen.

Katastrophal sieht die Bilanz vieler Glaspaläste aus. Zwar wird der 1997 errichtete Commerzbankturm in Frankfurt von der PR-Abteilung ihres Energielieferanten als „Vorbild für umweltfreundliche und energiesparende Architektur" und als „grüner Wolkenkratzer"[73] gepriesen. Doch das Darmstädter Institut für Wohnen und Umwelt hat herausgefunden, dass das höchste Gebäude Deutschlands 500 Kilowattstunden Primärenergie pro Quadratmeter und Jahr benötigt. Nicht die Heizung im Winter ist dabei das zentrale Problem, sondern die Kühlung von Frühjahr bis Herbst, die 45 Prozent der gesamten Energie verschlingt. Andere Konzernzentralen bringen es sogar auf 700 Kilowattstunden für jeden genutzten Quadratmeter.[74] Dass die Protzbauten wegen mangelnder Zukunftsfähigkeit abgerissen werden, hält der Autor der Studie dennoch für unwahrscheinlich: Schließlich haben solche Glasbauten locker das Zehnfache gekostet wie andere Gebäude gleicher Größe.[75]

Klimaneutrales Vier-Sterne-Hotel

Dass sich Luxus und Klimafreundlichkeit keineswegs ausschließen, beweist das „Victoria", das mehrfach als „klimafreundlichstes Hotel der Welt" ausgezeichnet wurde. Der altehrwürdige Gründerzeitbau wenige Schritte vom Freiburger Bahnhof entfernt entspricht keineswegs dem, was gemeinhin mit „Öko" assoziiert wird. Die solide eingerichteten Zimmer verfügen über Aircondition und Minikühlschrank, und auch sonst müssen die Gäste auf nichts verzichten, was sie aus anderen Luxusherbergen mit vier Sternen gewöhnt sind. Desinteressierte bekommen gar nicht mit, dass ihr Aufenthalt das Klima nicht belastet.

Im Frühstückszimmer tummeln sich Schlips- und Kragenmänner, hier liest man FAZ und Welt, und auch Hoteldirektor Bertram Späth wirkt mit seiner eckigen Metallbrille und dem schwarzen Rolli unter einem dunklen Jackett äußerst seriös. Doch in punkto Umwelt ist auch er ein Überzeugungstäter. Genau wie Rolf Disch hat auch Späth in seiner Jugend gegen das Atomkraftwerk Wyhl gekämpft, und genau wie der Solararchitekt hat er nach einer positiven Alternative gesucht. Engagiert, konsequent und pragmatisch hat er die in seinem Familienbetrieb umgesetzt.

„Als Erstes haben wir geguckt, wo man Energie einsparen kann, ohne dass die Gäste es merken", berichtet der Mittfünfziger mit badisch-rundem Akzent. Bewegungsmelder, dreifach verglaste Fenster und Sparlampen, die dank gelber Schirme nicht als solche zu erkennen sind, brachten schon mal 15 Prozent. Dann entschieden er und seine Frau, dass ihr Unternehmen künftig überhaupt kein Kohlendioxid mehr in die Luft blasen soll. Deshalb beteiligten sie sich an Windrädern, wechselten zu den Schönauer Stromrebellen und ließen auf dem Flachdach Warmwasser- und Photovoltaikanlagen aufständern. Wie viel CO_2 das der Atmosphäre schon erspart hat, lässt sich immer ganz aktuell auf der Digitalanzeige neben der Rezeption ablesen.

Interessierte, die sich in wachsender Zahl in seinem Hotel einmieten, nimmt Späth auch gerne mit in seinen Keller. Dort rumpelt von Zeit zu Zeit die Holzpellet-Heizung, wenn sie eine Ladung gepresster Späne in den Brenner schiebt. Die Knödel aus gepressten Spänen stammen aus einem acht Kilometer entfernten Sägewerk. „Bevor wir nachgefragt haben, war das Material Abfall", berichtet der Hoteldirektor. Beim Einbau der damals noch einmaligen Heizung rechnete Späth mit jährlichen Mehrkosten von 6000 Euro; inzwischen sieht es dank gestiegener Öl- und Gaspreise genau umgekehrt aus.

Auch die Klimaanlage ist eine energiesparende Innovation. Das Hotelierpaar ließ im Hinterhof zwei Brunnen bohren. Nun wird im Sommer aus 16 bis 20 Meter Tiefe kühles Wasser nach oben gesaugt und durch ein filigranes Leitungssystem zu den Zimmern geleitet. Drei bis sechs Grad wärmer als zuvor kehrt das Wasser anschließend zurück in die Erde, wo es sich auf natürliche Weise wieder abkühlt. Das Ganze benötigt außer für die Pumpe keine Energie und wird sich innerhalb weniger Jahre amortisiert haben.

Möglichst wenig Energie zu verbrauchen, ist ohne Zweifel der beste Klimaschutz und dabei langfristig auch wirtschaftlich unschlagbar günstig. Für den notwendigen Rest mangelt es nicht an Techniken – vieles ist inzwischen sogar jahrelang erprobt. Notwendig sind politische Rahmenbedingungen, die Energiesparen fördern und für eine rasante Ausbreitung dezentraler Erzeugungsanlagen sorgen.

Dreh- und Angelpunkt ist der Umbau des Elektrizitätsnetzes. Nicht nur die vier großen Stromkonzerne wollen das verhindern. Widerstand ist auch von Bürgerinitiativen zu erwarten, wenn sie ihre Regionen als reine Durchleitungsgebiete benutzt sehen. Es wird deshalb darauf ankommen, dass Lasten und Vorteile nicht einseitig verteilt werden und es ein überzeugendes Gesamtkonzept gibt. Insofern ist die Energiewende eine große Herausforderung auch für die Demokratie. Gelingt sie, werden Besitz- und damit Machtverhältnisse an einem zentralen Punkt der Ökonomie massiv verschoben.

2
Verkehr – Weitsichtige auf kurzen Wegen

Ein Schuhfabrikant bezahlt mit Eiern

Wenn sich ein Steuerprüfer in seiner Firma ankündigt, lotst Heini Staudinger ihn erst einmal in seine Wohnung. Die liegt nur wenige Schritte neben seiner Schuhfabrik im niederösterreichischen Schrems – ein garagenartiger Raum mit dem Ambiente einer Studentenbude. Immerhin, seit ein paar Jahren gibt es dort eine Heizung.

„Ich lebe im Überfluss – ich hab doch mehr, als ich brauch," sagt der grauhaarige Struwwelkopf und klingt dabei sehr lustvoll. Etwa tausend Euro im Monat zahlt er sich aus, die Angestellten verdienen in seiner Waldviertler Schuhwerkstatt netto zwischen 1000 und 2000 Euro. Zusätzlich werden sie kostenlos mit Kartoffeln, Tomaten, Äpfeln und Eiern versorgt, die Heini Staudinger bei den Bauern in der Umgebung kauft. Nachdem ihm einer von denen erklärt hatte, dass er seine Hühner abschaffen müsste, weil einige hundert Eier für den Einzelverkauf zu viel und für den Großhandel zu wenig seien, gab Heini Staudinger ihm eine Abnahmegarantie. „So landet das Geld wenigstens nicht bei Lidl", gickst er und ergänzt dann ernsthaft: „Es ist doch kompletter Wahnwitz, dass es in den Läden vor allem Gemüse aus Südspanien gibt, obwohl hier fast alles in der Umgebung wächst."

Heini Staudinger ist kein Eiferer, sondern ein bodenständiger Mensch mit klaren Vorstellungen. „Die Zukunftsforscher sagen, die Arbeit geht im globalen Wettbewerb dorthin, wo sie am billigsten ist. Wir aber wollen nun mal bei uns im Waldviertel bleiben." Und weil das so ist, hat Heini Staudinger konkrete Ziele: Seine Schuhfabrik muss die inzwischen 90 Arbeiter ernähren und dann mindestens mit einem „Nuller" abschließen. Außerdem soll sie anständige Schuhe liefern, die Umwelt möglichst wenig belasten und für die dort Arbeitenden ein Ort sein, an dem sie sich wohlfühlen.

„Es gibt doch keinen Grund, dass wir Wirtschaft betreiben – außer dass wir überleben", sagt der Fabrikant. Der Verzicht auf äußeren Luxus ist für ihn keineswegs Ausdruck von Selbstlosigkeit oder Altruismus. „Es ist schade, wenn sich Leute durch superteure Autos von den anderen im Ort abschotten. Das macht sie doch selbst einsam", ist er überzeugt. Deshalb verzichtet er für sich persönlich auch auf einen Notgroschen. Wenn es hart kommt, werden sich diejenigen, denen er mal geholfen hat, schon erinnern, ist er überzeugt.

Mit solchen Positionen ist Heini Staudinger in der Schuhherstellerszene ein völliger Außenseiter. Die drei bis fünf Paar Fußbekleidung, die jede Emma-Normaleuropäerin und jeder Otto-Normaleuropäer pro Jahr einkauft, werden gegenwärtig überwiegend in China produziert. Noch. Denn Firmen wie Adidas werden die Löhne in China allmählich zu teuer. Während eine Turnschuharbeiterin in China mit sehr vielen Überstunden durchschnittlich 132 bis 165 Euro im Monat verdient[76] und ihr Lohn sich damit schätzungsweise auf zwei bis drei Prozent des Verkaufspreises beläuft, schuften die Näherinnen in Laos und Kambodscha manchmal für weniger als ein Viertel dieser Summen.[77] Deshalb verlegt Adidas seine Fertigungsstätten nun in solche Länder[78] – und transportiert sie anschließend zum Verkauf nach Europa, aber inzwischen auch nach China, wo die Nachfrage nach den Schuhen mit den drei Streifen rasant wächst. Für die Aktionäre zahlt sich die Geschäftspolitik aus: Sie konnten 2010 nach einem Rekordgewinn eine Dividende in nie da gewesener Höhe einstreichen.

Die Herstellung der Turnschuhe in der Nähe der westeuropäischen Kundschaft kommt für das Unternehmen aus dem mittelfränkischen Städtchen Herzogenaurach dagegen auf keinen Fall mehr in Frage: 500 Euro müsste so ein Paar Schuhe dann kosten, behauptet Adidas-Chef Herbert Hainer.[79]

Dass es auch anders geht, beweist die Waldviertler Schuhwerkstatt. 149 Euro legen die Kunden für das meistverkaufte Modell auf den Tresen. Wem nach Jahren eine Naht platzt, kann die Schuhe selbstverständlich zur Reparatur schicken – oder persönlich im Betrieb vorbeibringen: Jedes fünfte Paar bleibt in der Region.

Am liebsten würde Heini Staudinger das Leder aus der Umgebung beziehen – doch die Gerbereien sind längst verschwunden. Auch Haken und Ösen werden in der Alpenrepublik kaum noch produziert. „In früheren Zeiten gab es engmaschige Lieferkreisläufe, aber die sind alle zerstört. Vieles ist heute in Österreich gar nicht mehr zu bekommen." So stammen die Tierhäute für Staudingers Schuhproduktion aus Düsseldorf, Italien und der Türkei, und die Sohlen werden 200 Kilometer entfernt in Tschechien gefertigt. Auch Staudingers Versuch, die Bahn mit den notwendigen Transporten zu beauftragen, erwies sich als Flop: Die setzte einfach auf den meisten Strecken LKW ein.

Dem Taschenhersteller Thilo Schmelz, der in Obertshausen bei Frankfurt am Main einen kleinen Betrieb mit zehn Leuten führt, geht es nicht anders. Auch ihm gehen die weiten Transporte der Materialien gegen den Strich. Deshalb hat er extra eine Taschenkollektion entworfen, deren Materialien maximal 600 Kilometer weit reisen sollen. So hat er die Baumwolle gegen Flachs ausgetauscht, das in Belgien gesponnen wird. Doch sein Zulieferer sieht sich bisher nicht in der Lage genau anzugeben, wo der Rohstoff denn eigentlich herkommt; irgendwo aus Europa, versichert er. Ähnliches erfuhr Schmelz vom Hersteller der Beschläge in Wuppertal. Immerhin: Der Lederlieferant sitzt in Norddeutschland und die Kühe, deren Haut er verarbeitet, haben in der Umgebung der Fabrik gelebt.

So wird deutlich: Selbst bei gutem Willen kann ein Unternehmen in punkto Verkehr und Transport nicht einfach alles anders machen und aus den gewachsenen Wirtschaftsstrukturen aussteigen. Denn die haben sich in den vergangenen Jahren gewaltig geändert. Für die Kunden zeigt sich das vordergründig in einer scheinbar endlosen, ständig verfügbaren Vielfalt. Leben wir im Schlaraffenland?

Butter auf Weltreise

Ortstermin in einem durchschnittlichen Berliner Supermarkt. Das Kühlregal ist zwanzig Meter lang, allein in der Butterabteilung buhlen knapp zwei Dutzend Sorten um die Gunst der Käufer. Wer nicht als No-Name-Produkt mit dem niedrigsten Preis punkten kann, muss die Aufmerksamkeit der Kunden anders gewinnen: goldverpackt in Folie oder im Plastiktöpfchen, gerollt oder als Quader, mit dem Konterfei einer glücklichen Kuh, dem Bild eines romantischen Bauernhofs inmitten sattgrüner Wiesen oder einem antiken Butterfass. „Streichzart", „besonders streichzart" ruft es der Kundin gleich von mehreren Packungen entgegen. Vor allem aber durch die Herkunft unterscheiden sich die Butterstücke. Frankreich, Dänemark, Irland, Südbayern, Schleswig-Holstein, Niedersachsen und Brandenburg konkurrieren um die Berliner Käuferschaft. Für die Haushaltskasse ist es weitgehend egal, wo das bevorzugte Streichfett herkommt. Preis und Entfernung stehen in keinem erkennbaren Zusammenhang.

Etwa 6,4 Kilogramm Butter[80] schmiert sich heute jeder Bundesbürger aufs Brot oder verknetet sie in einem Kuchenteig. Ende der 50er Jahre waren es im Schnitt 6,6 Kilogramm. Damit ist der Butterverbrauch eine der großen Konstanten im Leben der deutschen Bevölkerung. Ähnlich kontinuierlich verlief die Nachfrage nach Eiern. Dagegen ist der Fleischkonsum in den vergangenen Jahrzehnten sogar deutlich zurückgegangen.

Extrem gewachsen ist hingegen der Transportaufwand, der für die Versorgung der Bevölkerung mit diesen Grundnahrungsmitteln betrieben wird. Kamen Milchprodukte, Eier und Fleisch früher fast immer aus der nahen Umgebung, reisen sie heute oft Hunderte, wenn nicht gar Tausende von Kilometern, bevor sie auf dem Transportband einer Supermarktkasse landen.

Das liegt zum einen daran, dass es immer weniger Verarbeitungsbetriebe gibt. Existierten allein in Westdeutschland Mitte der fünfziger Jahre noch 2222 Molkereien, so verarbeitet heute nur noch ein Zehntel dieser Betriebe frische Milch – und das in ganz Deutschland. Sowohl die Wege zwischen Bauern und Molkereien als auch von dort zu den Einzelhändlern sind deshalb immer länger geworden.

Hinzu kommt, dass 180.000 Tonnen Butter importiert werden – knapp die Hälfte aus Irland. Das „grüne Gold" der Firma Kerry gelangt per Schiff nach Deutschland und wird dann per

LKW weiter zur deutschen Zentrale in Neukirchen-Vluyn bei Duisburg kutschiert. Dort zerschneiden Maschinen die großen Fettblöcke, wickeln die 250-Bröckchen in Goldfolie und anschließend geht die Butter erneut in einem Kühllaster auf Reise – meist zum Zentrallager einer Supermarktkette. Von dort fährt sie anschließend oft erneut zurück in die Richtung, aus der sie gekommen ist.

Doch so viel Butter, wie Deutschland zusätzlich zur Eigenproduktion importiert, wird hierzulande gar nicht gegessen – weswegen parallel etwa 100.000 Tonnen ins Ausland gehen. Sowohl in Italien und Frankreich, aber auch in Japan, Russland und Saudi-Arabien kommt deutsche Butter – mehr oder weniger frisch – auf den Tisch.

Für die Kunden in Deutschland erscheint der ganze Aufwand zunächst irrelevant, weil Transporte billig sind. Eine Tonne frischer Lebensmittel einen Kilometer weit mit einem Laster zu fahren kostet im Schnitt gerade einmal 6,5 Cent.[81] Seit ein paar Jahren kommt die Straßennutzungsgebühr auf Autobahnen hinzu, die den Aufwand um gut ein halbes Cent erhöht. Somit schlagen 1000 Transportkilometer umgerechnet auf ein Paket Butter mit weniger als zwei Cent zu Buche. Ein solch geringer Betrag lässt sich für die Hersteller leicht einsparen, wenn sie ihre Produktion rationell organisieren.

Aus unternehmerischer Sicht war es deshalb folgerichtig, immer größere Betriebe mit riesigen Verarbeitungsmaschinen aufzubauen, die an wenigen Orten mit wenig Personal hocheffizient Massenware herstellen. Die Osterweiterung der EU hat diesen Trend noch einmal verstärkt: Nachdem alle Handelsbeschränkungen mit Polen, Tschechien, Ungarn und den anderen Beitrittsländern weggefallen waren, haben große Lebensmittelkonzerne wie Nestlé weitere Produktionsstandorte zusammengelegt.

Ebenso ist es aus rein betriebswirtschaftlicher Perspektive sinnvoll, Krabben aus Schleswig-Holstein per Kühl-LKW zum Pulen nach Marokko zu schicken, anschließend zurückzuholen und dann hinterm Deich in Norddeutschland zu verkaufen:

Schließlich muss die Arbeit mit der Hand erledigt werden und der Lohn für die Frauen in Nordafrika beläuft sich auf gerade einmal sechs Euro – nicht pro Stunde, sondern pro Tag.

Obwohl also auf den Tellern der deutschen Durchschnittsbürger heute keine größeren Mengen Lebensmittel liegen als vor ein paar Jahrzehnten, und obwohl sie bei Grundnahrungsmitteln das meiste Geld nach wie vor für Fleisch und Wurst, Molkereiprodukte, Brot, Kuchen und Gemüse ausgeben – alles Waren, deren Rohstoffe es meist auch in der nahen Umgebung gibt –, kutschieren täglich Hunderttausende von LKW quer durch Europa, um die deutsche Bevölkerung damit zu versorgen. Besonders absurd ist der Ferntransport von „Tafelwasser" – mit Sprudel versetztes Leitungswasser.

Was den Menschen in ihrer Rolle als Verbraucher als – häufig nur vorgegaukelte – reichhaltige Auswahl erscheinen mag, ist für sie zugleich belastend. Denn der Verkehr ist für zwei Drittel der gefährlichen Feinstaubemissionen verantwortlich. Schwere Diesel-LKW fahren dabei als Verursacher mit großem Abstand vorne weg. Tausende von Menschen zahlen dafür jedes Jahr mit ihrer Gesundheit, manche sogar mit dem Leben: Die winzigen Partikel können durch die Lunge ins Blut gelangen und Lungenkrebs, asthmatische Anfälle und Allergien verursachen. Hinzu kommen die Folgen von Unfällen. Über 370.000 Personen wurden 2010 auf deutschen Straßen verletzt, 3700 starben.[82]

Schließlich kann auch Verkehrskrach Menschen umbringen. Wissenschaftler schätzen, dass fast jeder Sechste in seinem Wohnzimmersessel oder Bett gesundheitsgefährdenden Geräuschpegeln ausgesetzt ist.[83] Leute mit niedrigem Einkommen sind hier besonders oft betroffen, weil die Wohnungen an stark verlärmten Hauptstraßen billiger sind. Ärzte gehen davon aus, dass das Herzinfarktrisiko für Menschen, die ständig Verkehrskrach ausgesetzt sind, um 20 Prozent erhöht ist.[84]

Tante Emma kehrt zurück

In dem kleinen 700-Einwohner-Dorf Schienen auf der Bodensee-halbinsel Höri widersetzen sich die Menschen diesem Trend. In ihrem rosa verputzten „Lädele" mit der grün-weißen Markise überm Eingang stammt die Hälfte der Waren aus einem Umkreis von fünf Kilometern Luftlinie. Der Salat, der ab halb acht Uhr morgens zu kaufen ist, war zwei Stunden zuvor noch im Boden. Auch Fleisch, Fisch, Brot, Gemüse, Wein, Schnaps, Honig, Blumen und die ortstypische Marmelade Igmax haben extrem kurze Anfahrtswege hinter sich. Die Milch stammt zwar ebenfalls aus der Region. Doch weil in Deutschland ein loser Ausschank – außer vom Erzeuger – nicht mehr erlaubt ist, dürfen die Bauern sie nicht direkt ans Lädele liefern, sondern müssen den Umweg über die 80 Kilometer entfernte Molkerei nehmen.

„Bei uns gibt es alles, was man im Alltag braucht", sagt die stellvertretende Vorstandsfrau Andrea Kasper, der das Geschäft zusammen mit 260 anderen Menschen gehört. Dass hier nur eine Marke Katzenfutter und Shampoo im Regal stehen, empfindet sie nicht als Problem – zumal die Preise nicht höher sind als in einem normalen Supermarkt. „Mit Aldi können wir natürlich nicht mithalten – aber das wollen wir auch gar nicht. Und an so blöden Wettbewerbsschlachten mit Preissenkungsrunden beteiligen wir uns auch nicht." Stolz und Trotz schwingen mit, wenn sie das sagt.

Bis vor ein paar Jahren existierten in Schienen noch eine Post, eine Sparkasse, ein Lebensmittelladen und drei Gastwirtschaften. Als Erstes machte die Post dicht, dann verschwand die Sparkasse und schließlich gab auch die Ladenbesitzerin frustriert auf. In heutiger Zeit ist so was nicht mehr rentabel, beschieden alle Fachleute. Niemand traute sich eine Neueröffnung zu. Wer Butter oder Zahnpasta brauchte, musste jetzt zehn Kilometer nach Moos fahren – mit dem Auto natürlich, denn die Busverbindungen nach Schienen sind miserabel und nur sehr sportliche Radler bezwingen die 200 Meter Höhenunterschied. Vor allem die Alten ohne Führerschein oder Auto waren aufgeschmissen. Sie mussten ihre Nachbarn oder Kinder bitten, fühlten sich abhängig und vermissten schmerzhaft einen Ort, an dem sie zwanglos andere Menschen treffen konnten.

Hin und her überlegten die Dörfler. Ein gelegentlicher Einkaufsbus, Fahrgemeinschaften zum Supermarkt? „Aber so ein Dorf muss ja leben, und dazu gehört ein Treffpunkt", fand nicht nur Andrea Kasper, die seit über 20 Jahren in Schienen wohnt und neben ihrer sechsköpfigen Familie auch das Büro ihres freiberuflich arbeitenden Mannes managt. Da kam der ein paar Häuser weiter wohnende Stefan Singer plötzlich mit der Idee, eine Genossenschaft zu gründen. In der Nähe von Tübingen sollte eine Dorfgemeinschaft das schon erfolgreich ausprobiert haben, hatte er irgendwo aufgeschnappt. Und so fuhr eine dreiköpfige Delegation nach Bechtoldsweiler – und kam hochmotiviert zurück. „Wir hatten ja alle null Ahnung vom Lebensmittelhandel. Aber wenn man so was anfängt, dann muss man einfach dran glauben, dass es geht – und dann geht es auch", meint Andrea Kasper.

Erst galt es, den Gemeinderat zu überzeugen. Nach mehreren Diskussionen erklärte der sich bereit, das heruntergekommene, seit Jahren mit Müll vollgestopfte Milchhäusel im Dorfzentrum zur Verfügung zu stellen und einen EU-Fördertopf anzuzapfen, damit Fliesen, Dämmmaterial und die Heizung gekauft werden konnten. Jetzt begannen Singer und seine Mitstreiter zu rechnen: Miete, Strom und der Lohn für zwei Angestellte und eine Aushilfe – bei 20.000 Euro Umsatz pro Monat könnte sich der Laden tragen. Viele waren skeptisch. Doch eine Umfrage im Dorf ergab, dass es hinhauen könnte. Außerdem waren 17.000 Euro Startkapital für Kühlregale, die Kasse und den Ersteinkauf nötig – entspricht 340 Genossenschaftsanteilen à 50 Euro. Zwei Flugblattaktionen – und „Zackbum, schon hatten wir genügend Zusagen", erzählt Kasper. Der Umbau konnte beginnen.

Ein schöner, ein unverwechselbarer Laden sollte es werden – nicht so ein gesichtsloser Kasten, wie sie sonst überall herumstehen. Vor allem Rentner und Jugendliche schufteten ehrenamtlich auf der Baustelle, der Schreinermeister nahm sich zwei Wochen Urlaub und baute Regale – das Holz dafür hatte ein Bauer spendiert. Einzig der Lack dafür musste aus der Genossenschaftskasse finanziert werden. Auch bei einer Baumaterialfabrik ein paar Dörfer weiter wurden die Lebensmittelhändler in spe vorstellig und ließen sich gerne mit Farben und Putz beschenken. Im Sommer 2006 war dann Einweihung – und der CDU-Ortsvorsteher begrüßte die „lieben Genossinnen und Genossen".

Biobauer Alexander Neidhart findet das Lädele „super". Einen erheblichen Teil seiner Ernte wird er dort inzwischen los – quasi ohne Transportaufwand, denn seine Schwiegertochter nimmt die frischen Gurken, Kartoffeln und Kürbisse jeden Morgen auf dem Weg zur Arbeit mit. Auch die Waren der anderen knapp 20 Lieferanten werden meist von Pendlern transportiert, die sowieso bei ihnen vorbeikommen. Einmal pro Woche bringt ein Wagen vom Großmarkt das, was es in Schienens unmittelbarer Umgebung nicht gibt.

„Ich kauf heut praktisch alles im Lädele", sagt Andrea Kasper. Das erspart ihr nicht nur viel Fahrzeit, sondern – weil sie jederzeit alles frisch besorgen kann – auch den Betrieb eines zweiten Kühlschranks. Zu ihrem eigenen Erstaunen schont das Lädele aber auch ihre Haushaltskasse. „Früher hab ich vieles bei Aldi gekauft. Aber da nimmt man ja jedes Mal einen Haufen Zeug mit, den man nicht braucht und eigentlich auch gar nicht haben will." Topflappen, Chips, Schokolade – alles ist ja so extrem billig. Auch jetzt muss Andrea Kasper nicht auf diese Produkte verzichten, doch sie lädt die Sachen bewusster in den Einkaufswagen. Nach anfänglichem Protest, dass es jetzt nicht mehr „diese leckeren Schokoflakes" gibt, sind inzwischen auch ihre vier Kinder einverstanden.

„Wir haben hier sehr viel gewonnen", ist die 50-Jährige überzeugt. Nicht allein, dass zwei vorher arbeitslose Frauen einen Job gefunden und viele alte Leute ihre Selbständigkeit zurückgewonnen haben. Schienen hat auch wieder ein Herz. Und damit das so bleibt, bekommen alle Haushalte regelmäßig die Umsatzkurve ins Haus geliefert. „Wenn im Durchschnitt jeder Haushalt nur 20 Euro pro Woche im Lädele lässt, können wir überleben", so Singer. Bisher hat das gut geklappt.

Immer größer – und immer weiter weg

Was die Schiener zwei Jahre lang erlebt haben, ist für acht Millionen Menschen in Deutschland ein Dauerzustand: Sie können keinen Lebensmittelladen mehr zu Fuß erreichen. Mehr als 20.000 kleinere Lebensmittelläden haben seit der Jahrtausendwende zugemacht; erst ab einem Einzugsgebiet von 8000 Menschen gilt für die großen Handelsketten ein Laden als potenziell rentabel.[85]

Dabei gibt es paradoxerweise immer mehr Verkaufsflächen: Boten die Einzelhändler Anfang der 1970er Jahre ihre Waren noch auf insgesamt 39 Millionen Quadratmetern an, so hat sich die Shopfläche seither mehr als verdreifacht.[86] Genau wie bei der Herstellung galt auch hier lange: immer größer und immer weiter entfernt. Riesige Shoppingcenter entstanden auf billigen Grundstücken am Rande der Siedlungsgebiete oder ganz auf dem flachen Land – umrahmt von Parkplätzen und fast nicht ohne Auto erreichbar. Weil die Kosten für die Ladenflächen günstig sind, sind es auch die Preise. In den letzten Jahren wuchern vor allem Discounter in Innenstadtlagen. Aufgrund ihrer Einkaufsmacht und oft miserabler Arbeitsbedingungen können sie extrem billig anbieten. Aldi, Lidl & Co verkaufen inzwischen 42 Prozent der Lebensmittel.

Auch bei Textilien, Haushaltsgeräten und Gartenmöbeln sind die Billigläden auf dem Vormarsch. Beliefert werden sie ausschließlich von durchrationalisierten Großunternehmen mit möglichst geringen Lohnkosten und wenigen Verteilzentren – denn nur sie können die Ware zu den geforderten Niedrigstpreisen liefern. Nachdem in den vergangenen beiden Jahrzehnten die Handelsschranken weltweit immer weiter abgebaut worden sind, reisen Textilien heute oft für jeden weiteren Herstellungsschritt um den halben Globus – immer zu den jeweils billigsten und schnellsten Fertigern. Eine Jeans hat etwa 19000 Kilometer zurückgelegt, bevor sie bei uns in ein Ladenregal gestapelt wird.[87]

Aus all diesen Gründen ist der Handel mit Gütern in vielen Bereichen wesentlich schneller gewachsen als die Produktion. Dabei predigte die heutige Bundeskanzlerin früher in ihrer Funktion als Umweltministerin noch, dass Wirtschaftswachstum und Verkehr entkoppelt werden müssten.[88] Das ist auch tatsächlich geschehen – allerdings in umgekehrter Richtung als gewünscht: Der Verkehr wächst stärker als das Bruttoinlandsprodukt.[89]

Ein Faktor, der den Trend zu immer weiteren Lieferwegen anfeuert, ist die volkswirtschaftliche Berechnungsmethode für Wohlstand. Der enorme Aufwand des Hin- und Hertransportierens geht nämlich positiv in die Bilanz ein: Schließlich bezahlt ein Unternehmen einem anderen Geld dafür. Auch die Straßen, die repariert und die Flughafenterminals, die neu gebaut werden müssen, steigern das Bruttoinlandsprodukt. Und sogar Unfälle schlagen als positive Wirtschaftsleistung zu Buche: Nicht nur müssen kaputte Autos repariert oder ersetzt werden – auch die Pflege eines Schwerverletzten oder die Anschaffung von Krücken und Rollstühlen erscheint in dieser Sichtweise als Plus. In der gegenwärtig üblichen Perspektive erhöhen somit auch die Folgen von Personenschäden die Wirtschaftskraft und damit den Wohlstand eines Landes – während die Erziehung von Kindern oder das ehrenamtliche Engagement für Hilfsbedürftige in dieser Kalkulation irrelevant sind.

Die Bahn wird abgehängt

Auch wenn alle Verkehrspolitiker jahrelang gebetsmühlenartig versichert haben, dass möglichst viel Verkehr von der Straße auf Schiene verlegt werden soll: Tatsächlich ist genau das Gegenteil passiert. Brummis transportieren heute knapp zehnmal so viele Güter wie die Bahn.[90] Beim Anteil der zurückgelegten Kilometer sieht es zwar etwas besser aus, weil die Züge die Lasten meist über relativ weite Strecken transportieren. Doch betrachtet man die absoluten Zahlen, wird auch hier deutlich: Der Abstand der Bahn zur LKW-Flotte wächst unaufhörlich.[91]

Die Gründe für die geringe Bedeutung des Schienentransports sind vielfältig. Zum einen hat die Deutsche Bahn seit ihrer Umwandlung in eine Aktiengesellschaft etwa tausend Güterverladestellen und zwei Drittel der privaten Gleisanschlüsse geschlossen oder abgebaut, weil sie angeblich unrentabel waren. Dagegen hat das Eisenbahnland Schweiz viel in ein engmaschiges Zugangssystem investiert. 1550 Industriebetriebe, Logistikzentren und Häfen haben dort ein Anschlussgleis – im vielmal größeren Deutschland sind es etwa 2000.[92] Während hierzulande das Credo gilt, ein Schienentransport unter 400 Kilometern lohne grundsätzlich nicht, nutzen in der Schweiz sogar regionale Müllentsorger den Zug. Beim Umladen vom LKW auf den Waggon sind sie nicht auf millionenteure Kräne angewiesen, sondern können ihre 15-Tonnen-Kisten mit wenigen Handgriffen selbst verladen: Eine Art Joystick in der Hand des Fahrers – und schon rutscht der Container quer vom LKW auf den Bahnwagen oder umgekehrt.

Dagegen müssen viele Firmen, die in Deutschland Güter auf die Bahn bringen wollen, ihre Ware über durchschnittlich 80 Kilometer zur nächsten Verladestation bringen, wo sie mit millionenteuren Kränen vom LKW auf einen Zug umgesetzt werden. In der Zielregion muss dann erneut ein Laster vorfahren und die Ladung abholen. Das alles dauert – und ist oft nicht mit den heutigen Anforderungen der Industrie zu vereinbaren. Zwar läuft gegenwärtig zwischen Leipzig und Litauen der Pilotversuch „Cargo Beamer" mit automatisierter Umladung. Doch ob eine Einführung im großen Umfang kommt, ist sehr ungewiss – schließlich kostet jede Station 20 Millionen Euro.

Viele Firmen haben inzwischen gar keine Lager mehr, sondern lassen sich immer nur das gerade benötigte Material antransportieren. Ihr Depot liegt also de facto auf der Straße. Der große Vorteil einer solchen Just-in-time-Produktion besteht für die Unternehmen darin, dass sie ihre Finanzierungskosten senken können. Denn solange die Ware irgendwo im Betrieb herumliegt, bindet sie Kapital. „Die Kosten für eine solche Erhöhung der Rentabilität werden unterdessen der Allgemeinheit aufgebürdet."[93]

Bohmtes Bürger erobern ihren Ort zurück

Die Bürger von Bohmte haben unmittelbar vor ihrer Haustür mitverfolgt, wie die Verkehrswellen immer stärker angeschwollen sind: Mitten durch den langgestreckten 7500-Einwohner-Ort nördlich von Osnabrück verläuft die Landesstraße L 81.

Als Familie Müller[94] hier vor etwas mehr als einem halben Jahrhundert hingezogen ist, hatte der Verkehrsweg noch nicht einmal einen Bürgersteig – Fahrbahn und Fußgängerweg waren eine durchgehende Fläche. Ein kleiner Graben trennte Familie Müllers Garten von der Straße, ab und zu polterte ein Pferdefuhrwerk vorbei und nur gelegentlich ein Motorfahrzeug. Clara Müller verbrachte viel Zeit im Garten, pflanzte Spargel und Kartoffeln – „und, ach ja, meine schönen Stangenbohnen." Der Schwatz über den Gartenzaun gehörte damals zum Alltag.

Nach und nach kamen dann immer mehr Autos, die Straße wurde ausgebaut, der Verkehrsstrom dichter, die Geschwindigkeit höher, die Luft schlechter, der Krach unerträglich – und zugleich stieg die Unfallgefahr vor allem für Kinder und andere Fußgänger. Heute rauschen jeden Tag über 12.000 Fahrzeuge durchs Dorf – darunter rund tausend Laster, deren Zahl nach Einführung der Autobahnmaut angestiegen ist, weil die Speditionen die Kosten sparen wollen. Familie Müllerhat sich mit einer immer höheren Hecke zu wehren versucht, doch ihren Garten betritt sie nur noch zum Rasenmähen. Der unverbindliche Kontakt zu den Nachbarn muss drinnen stattfinden – oder gar nicht. „Neben der Straße müsste man sich ja die meiste Zeit anschreien", meint Clara Müller.

Vor ein paar Jahren kam der inzwischen verstorbene holländische Verkehrsplaner Hans Mondermann nach Bohmte. „Der Mensch gehört ins Zentrum – nicht die Autos", hatte er auf einer Bürgerversammlung gemeint und damit Clara Müller aus dem Herzen gesprochen. Doch wie der Mann mit dem lustigen Akzent das in Bohmte erreichen wollte, war ihr zunächst äußerst suspekt: Alle Straßenzeichen und die Ampel sollten verschwinden, Fußgänger und Autos eine gemeinsame Verkehrsfläche erhalten. „Mehr Risiko führt zu mehr Sicherheit", behauptete der Mann aus Groningen und argumentierte: Wäre ein Motorradfahrer nackt, würde er auch viel aufmerksamer und vorsichtiger fahren als wenn er in Lederklamotten steckt. Genau das Gleiche treffe auf Autofahrer in unübersichtlichen Situationen zu. Die Leute sollen fühlen, dass sie aufpassen müssen, argumentierte der energiegeladene Mann aus Holland. Pflaster oder Asphaltdecke, eng stehende Bäume oder freier Blick auf die kommenden 400 Meter Straße – all das sende Botschaften, wie man sich an der entsprechenden Stelle verhalten solle. „Shared space" nannte er sein Konzept, das er schon in mehreren Orten in seinem Heimatland ausprobiert hatte.

„Ich bin nach Haus gegangen und hab damals gedacht: Was ist das für ein Schwachsinn", erinnert sich der Ladenbesitzer Hubertus Brörmann. Seine beiden Bekleidungsläden und die Wohnung liegen direkt im Zentrum von Bohmte. „Viel zu gefährlich", war auch die spontane Reaktion des Polizisten Peter Hilbricht, der sofort an die Hunderte von Schülern dachte, die jeden Morgen die Kreuzung überqueren müssen.

Eine gemeinsame Busfahrt nach Holland hat viele Dörfler dann aber von dem Konzept überzeugt. In Haren setzten sie sich erst einmal eine Weile ins Café und beobachteten den Verkehr: Radler, Fußgänger und Autofahrer teilten sich gleichberechtigt den gepflasterten Raum zwischen Bäumen und Straßenlaternen. Auch bei offenstehender Tür konnten sie ihre Gespräche fortsetzen, ohne dauernd durch vorbeidonnernde Autos unterbrochen zu werden. Ein Polizist berichtete seinem deutschen Kollegen, dass es im Jahr vor dem Umbau 200 Unfälle mit mehreren Verletzten gegeben hatte. Seit die Verkehrsschilder verschwunden und die Straßenführungen unübersichtlicher seien, habe es dagegen fast nie mehr gekracht. Als die Besucher aus Niedersachsen dann noch Fotos sahen, auf denen das frühere Haren dem damaligen Bohmte erstaunlich ähnelte, waren sie überzeugt: So einen Umbau wollten sie auch.

Seit 2008 gibt es auch in Bohmtes Zentrum kein einziges Verkehrsschild mehr. Das rote Pflaster von Fußgängerweg und Straße geht auf 450 Meter ineinander über, nur unterbrochen durch einen kleinen Absatz und Kachelstreifen, die Blinden die Orientierung erleichtern sollen und von vielen Fußgängern als Schutzstreifen wahrgenommen werden. Wo sich früher die wichtigste Kreuzung des Ortes befand, lädt jetzt ein ansprechender Dorfplatz mit Verkehrsinsel und Bänken zum Verweilen ein. Wer sich dort eine Weile hinsetzt kann beobachten, dass Autofahrer und Fußgänger tatsächlich per Blickkontakt kommunizieren. „Man kommt jetzt viel schneller rüber", berichtet die zwölfjährige Pauline Koopmann. Auch eine Rentnerin findet Bohmtes neue Mitte rundweg positiv. Nachdem sie sich in den ersten Wochen unsicher gefühlt hat, zeigt sie den Fahrern nun per Handzeichen, wenn sie rüber will. „Die halten alle", so ihre Erfahrung. Und deutlich hübscher sei Bohmtes Zentrum auch geworden.

Die Ampel ist ebenfalls verschwunden. Sie war in den 1980er Jahren errichtet worden, nachdem zwei Menschen auf dem Zebrastreifen gestorben waren. Die Signalanlage aber hatte auch nicht verhindert, dass Linksabbieger immer wieder Fußgänger oder Radfahrer erwischten und zum Teil schwer verletzten. Zudem verursachte sie regelmäßig Staus: In den Stoßzeiten dauerte es oft drei oder vier Phasen, bis sich ein Fahrzeug nach vorne vorgearbeitet hatte. Die jaulenden Bremsen der LKW und ihr röhrendes Aufheulen beim Losfahren waren so laut, dass die Verkäuferinnen in Broermanns Bekleidungsgeschäft ihre Gespräche mit den Kunden immer wieder unterbrechen mussten. „Viel leiser ist es geworden, seit der Verkehr gleichmäßiger fließt", berichtet ihr Chef, der auch seinen Fernseher inzwischen wieder auf Zimmerlautstärke eingestellt hat. Im früheren Kreuzungsbereich hat es seit dem Umbau keinen Unfall mehr gegeben, nur ein paar

Fahrer haben ab und zu mal einen Laternenpfahl beim Einparken gerammt. Kein einziger Mensch wurde bisher im Bohmter Shared-Space-Bereich verletzt. In puncto Lärm und Unfälle scheint das Konzept also aufzugehen. Die Zufriedenheit der Bürger ist hoch, wie eine Evaluation aus Bohmte belegt.

Auch anderswo ist es gelungen, den Verkehr erträglicher zu machen. In Duisburg wurde der König-Heinrich-Platz zwischen Theater und Fußgängerzone zur verkehrsberuhigten Zone umgebaut, obwohl dort etwa 20.000 Autos am Tag hindurchrollen. Klar geregelt ist dort jetzt: Zweibeiner haben Vortritt vor Vierrädlern.[95]

Zu weniger Verkehrsaufkommen führt so etwas freilich nicht; allenfalls suchen sich ein paar ungeduldige Fahrer eine Ausweichstrecke. So ist die Macht derjenigen, deren Lebensraum zur Durchfahrtstrecke für den Ferntransport degradiert wurde, sehr begrenzt. Auch in Bohmte war von Anfang an klar, dass die Landesregierung eine echte Behinderung der Durchfahrt nie genehmigt hätte, weil für sie der Erhalt der Landesstraße oberste Priorität genoss. Ein erheblicher Teil des Bohmter Verkehrs ist aber auch hausgemacht: So bringen viele Eltern ihre Kinder nach wie vor mit dem Auto zur Kita oder Schule – oft mit der Begründung, dass es ja so viel Verkehr gibt. Dass sie den mit verursachen, schieben viele zur Seite.

Von Blechkisten befreites Wohnen

Genau diesem Teufelskreis entfliehen wollen die Bewohner einer 3,5 Hektar großen Siedlung mitten in Hamburg-Barmbek. In den 60er Jahren sollte genau an dieser Stelle ein Autobahndreieck entstehen, doch stattdessen können die Bewohner jetzt vom Garten aus in den Osterbekkanal einsetzen und zur Alster paddeln. Vor den fünfstöckigen Häusern wachsen Salat und Kartoffeln, und dort, wo sich in solchen Wohnanlagen normalerweise ein großer Parkplatz befindet, spielen Jugendliche Volleyball. „Autofrei Wohnen" ist das Motto der Siedlung in der Saarlandstraße, deren Bewohner eine umfassend energiesparende Lebensform praktizieren.

U- und S-Bahn-Stationen liegen nur wenige Minuten entfernt, die Fahrradkeller mit bequemen Rampen sind gut gefüllt. Wer hier einzieht verpflichtet sich, auf ein motorisiertes Fahrzeug zu verzichten. Dabei empfinden das viele gar nicht als Verzicht. „Das Geld stecken wir lieber in Lebensqualität", sagt der Physiotherapeut Jan Wiebeck, der sich zusammen mit Freundin und Kleinkind vor nicht allzu langer Zeit hier einquartiert hat. Drei Jahre lang hatte er mal ein Auto: „Das fand ich stressig, weil es mein Verhalten beeinflusst hat: Ich hab die Termine viel enger gelegt und bin dann auch kürzere Strecken mit dem Auto gefahren. Jetzt ist alles entspannter", sagt der 36-Jährige. Außerdem kann sein Kleiner draußen zwischen den Häusern spielen, ohne dass die Eltern Angst haben müssten, dass er dabei unter die Räder kommt.

Auch Ruth Cordes kontert Vorstellungen, dass ein Auto für Leute mit Nachwuchs heutzutage unverzichtbar sei: „Warum sollte man die Kinder überall hinfahren? Ohne Auto werden sie viel selbständiger." Mehrere ihrer Freundinnen sind raus aus der Stadt gezogen, als sie schwanger waren, und argumentieren heute mit der Zeitersparnis, die ein Auto für Mütter unverzichtbar mache. Tatsächlich ist die Kita für viele zu Fuß kaum erreichbar – anders als für Ruth Cordes und ihre Kinder. Farbeimer und Einkäufe transportiert sie auf dem Rad; und wenn tatsächlich mal was zu schwer oder groß ist, nimmt sie ein Taxi. „Alles was in ein Auto passt, passt auch in ein Taxi."

Rainer Licht, der ganz bewusst auf einen Führerschein verzichtet hat, ist von Anfang an in der Saarlandstraße dabei. Ihm ging es immer auch um die Verwirklichung einer politischen Idee: „Wir haben das Geld in Aufzüge statt Garagen gesteckt. 60 Prozent der Wohnungen sind barrierefrei und somit auch für Rollstuhlfahrer oder Ältere geeignet." Ilse Kluge wohnt im Erdgeschoss und hat vor ihrer Terrasse ein Mosaik angelegt: „Mitten in der Stadt ein ruhiger Garten – wo hat man das sonst?"

Dennoch sehen sich die Siedlungsbewohner immer wieder mit Misstrauen konfrontiert, berichtet die frühere Aufsichtsrätin der „Wohnwarft Genossenschaft". Anwohner aus den angrenzenden Straßenzügen argwöhnen, dass die „Autofreien" ihre Wagen heimlich irgendwo anders abstellen und ihnen den knappen Parkraum streitig machen. Dabei verpflichtet das Hamburger Baugesetz auch sie, ein paar Plätze vorzuhalten – für Besuch. Meist aber bleibt das grasüberwucherte Fleckchen leer. Kommt es jedoch mal zu einer privaten Notlage, so wie vor einer Weile, als jemand häufig zu seinem pflegebedürftigen Vater in einem abgelegenen Heim fahren musste, tolerieren die Wohnwartler vorübergehend auch ein Auto. Wer aber auf Dauer eine Blechkiste haben möchte, muss ausziehen.

Ein Deckel für den Güterverkehr

Auf die Idee, dem Verkehr eine Obergrenze zu setzen, kommen deutsche Verkehrspolitiker bisher nicht – anders als ihre Kollegen in der Schweiz, die sich regelmäßig mit Volksentscheiden zu Verkehrsfragen konfrontiert sehen. Dort schreibt die Verfassung eindeutig vor: „Der alpenquerende Gütertransitverkehr von Grenze zu Grenze erfolgt auf der Schiene".[96] Das Volk hatte entschieden, dass maximal 650.000 Laster pro Jahr durch die Alpen rollen dürfen. Allerdings sind es heute tatsächlich noch doppelt so viele, weil beide Parlamentskammern das Datum, zu dem das Ziel erreicht sein soll, immer wieder in die Zukunft verschoben haben: Nicht nur der Schweizer Nutzfahrzeugverband wettert gegen die „Rückkehr der Planwirtschaft". Auch die EU, ohne deren Zustimmung keine neuen Durchfahrtsbeschränkungen eingeführt werden können, verhindert die Umsetzung des Schweizer Volkswillens.

Doch viele Schweizer wollen sich nicht damit abfinden, dass die wachsenden „Verkehrsbedürfnisse" der EU-Wirtschaft ihre Heimat immer stärker belasten. „Wenn wir uns nicht darauf beschränken wollen, in die Kirche zu gehen und zu beten, sind zusätzliche Maßnahmen erforderlich", schlussfolgert Toni Aschwanden, ein junger Aktivist des Vereins „Alpeninitiative".

Seine Organisation hat deshalb die Idee einer Alpentransitbörse ausgeheckt: Es gibt nur noch 650.000 Durchfahrtlizenzen für LKW pro Jahr – und wer eine davon haben will, muss sie ersteigern. Der Rest kann auf die Bahn umsteigen, die bald genügend Kapazität für alle Güter anbietet. Im Jahr 2017 soll der Gotthard-Eisenbahntunnel fertig sein. Spätestens dann erwarten viele Schweizer, dass ihr Wille endlich umgesetzt wird.

Mit Vollgas in die Sackgasse

Dagegen ist für die Beamten und Politiker im bundesdeutschen Verkehrsministerium klar, dass der Transportsektor immer weiter wachsen wird – und muss. Scheinbar unaufhaltsam und quasi naturgesetzlich verflechten sich die Produktionswege immer stärker, und damit einher gehen zwangsläufig immer häufigere und immer weitere Wege. „Wachsende Verkehrsleistung" heißt das im Fachjargon. Ob der ganze Aufwand tatsächlich Sinn macht und zu einer qualitativ besseren Versorgung führt, wird niemals diskutiert. Der steigende „Verkehrbedarf" erscheint als notwendige Begleiterscheinung eines modernen Lebensstils – und muss so gut es geht befriedigt werden. Die freie Auswahl zwischen 20 Buttersorten gilt als unhinterfragbarer Wohlstandsgewinn.

Regelmäßig hat das Bundesverkehrsministerium Gutachter bestellt, die oft gegenseitig voneinander abschreiben und alle darauf abzielen, den permanent wachsenden Verkehrsbedarf nachzuweisen. Sie liefern die Begründung, warum neue Straßen gebaut und bestehende verbreitert werden müssen. Diskutierbar sind diese Szenarien nicht: Die Herleitung vieler Daten ist intransparent.

Grundlage der aktuellsten Pläne ist eine Studie aus dem Jahr 2007.[97] Sie sagt voraus, dass sich ein durchschnittlicher LKW-Transport von 250 auf 300 Kilometer bis zum Jahr 2025 ausgedehnt haben wird.[98] Weil der „Verkehrsbedarf" sogar noch

schneller wächst als vor ein paar Jahren angenommen, schlussfolgert Verkehrsminister Peter Ramsauer (CSU), dass der Nutzen
der geplanten 1900 zusätzlichen Autobahnkilometer sogar noch
höher zu veranschlagen ist als vor ein paar Jahren berechnet.
Folglich müssten sie und einige tausend weitere Straßenkilometer
unbedingt gebaut werden.[99]

Doch ist eine Fortsetzung der Strategie, durch immer neue
Straßen immer mehr Verkehr abzuwickeln und weiteren anzure-
gen, wünschenswert? Ist das wirtschaftlich tatsächlich nützlich?
Und selbst wenn man das bejaht: Ist eine solche Entwicklung
überhaupt realistisch?

Das Ende des Öls

Vieles spricht dagegen. Zum einen fahren alle größeren LKW mit
Diesel. Längst sind es nicht mehr Außenseiter, die vom nahenden
Ende der Ölvorräte sprechen. Auch eine so schwergewichtige
Institution wie die Internationale Energie Agentur (IEA), die in
den 1970er Jahren mit dem Ziel gegründet worden war, den
Ölnachschub für die Industrieländer zu sichern, warnt immer
lauter. 2009 hat sie zum ersten Mal systematisch die 800 wichtigsten Ölfelder untersucht. Das Ergebnis: Drei Viertel von ihnen haben bereits ihr Fördermaximum überschritten. Viel schneller als
noch vor kurzem prognostiziert wird die Ölförderung schrumpfen, warnt der Chefökonom der Internationalen Energie Agentur Fatih Birol. Er rechnet mit einem Minus von 6,7 Prozent –
pro Jahr. Kurz zuvor war seine Organisation noch von jährlich
3,7 Prozent weniger ausgegangen.[100]

Konzerne wie Exxon bestreiten diese Prognosen vehement.[101]
Es gäbe noch für Jahrzehnte ausreichend Stoff für alle: Wenn die
Preise steigen, ließen sich die Ölsande in Kanada wirtschaftlich
ausbeuten und auch neue Tiefseelagerstätten anzapfen. Auch die
abschmelzende Arktis gerät ins Visier. Doch Erdölreserve ist nicht
gleich Erdölreserve, halten die IEA-Experten dagegen. Sie gehen
davon aus, dass selbst bei Aufschluss neuer Rohstoffvorkommen

noch vor dem Jahr 2020 der weltweite Peak-Oil-Punkt erreicht sein wird – und damit mindestens zehn Jahre früher, als die meisten Politiker und Wissenschaftler bis vor kurzem glaubten. Im Jahr 2030 sei mit einem Ölpreis von mindestens 200 Dollar pro Barrel Rohöl (159 Liter) zu rechnen, kündigte Chefökonom Fatih Birol an.[102] Das erscheint keineswegs zu hoch gegriffen angesichts der Tatsache, dass sich der Preis seit der Wirtschaftskrise Anfang 2009 bis Frühjahr 2011 nahezu verdreifacht hat und ein Fass da bereits wieder fast 115 Dollar kostete.

Das alles ficht das deutsche Verkehrsministerium nicht an. Dort plant man weiter auf der Grundlage eines Gutachtens, das davon ausgeht, dass ein Barrel Öl im Jahr 2030 maximal 60 Dollar kosten wird – wahrscheinlich weniger.[103] Die hohen Preise in letzter Zeit seien auf einige „Sonderfaktoren" wie politische Krisen im Nahen Osten zurückzuführen gewesen, ist man überzeugt. Langfristig sei „entweder ein Rückgang oder höchstens ein leichter Anstieg" der Ölpreise zu erwarten. Von solchen Annahmen leiten die Berater dann immense Verkehrszuwächse und die Notwendigkeit ab, neue und breitere Verkehrswege durch die Landschaft zu schlagen.

Dabei kursiert schon seit 2005 ein Report, der von der US-Regierung finanziert wurde und nach seinem Autor Robert Hirsch benannt ist.[104] Was der Energieberater dort zum Thema „Peak Oil und seine Folgen" zu Papier gebracht hat, hätte eigentlich alle Verkehrspolitiker und -verwalter sofort aus ihrem Tiefschlaf wecken müssen. Denn Hirsch macht klar, dass die weltweite, sich früher oder später auf jeden Fall einstellende Öl-Förderspitze vor allem ein Treibstoffproblem sei. Das werde in fundamentaler und nicht zu unterschätzender Weise den gesamten Transportsektor betreffen, warnt der Wissenschaftler aus dem kalifornischen San Diego.

Der Verkehrsbereich konsumiert heute 60 Prozent des Erdöls. Der größte Teil fließt in Fahrzeugtanks, doch auch für Motorenschmierstoffe, das Bitumen des Straßenasphalts und nicht zuletzt für den Herstellungsprozess der Kraftstoffe gehen erhebliche Mengen drauf.[105] Mit statistisch kaum messbaren Ausnahmen bewegen sich Autos, Laster, Transportschiffe und Flugzeuge nur, wenn sie mit auf Öl basierenden Treibstoffen gefüttert werden. Zwar sind Elektrofahrzeuge gegenwärtig in aller Munde, und die Bundesregierung hat angekündigt, dass im Jahr 2020 in Deutschland eine Million batteriebetriebene Wagen herumkurven sollen. Doch das wären nach heutigem Stand nicht einmal 2,5 Prozent der deutschen PKW-Flotte. Bei größeren Lastern ist ein Alternativantrieb noch nicht einmal am Horizont zu erkennen: Elektroakkus wären für Schwertransporter einfach zu voluminös und teuer.

Das einzige große Transportfahrzeug, das mit Strom betrieben und damit unproblematische erneuerbare Energien nutzen kann, ist die Eisenbahn. Wieder erweist sich die Schweiz als Vorbild: Nicht nur ihr gesamtes Netz ist elektrifiziert. Immerhin dreiviertel des Stroms stammt aus erneuerbaren Quellen – zumeist Wasserkraft.[106]

Zwar weiß niemand genau, wann der „Peak Oil"-Punkt tatsächlich erreicht ist. Doch sich erst darum zu kümmern, wenn es soweit ist, sei verantwortungslos, so Hirsch. Auch zehn Jahre als Umstellungszeitraum seien viel zu knapp. „Man muss wirklich sofort durchgreifend handeln, weil uns die Zeit davonläuft",[107] warnte er bereits 2005. Was drohe, sei ein massiver, langfristiger Wirtschafts- und Wohlstandseinbruch – und zwar weltweit.

Auch die in den vergangenen Jahren geschürte Hoffnung, die Lücke durch Agrotreibstoff schließen zu können, ist verfehlt. Etwa 1420 Liter Diesel kann ein Hektar Raps pro Jahr bringen, 1660 Liter Bioethanol lassen sich aus einem Hektar Getreide herstellen.[108] Würde man schnellwachsende Weiden anpflanzen und daraus BtL – Biodiesel der zweiten Generation – herstellen, wären knapp 4000 Liter möglich. Außerdem schont BtL im Gegensatz zu herkömmlichem Agrotreibstoff Dichtungen und Kunststoffteile, weshalb die Autoindustrie große Hoffnungen auf die „Sunfuel"-Anlage der Firma Choren im sächsischen Freiberg setzte, die im Frühjahr 2008 mit viel Tamtam von Kanzlerin Angela Merkel eingeweiht wurde. Doch bis heute sprudelt dort kein Sprit aus den Leitungen – und selbst bei voller Funktionstüchtigkeit könnte die Anlage nur maximal 60.000 Liter BtL-Sprit am Tag ausspucken – ein Tropfen im Vergleich zu den weit über 10 Millionen Litern, die eine konventionelle Raffinerie produziert.

In jedem Fall benötigt eine auch nur teilweise Umstellung auf Agrosprit weitaus mehr Flächen, als in Deutschland zur Verfügung stehen. Damit steht Agrosprit in direkter Konkurrenz zur Nahrungsmittelproduktion[109]; schon heute hungern weltweit über eine Milliarde Menschen. Eine Ausweitung der Landwirtschaftsflächen ist außerdem nur auf Kosten von Wäldern und Grünland möglich – und die binden große Mengen klimaschädliches Kohlendioxid. So ist die Treibhausgasbilanz von Sprit aus extra dafür angebauten Pflanzen sogar noch schlechter als aus Erdöl, wie das Institut für Europäische Umweltpolitik nachgewiesen hat.[110]

Neue Straßen auf Sand gebaut

Doch die Pläne der Bundesregierung sind aus noch einem anderen Grund auf Sand gebaut: Es wird schlicht kein Geld mehr da sein für neue Asphaltpisten. Zwar konnte Minister Ramsauer fürs Jahr 2011 noch einmal knapp sechs Milliarden Euro für Fernstraßen herausholen. Doch nicht nur wegen der hohen Staatsverschuldung wird es hier bald so gut wie keine Neuinvestitionen mehr geben können, sondern auch wegen der steigenden Reparaturkosten. Schon Anfang der 1990er Jahre musste der Verkehrsminister etwa zwei Drittel seines Autobahnbudgets für bereits existierende Straßen ausgeben. Seither ist das Netz vor allem im Osten noch viel dichter geworden und allein über 1850 Kilometer Autobahnen sind hinzugekommen.[111] Zwar hängt die Abnutzung einer Straße nicht nur von ihrem Alter ab, sondern auch davon, wie viele und wie schwere Fahrzeuge darauf unterwegs sind. Als grobe Faustformel jedoch gilt: Spätestens nach 20 Jahren muss ein größerer Bautrupp anrücken. Die Zahl der Schlaglöcher und Risse nimmt schon heute rasant zu, weil der Substanzerhalt seit Jahren vernachlässigt wird. Eine aufgeschobene Reparatur aber wird später umso teurer. Und selbst bei sorgfältiger Wartung müssten 2015 aufgrund der Altersstruktur des Netzes drei Viertel der heute zur Verfügung stehenden Straßenbaumittel in Reparaturen fließen, im Jahr 2020 sogar 90 Prozent.[112]

Verkehr heizt das Treibhaus Erde an

Schließlich und nicht zuletzt widersprechen die geplanten Güterverkehrszuwächse auch allen Klimaschutzzusagen der Bundesregierung. In Deutschland bläst der Güterverkehr heute 50 Prozent mehr CO_2 in die Luft als zu Beginn der 1990er Jahre.[113]Kein anderer Bereich unterläuft die offiziellen Klimaziele der Bundesregierung so krass. Während Kanzlerin Angela Merkel international verspricht, dass Deutschland im Jahr 2020 ein Minus von 40 Prozent Kohlendioxid im Vergleich zu 1990 geschafft haben wird, waren sämtliche Verkehrsminister der vergangenen Jahre in die entgegengesetzte Richtung unterwegs. Zwar schluckt der einzelne Laster weniger Sprit und fährt nicht mehr wie früher häufig leer durch die Gegend. Dennoch gilt ein Kohlendioxid-Plus von durchschnittlich knapp einem Prozent pro Jahr aus Sicht des Verkehrsministeriums als unvermeidlich.[114] Somit müssten andere Bereiche ihren CO_2-Ausstoß entsprechend stärker reduzieren – oder Angela Merkel wird wortbrüchig.

Ein Trick, der angeblich dem Klimaschutz nützt, wird letztendlich das Gegenteil bewirken: Die Einführung von Riesen-LKW. Zwar wird tatsächlich weniger Treibstoff benötigt, wenn statt vieler kleiner nur wenige große Fahrzeuge unterwegs sind. Doch bereits nach wenigen Jahren werden die Gesamtemissionen mit hoher Wahrscheinlichkeit deutlich ansteigen, schreiben Forscher des Fraunhofer Instituts für System- und Innovationsforschung. Zum einen erhöht der Einsatz von Mega-Trucks die Kapazitäten der Straßen – und bisher hat noch jede Maßnahme in diese Richtung dazu geführt, dass anschließend noch mehr hin- und hertransportiert wurde als zuvor. Außerdem vermuten die Wissenschaftler eine weitere Verlagerung von der Bahn auf LKW.[115] Wenn aber der wachsende Verkehr umgekehrt auf die Schiene umgeleitet würde? Ohne einen extremen Ausbau der Infrastruktur ist das ausgeschlossen. In den Boomjahren bis 2008 rollten auf wichtigen Verbindungsstrecken wie der Rheinschiene so viele Güterzüge, dass die Kapazitätsgrenze dort erreicht wurde. Im Hinterland der Seehäfen Hamburg und Bremen/Bremerhaven kam es regelmäßig zu Staus. Zwar sollen in den kommenden Jahren einige Knoten- und Einfädelungspunkte durch Umfahrungsstrecken entlastet werden. Für die prognostizierten Verkehrszuwächse reicht das aber bei weitem nicht aus. Dafür notwendig wären auf den Hauptstrecken drei oder vier parallele Gleise und viele Ausweichstellen, damit sich unterschiedlich schnell fahrende Züge nicht in die Quere kommen. Entsprechende Pläne aber gibt es nicht. Im Gegenteil hat die Deutsche Bahn in den vergangenen Jahren viele Weichen abgebaut.

Die Zukunft liegt um die Ecke

All das lässt nur einen Schluss zu: Einfach die Augen zumachen und so weiterfahren wie bisher, endet vor der Wand. Es ist ausgeschlossen, dass der Gütertransport tatsächlich in dem Maße wächst, wie es die deutschen Verkehrsminister und ihre Vasallen prognostizieren. Im Gegenteil: Der Güterverkehr wird schrumpfen.

Dabei sind es nicht die sozialen Folgen, die ein Umsteuern unausweichlich machen: Schließlich hat die Gesellschaft akzeptiert, dass auf deutschen Straßen seit dem Zweiten Weltkrieg mehr Menschen gestorben sind als heute in einer Großstadt wie Frankfurt am Main leben. Auch die volkswirtschaftlichen Kosten in Höhe von immerhin zwei Prozent, die die Allgemeinheit allein für Straßenunfälle aufbringt, haben nie ernstzunehmenden Protest ausgelöst. Dass die Verhinderung eines bedrohlichen Klimawandels zum Umlenken bewegt, ist aller Erfahrung nach ebenfalls äußerst unwahrscheinlich.

Was zu einem Umsteuern zwingt, sind die Kosten. Kraftstoffe für Schiffe, Flugzeuge und LKW werden knapp – und teuer. Wird der internationale Verkehr in den CO_2-Emissionshandel einbezogen, klettern die Preise weiter. Ob es tatsächlich durch Peak Oil zu Zusammenbrüchen ganzer Wirtschaftsbereiche kommt, wie Robert Hirschs Analyse nahelegt, wird sich zeigen. Mit Sicherheit aber wird nie mehr so viel transportiert werden wie gegenwärtig.

Zugleich werden sich Transporte absehbar verlangsamen. Schon im Sommer 2008, als der Ölpreis auf ein Rekordniveau kletterte, bremsten Reeder ihre Schiffe massiv ab, um Sprit zu sparen. Auch die neueste T-Shirt-Mode schnell mal einzufliegen, wird bei steigenden Kosten seltener werden. Zugleich nimmt die Zahl der Schlaglöcher aufgrund leerer Kassen zu. Holt der Staat Privatinvestoren zu Hilfe, wird es für Nutzer oder Steuerzahler nur noch teurer. Neue Straßen, die bisher den Verkehr immer wieder vorübergehend verflüssigt haben, sind nicht mehr finanzierbar. So werden die Staus dichter, die Transportzeiten länger und unkalkulierbarer werden.

Anders gesagt: Wer wenig transportiert und seine Zulieferer um die Ecke sitzen hat, hat künftig einen Wettbewerbsvorteil. Zwar werden die Transportkosten das internationale Lohngefälle wohl auf absehbare Zeit kaum übersteigen. Doch immerhin schrumpft der Vorsprung der Unternehmen, die weltweit immer den billigsten Anbieter suchen.

Das ist auf jeden Fall gut für Firmen wie Heini Staudingers Schuhfabrik oder das Lädele in Schienen, die möglichst viel in der nahen Umgebung einkaufen. Auch die Chancen für dezentrale Verarbeitungsbetriebe erhöhen sich wieder. Dabei darf man sich allerdings keiner Illusion hingeben: Anders als die Zerstörung regionaler Strukturen ist ihr Wiederaufbau ein zäher und langwieriger Prozess.

Und trotzdem: Immer schneller, immer größer, immer weiter stößt unwiderruflich an seine Grenzen. Eine Trendumkehr ist unausweichlich. Dabei stellt sich die Frage: Ist es tatsächlich ein Verlust von Lebensqualität, wenn die Butter in Berlin künftig vorwiegend aus Brandenburg kommt?

3
Produktion –
Der Ursprung der Alltagsgegenstände

Neustart

Michael Gass ist Chemiker und Ingenieur. In seinem früheren Leben hat er mal in den USA, Frankreich und der Schweiz gelebt, für eine BMW-Tochter gearbeitet und als Forschungsleiter bei einem relativ großen Bauteilezulieferer der Papierindustrie auf einem Vorstandssessel gesessen. Gerade hatte der damals 45-Jährige für sich und seine Familie ein Haus in der Schweiz gebaut, als ein Gefühl übermächtig wurde: „Ich war nicht einverstanden mit dem, wie produziert wird." Michael Gass kündigte.

„Ich komm politisch nicht aus der grünen Bewegung", betont Grass. Was ihn antrieb, war der Forschergeist des Naturwissenschaftlers und die Einsicht, dass die gegenwärtige Industrie oft unintelligent und kurzsichtig organisiert ist: Sie basiert auf Rohstoffen, die von weither antransportiert werden müssen. Und sie erzeugt vor, während und nach der Herstellung große Mengen an Abfall, der zum Teil auch noch extrem giftig ist. Diese Einbahnstraßen-Perspektive hatte Gass schon früh gestört. „Im Studium wurden wir ja völlig auf Kohle- und erdölbasierte Chemie ausgerichtet. Wir haben damals in einer alternativen Studentengruppe viele alte Schriften gelesen und uns klargemacht, dass man das ja auch alles ganz anders machen kann." Doch nach dem Examen verdrängte Gass erst einmal alle Bedenken: Er bekam attraktive Stellen angeboten, machte Karriere und verdiente viel Geld.

Irgendwann aber protestierten seine inneren Stimmen unüberhörbar. Trotz Zweifel, ob er seiner Familie die wirtschaftliche Sicherheit entziehen dürfe, entschied er, alles auf eine Karte zu setzen. Sein Ziel: Zellulose ohne Zusatz von Chemikalien zu gewinnen und daraus einen hochwertigen Plastikersatz herzustellen.

Plastik ist ein überaus vielseitiger Stoff: Folien, Becher, Armaturen, Fensterrahmen, Spielzeug, Toaster und tausende anderer Produkte lassen sich daraus formen. 230 Millionen Tonnen Kunststoff hat die Industrie im Jahr 2009 weltweit ausgespuckt – fast ein Viertel davon in Europa. Rund 40 Prozent des Materials gehen für Verpackungen drauf, 20 Prozent für Gebäude, 7 Prozent nimmt die Autoindustrie ab. Die Hersteller erwarten, dass ihr Absatz um jährlich vier Prozent wächst – und damit deutlich schneller als der Rest der Wirtschaft.[116] Fast hundert Prozent der Kunststoffe basieren heute auf Erdöl; je nach Berechnung werden vier bis sechs Prozent des weltweit geförderten „schwarzen Goldes" dafür eingesetzt.[117]

Gras statt Erdöl

Als zentralen Ausgangsstoff für seinen Kunststoffersatz wählte der Chemiker Gras. „Der Nutzen der Grasfaser ist bei uns völlig unterbelichtet, aber in China, Indien und Südafrika wird viel Papier daraus hergestellt", erklärt der Mann mit der sonoren Stimme. Die Konkurrenz zu Nahrungsmitteln sei gering, der Rohstoff weltweit verfügbar und billig, argumentiert er und fügt einen Satz hinzu, der für Nichtchemiker ein bisschen verwunderlich klingt: „Ich bin molekülverliebt – und deshalb bin ich auch zelluloseverliebt, denn an Zellulose kann man vieles anhängen."

In einem Labor seines früheren Arbeitgebers in Schaffhausen begann er im Jahr 2000 zusammen mit einem Biologen zu tüfteln. Die erbetene staatliche Forschungsförderung bekamen die beiden nicht. „Die Zuständigen haben nur über uns gelacht und gesagt, das wäre alles utopisch." Auch sonst gab es keine staatlichen Hilfen. Gass investierte fast sein gesamtes Geld in das Projekt – „und damit in meine Seele. Das Ganze war ein Gesundungsprozess", meint er heute.

Es sei eine aufregende Zeit gewesen, sagt er. Im Labormaßstab fanden die beiden heraus, wie sich aus Gras-Silage mit ausschließlich mechanischen Mitteln und warmem Wasser lange, flauschig-flexible Fasern gewinnen lassen. Parallel absolvierte Gass ein Wirtschaftsstudium mit Schwerpunkt Nachhaltigkeit. Seine Stimmung schwankte zwischen Euphorie und Ängsten. Denn klar war: Sein Geld würde auf keinen Fall reichen, um eine Industrieanlage aufzubauen. Er brauchte zwölf Millionen Euro – sonst wäre alle Vorarbeit umsonst gewesen. „Aber wenn man alles aufgegeben hat, kann man nicht zurück." Und also ging er vorwärts, diente sich möglichst oft als Redner auf Kongressen an, tingelte herum – und tatsächlich wurde irgendwann ein Finanzinvestor auf ihn aufmerksam, den das Projekt inhaltlich interessierte.

Seit 2007 läuft nun die weltweit erste industrielle Grasveredelungsanlage in der hessischen 5000-Einwohner-Gemeinde Brensbach. Den Standort im Odenwald hat Gass wegen der dort bereits arbeitenden Biogasanlage gewählt, denn sie gehört zu seinem Kreislaufkonzept unmittelbar dazu: Alle Bestandteile vom Gras, die nicht in die Produkte eingehen, wandern anschließend in den großen, runden Tank. Angedickt mit hygienisierten Speiseresten, die die Caterer vom nahen Frankfurter Flughafen anliefern, produzieren Bakterien aus der Matsche Methan, aus dem das Blockheizkraftwerk direkt nebenan Wärme für die Grastrocknung und Strom erzeugt. Das Wasser wird zum Spülen der Fasern zurück in die Grasfabrik gepumpt und der Rest ist wertvoller Biodünger, den die Bauern aus der Umgebung regelmäßig abzapfen.

Sieben von ihnen liefern den Rohstoff. Es sind meist Landwirte, die die Viehhaltung aufgegeben haben und die stillgelegten Flächen nun gewinnbringend nutzen. Den ersten, für Kühe schmackhaftesten Schnitt verkaufen sie häufig als Futter, die beiden weiteren Ernten landen dagegen im Silo der Kunststofffirma.

Computermaus aus Wiese

Zwischen langen Betonwänden auf dem Hof der Firma Biowert gärt das gepresste Gras unter Luftabschluss ein paar Monate, ohne dass sich dabei die begehrten Fasern zersetzen. Anschließend schaufelt ein Bagger die säuerlich riechende, bräunlichgelbe Masse nach und nach auf ein Fließband, das die „metallene Kuh" in Form von Edelstahlbottichen im Innern füttert. 5000 Tonnen Gras-Silage verarbeitet Biowert im Jahr.

In einer Halle stehen Schüsseln, die an überdimensionale Küchenmaschinen zum Quirlen erinnern und in denen die Masse bei 60 Grad von Schmutz und Steinen befreit wird. Dicke Rohre führen von dort aus in den ersten Stock zu einer Kaskade röhrenförmiger Drehpressen. Immer sauberer und fasriger wird darin das angegorene Gras und schließlich pustet ein großer Föhn die Fasern so sanft, dass sie nicht verholzen, sondern weich und elastisch bleiben. Am Ende kommt ein wuscheliger, mit goldgelben Fäden durchmischter, mattgrüner Flaum heraus, der nach Wiese riecht und zu Ballen gepresst auf den ersten Blick wie Kaninchenfutter im Zoogeschäft aussieht.

Zum einen wird daraus Dämmstoff zur Isolierung von Hauswänden und Dächern; anders als Glaswolle können die Fasern Feuchtigkeit aufnehmen und wieder abgeben. Der Wermutstropfen: Als Flammschutzmittel muss Borax zugesetzt werden, ein natürliches Mineral, das vom Bundesumweltministerium zwar als „akzeptabel" eingestuft wird, bei intensivem Kontakt aber die Fortpflanzungsfähigkeit gefährden kann.

Zugleich können die Grasfasern aber auch bei Unterputzdosen, Computermäusen oder -tastaturen, Werkzeugkisten oder Terrassenbrettern immerhin die Hälfte des benötigten Plastiks ersetzen. Meist verwendet Gass für die andere Hälfte recyceltes Polypropylen – Produktionsabfälle aus Kunststoffspritzgießereien in der Region. Ebenso gut eignet sich als Ergänzung auch Plastik aus nachwachsenden Rohstoffen. Doch zum einen ist das den meisten Kunden zu teuer, zum zweiten sind auch Kunststoffe beispielsweise aus Mais in vielen Fällen alles andere als umweltfreundlich: Die Pflanzen wachsen meist in Monokulturen und bekommen enorme Mengen an Stickstoffdünger verabreicht – und der wird in der Regel aus Erdöl synthetisiert. Immerhin aber ist dieser sogenannte Mater-Bi-Werkstoff – genau wie die Grasfasern – nach der Nutzung biologisch abbaubar, während synthetische Kunststoffe auch in Jahrhunderten nicht verrotten.

14 Menschen verdienen bei Biowert in Brensbach ihr Geld – vor allem Leute, die früher in der Landwirtschaft gearbeitet haben. In Deutschland gilt die Bioraffinerie inzwischen als Modellanlage, und Gass wurde in den entsprechenden DIN-Normaus-

schuss berufen. Auch die staatlichen Forscher lachen ihn heute nicht mehr aus. Derweil plant Gass bereits die nächste Raffinerie. Wahrscheinlich soll sie irgendwo in Irland entstehen, wieder klein, dezentral und mitten zwischen den Graslieferanten.

Riesige Vielfalt aus nur einer Quelle

In Deutschland arbeiten in der konventionellen Kunststoffverarbeitung etwa 310.000 Menschen, die im Jahr 2010 rund 50 Milliarden Euro erwirtschaftet haben. Sie haben keine Ahnung, was genau in dem Material steckt, das sie in Becher, Klobürsten, Schaltknüppel oder Tüten verwandeln: Die Rezepturen ihrer Lieferanten sind geheim. Die Kunststoffhersteller wiederum sind ein bedeutender Abnehmer der Chemieindustrie, die mit einem Umsatz von 170 Milliarden Euro die viertgrößte Branche in Deutschland darstellt.

Auch jenseits von Plastik gibt es im Alltag eine Fülle von Gegenständen, deren Zutaten aus der Chemieindustrie stammen: Das reicht vom Pinselreiniger über Pestizide und Pullover bis hin zu Viagra und Vanillinpulver. Diese ganze Vielfalt basiert auf einem einzigen Ausgangsstoff: Erdöl.[118]

Das wird nach der Förderung in einer petrochemischen Raffinerie zunächst so zugerichtet, dass die Chemiker vielfältig formbare Ausgangsstoffe erhalten, die sie dann zu den gewünschten Produkten weiterverarbeiten können. Schwefel und Aromate werden zunächst abgesondert und danach die langen Kohlenstoffketten des Erdöls bei hohen Temperaturen und Drücken zerlegt – gecrackt, wie es in der Fachsprache heißt. Ziel ist es, Substanzen zu erhalten, deren Moleküle weit weniger komplex sind als die natürlichen Bestandteile von Erdöl. Erst durch Zugabe von oft extrem giftigen Chemikalien wie Salpetersäure oder Chlor sind die reaktionsträgen Kohlenwasserstoffe für die weitere Verarbeitung bereit. Manchmal entstehen aber auch hochgefährliche Zwischensubstanzen, wenn die Chemiker zwei für sich harmlose Komponenten mischen.[119]

Auf dem Weg zu den gewünschten Endprodukten sind Dutzende von Einzelreaktionen vonnöten. Dabei entstehen neben der angestrebten Substanz jedes Mal auch Abfälle, deren Menge häufig die des erwünschten Produkts um ein Vielfaches übersteigt. Zwar sind die Chemiekonzerne bestrebt, aus möglichst vielen dieser Abfälle neue Produkte zu entwickeln – schon um die Menge des Sondermülls zu begrenzen –, doch in der Regel produzieren sie dabei wieder viele Nebensubstanzen.

So verwundert es nicht, dass permanent neue Chemikalien entstehen.[120] Im September 2009 wurde weltweit die 50-millionste Verbindung registriert; neun Monate vorher waren erst 40 Millionen bekannt gewesen.[121] Dass sogar die Chemieindustrie selbst keinen Überblick hat, was da alles in ihren Anlagen herumschwappt, belegte schlaglichtartig der Rosenmontagsunfall bei Hoechst 1993, bei dem das Unternehmen einen Teil des in der Umgebung niedergegangenen Fallouts auch selbst nicht identifizieren konnte.[122] Zwar hat die EU durchgesetzt, dass die Hersteller alle 30.000 Chemikalien, von denen sie jährlich mehr als eine Tonne ausliefern, bis 2018 auf ihre Gefährlichkeit für Gesundheit und Umwelt hin untersuchen müssen. Doch im Vergleich zu dem, was die Chemieindustrie tatsächlich in die Welt setzt, ist das nur ein sehr kleiner Teil.

Inzwischen ist die Luft in den meisten Innenräumen weit stärker durch gesundheitsgefährdende Substanzen verpestet als an großen Straßen: Teppichböden, Spielzeug, Computer – alles gast mehr oder weniger krankmachende Substanzen aus. Viele Ärzte führen die enorme Zunahme an Allergien auf den uns täglich umgebenden Chemiecocktail zurück.[123]

Chemiefabrik mit angeschlossener Bibliothek

Das Labor einer Chemiefabrik stellt sich ein Laie meistens klinisch weiß vor. Doch bei Auro in Braunschweig befinden sich die Ingredienzien in formschönen Schränken aus Buchenholz, dessen Maserung man beim Anfassen noch spüren kann. Die Tischplatten sind mit rötlichem Terrakotta gefliest, auf einem Bord sprießen Grünpflanzen, und neben einer Maschine, die mit leisem Summton verschiedene Zutaten verquirlt, steht der Schnellkocher für den Pausentee. Es riecht nach Orangenschalen und Eukalyptus.

Anne-Kathrin Helms tippt die neuesten Ergebnisse eines Versuchs in ihren Computer ein. Die Biologisch-Technische Assistentin entwickelt ständig neue Putzmittel und hat dabei die Zweckmäßigkeit fest im Blick: „Die Sachen sollen schnell und gründlich reinigen." Doch anders als die Konkurrenz verwendet sie ausschließlich pflanzliche Rohstoffe, die biologisch abbaubar sind – jede Form von Petrochemie ist in der Braunschweiger Firma Auro tabu.

Für einen Backofenreiniger hat die Laborantin ein Dreivierteljahr lang immer und immer wieder Backbleche mit einem von ihr selbst „definiertem Standardschmutz" aus Mehl, Zucker, Eiern und Fett eingekleistert, in den Ofen geschoben und anschließend mit ihrer neuesten Mischung zu reinigen versucht. „Ich bin da offen, probier vieles aus, frag unsere Lieferanten, ob die was Neues haben. Manchmal muss man auch die Reihenfolge verändern, damit was wirkt", weiß Anne-Kathrin Helms aus 20-jähriger Berufserfahrung. Inzwischen ist der Backofen- und Grillrostreiniger auf dem Markt. Die Tenside bestehen aus Raps- und Rizinusöl, Zucker und Lecithin, hinzu kommen Pottasche, Alkohol, Orangenöl, das natürliche, von Bakterien aus Zucker gewonnene Geliermittel Xanthan sowie Wasser – alles ist deklariert, so dass Käufer mit Allergien kein Risiko eingehen. Wer es wissen wollte, könnte auch herausfinden, wo die Ursprungspflanzen gewachsen sind und unter welchen sozialen und ökologischen Bedingungen sie angebaut wurden.

Firmenchef Hermann Fischer sieht sich immer wieder mit skeptischen Einwänden konfrontiert: Alles ausschließlich auf natürlicher Basis – damit kann man doch keine moderne Chemie aufbauen. Doch der Mann mit dem weißen Haar und der Silberrandbrille ist genau entgegengesetzter Meinung. „Die konventionelle Chemie hat keine Zukunft", erklärt er kompromisslos.

Schließlich sei Erdöl als deren einziger Ausgangsstoff bekanntermaßen endlich und darüber hinaus auch als Treibstoff für Autos, Flugzeuge und Schiffe äußerst begehrt. Schon in wenigen Jahren werde unweigerlich ein gnadenloser Wettbewerb um die immer knapper werdenden Ressourcen einsetzen, und irgendwann sei die Petrochemie schlicht am Ende, so das Fazit des Mannes, der bisher ein Außenseiter in seiner Branche war. Dagegen lasse sich in der Flora eine fast unendliche Vielzahl von Ausgangsstoffen finden, die bei guter Pflege auch langfristig zur Verfügung stünden. „Die Zeit arbeitet für uns."

„Unter biochemischem Blickwinkel ist jede Pflanze eine perfekte, hocheffiziente und abfallfrei arbeitende chemische Fabrik. Jede Pflanze synthetisiert aus wenigen Ausgangsstoffen tausende unterschiedliche Stoffe – und es gibt Tausende und Abertausende verschiedene Pflanzen", so beschreibt Hermann Fischer die Basis, auf der seine Farben-, Lack- und Reinigungsmittelfabrik aufgebaut ist. Dieser chemische Reichtum übertreffe den der konventionellen Industrie um ein Vielfaches – auch wenn einige Produkte wie zum Beispiel Neonfarben mit den gegebenen Zutaten tatsächlich nicht herstellbar seien. „Aber braucht man so etwas Gewaltsames überhaupt?"

Anders als seine Kollegen in der Petrochemie sieht Hermann Fischer seine Aufgabe im Aufspüren und Analysieren des Vorhandenen und nicht darin, natürlichen Stoffen seine Vorstellungen aufzuzwingen. Weil die Mineral- und Pflanzenstoffe so wenig wie möglich zugerichtet werden, können daraus gefertigte Produkte am Ende ihrer Nutzung von Bakterien zersetzt werden und so in den natürlichen Kreislauf zurückkehren.

Es war nicht die Ökologie, die Hermann Fischer vor knapp 40 Jahren antrieb, einen ganz und gar anderen Weg einzuschlagen als seine Kommilitonen. Vielmehr hatte er sich intensiv mit der Geschichte der Chemieindustrie auseinandergesetzt. Entstanden war sie vor etwa 150 Jahren. Damals fielen bei der Herstellung von Leuchtgas große Mengen Steinkohleteer an. Die zähflüssige, schwarze – und wie sich später herausstellte auch krebserregende – Masse war lange als Müll in Gewässern abgelagert worden. Der Chemiker Friedlieb Ferdinand Runge experimentierte damit herum und extrahierte schließlich Anilin und Phenol daraus. Diese beiden Substanzen wurden bald zu Grundstoffen synthetischer Farben und bescherten den Aktionären der in den 1860er Jahren gegründeten Chemiefirmen BASF, Hoechst und Bayer riesige Gewinne. „Und dann kamen in der NS-Zeit zu diesen billigen Rohstoffen aus Abfall auch KZ-Häftlinge und Zwangsarbeiter als billige Arbeitskräfte hinzu", begründet Hermann Fischer, warum für ihn schon im Grundstudium feststand, dass er niemals bei einem der großen Konzerne anfangen würde.

Zusammen mit einem Geologen und einem Ingenieur gründete der damals 21-Jährige seine erste eigene Firma. „Wir konnten es nicht ertragen, dass man etwas Richtiges nur denken sollte. Wenn man etwas als falsch erkannt hat, ist man auch gezwungen, es zu ändern", formuliert der heute fast 60-Jährige sein Lebenscredo. Immer noch ist Hermann Fischer ein leidenschaftlicher Redner, wenn es um Grundsatzfragen geht.

Später erwuchs aus dem Drei-Mann-Betrieb auf einer Industriebrache die Firma Auro, bei der inzwischen 40 Menschen arbeiten. Auf dem alten Brauereigelände gibt es eine beachtliche, auf immerhin fünf Räume verteilte Bibliothek, die sogar Werke aus dem 16. Jahrhundert beherbergt. Vor allem in den ersten Jahren haben die Angestellten aus der Forschungs- und Entwicklungsabteilung hier viel gestöbert, um Anregungen zu bekommen, welche Pflanzen sich zur Herstellung bestimmter Farbtöne oder Klebstoffe eignen. Nicht selten mussten sie dabei allerdings die Entdeckung machen, dass die entsprechenden Nutzpflanzen längst ausgestorben waren.

Ob die Menschheit noch die Kurve kriegt? Hermann Fischer weiß nicht, ob er optimistisch sein soll. Schließlich wurde und wird durch grobe, unangepasste und selbstherrliche Produktionsmethoden die natürliche Vielfalt aufs Schwerste geschädigt.[124] Von einem aber ist Fischer überzeugt: Die Chemie der Zukunft wird auf Grundstoff-Vielfalt und nicht auf fossiler Monotonie beruhen – oder sie hat keine Zukunft.

Macht durch Manipulation auf der Mikroebene

Das sehen viele allerdings anders. Geradezu hymnisch schreibt die Frankfurter Allgemeine Zeitung: „Die Chemieindustrie hat ihren Ruf als energiehungriger Luftverschmutzer mit Massenprodukten und schwachen Margen abgelegt. Stattdessen gilt sie als Hightech-Industrie mit dem Potential zum Heilsbringer. Für alle gesellschaftlichen ‚Megatrends‘ bietet sie mittlerweile ein Rezept. Das Spektrum reicht von Nanomaterialien über neuartige Batterien für Elektroautos und Solarzellen aus Kunststoff bis hin zu Düngemitteln, Pflanzenschutz und gentechnisch veränderten Pflanzen.“[125]

In dieser Sichtweise spiegelt sich ein Weltbild, das die Lösung fundamentaler Menschheitsprobleme in der Entwicklung von Großtechniken sieht. Das begann vor mehr als hundert Jahren mit der Chemieindustrie, setzte sich in der Atomkraft fort und erreichte schließlich mit der Gentechnik auch den Bereich des Lebendigen. In allen Fällen zerlegen Ingenieure Natur in die jeweilige Mikroebene und versprechen der Mitwelt durch Manipulationen auf eben diesen Ebenen das Ende von Mangel, Energieknappheit und Hunger. Die Nebenwirkungen all dieser Techniken wurden von Anfang an ignoriert oder als bedauerliche, aber im Gesamtinteresse hinzunehmende Kollateralschäden klassifiziert. Dabei entstehen in allen drei Fällen Veränderungen in der Natur, die nicht mehr rückholbar sind.

Gegenwärtig schickt sich die Nanotechnologie an, diesen Trend fortzusetzen, warnt der alternative Nobelpreisträger Pat Mooney. Die Technik nutzt die Tatsache, dass sich die Eigenschaften von Stoffen ändern, wenn die Partikel nur wenige Milliardstel Meter messen. So wird beispielsweise reaktionsträges Aluminiumoxid, das Zahnärzte für Füllungen benutzen, in Größenordnungen von nur wenigen Atomen hochreaktiv und eignet sich nun für Bombenzünder der US-Luftwaffe.[126] Allein im vergangenen Jahrzehnt flossen weltweit mehr als 50 Milliarden Dollar in die Nanotechnologie. Damit handelt es sich nicht nur um das größte Forschungsprogramm in der Geschichte der Wissenschaft",[127] sondern auch um den „am schnellsten wachsenden Produktsektor aller Zeiten."[128] Und wieder schüren die Antreiber große Hoffnungen: Diesmal versprechen sie, den absehbaren Rohstoffmangel zu beheben. Doch damit nicht genug: US-Forschern soll sogar die Schaffung völlig neuartiger Erbsubstanzen gelungen sein, die aus sechs Basen besteht und nicht – wie die DNA alles bisherigen irdischen Lebens – aus vier Basen[129] – mit welchem Ziel das alles, ist noch unklar.

Erneut werden die mit alledem verbundenen Gefahren völlig ignoriert. Obwohl bekannt ist, dass Nanopartikel über die Lunge in die Blutbahn geraten und sogar einen Fötus über die Plazenta erreichen können, unterscheiden die Behörden bei der Zulassung von Chemikalien bisher nicht nach Partikelgröße; ein einmal akzeptierter Stoff darf produziert werden – egal ob in Nano- oder Normalform.[130]

Ein grüner Unternehmer wird blau

„Wir brauchen keine neuen Techniken, wir müssen nur unser Geschäftsmodell ändern",[131] sagt Gunter Pauli. Der smarte Mann ist ein Tausendsassa, der sechs Sprachen spricht, schon auf fast allen Kontinenten gelebt hat und seine Zuhörer mit humorvollem Optimismus fesselt. „Ich will, dass das Beste billig wird – sonst können sich das wieder nur einige Reiche leisten", kontert er Vorstellungen, dass umweltfreundliche Techniken nun einmal immer etwas teurer seien. Blaue Ökonomie – so hat er sein Konzept getauft.

Pauli ist kein Theoretiker. Der Mitte der 50er Jahre in Antwerpen geborene Ökonom hat bereits ein Dutzend Firmen gegründet – nicht alle mit Erfolg, wie er freimütig einräumt.[132] Überregional bekannt wurde er Anfang der 90er Jahre. Damals stieg er als Geschäftsführer und Mitgesellschafter beim kurz vor der Pleite stehenden Seifen-Hersteller Ecover ein und kündigte selbstbewusst an, er werde Waschmittelriesen wie Procter und Gamble fünf Prozent des Weltmarkts abluchsen. Erreichen wollte er das durch Überzeugung der Kunden: „Wir zeigen ihnen, dass Saubermachen dreckig ist: Man hat Schmutz, fügt dem weiteren Schmutz in Form von chemischen Substanzen hinzu und entsorgt das dann in der Regel in unserer Wasserversorgung ... Ein Drittel der Verschmutzung privater Haushalte ist auf Reinigungsmittel zurückzuführen ... Allergien bei Kindern sind in den vergangenen Jahren um den Faktor fünf angestiegen. Ich denke, chemische Reinigungsmittel haben einen großen Anteil daran",[133] sagte er damals in einem Interview. Nicht nur die bei Ecover hergestellten Shampoos, Spül- und Waschmittel bestanden zu hundert Prozent aus natürlich abbaubaren Zutaten. Auch das Fabrikgebäude galt damals als Sensation: Das Wasser für die Produktion wurde im Kreis geführt, ein Grasdach reduzierte Wärme und Kühlbedarf enorm, und den Strom lieferten Wind und Sonne.

Tatsächlich wuchs Ecover beträchtlich, Pauli wurde als grüner Manager gefeiert und mit renommierten Auszeichnungen bedacht. Doch der Erfolg hatte eine entscheidende Kehrseite: „Um Europas Flüsse sauberer zu machen, hat man Regenwälder abgeholzt und durch Palmenplantagen ersetzt",[134] musste der Geschäftsführer nach Besuchen bei den Zulieferern in Indonesien einräumen. Pauli verkaufte seine Ecover-Geschäftsanteile und zog aus der Erfahrung den Schluss: Eine auf Dauer tragfähige Wirtschaftsweise muss immer das gesamte System im Blick behalten und darf sich nicht nur auf ein Einzelziel konzentrieren.

Und noch etwas war ihm auf den Plantagen in Indonesien aufgefallen: Nur etwa fünf Prozent der Biomasse dort wurde genutzt – 95 Prozent der Pflanzenteile waren Abfall. Durch die Fixierung auf die eine gewünschte Substanz gingen nicht nur wertvolle Vitamine verloren, die bei einer intelligenteren Verarbeitungsmethode zu preisgünstigen, gesunden Produkten verarbeitet werden könnten. Mit den Reststoffen aus der Palmölproduktion könnte man auch Bioraffinerien betreiben, deren Ausstoß dem einer großen Erdölverarbeitungsanlage entspräche,[135] rechnete er aus.

Pauli ist ein Wanderer zwischen Theorie und Praxis, zwischen Afrika, Asien, Amerika und Europa. Er plädiert für eine Wirtschaft, die sich die Natur zum Vorbild nimmt. Die hat schließlich aus dem immer gleichen Material mit der Zeit eine immer größere Vielfalt hergestellt. Auch die Masse des Lebendigen hat durch die „artenübergreifende Kooperation"[136] in den vergangenen 3,5 Milliarden Jahren enorm zugenommen. In diesem Wachstumsmodell der Natur gibt es keinen Abfall – alles, was ein Wesen ausscheidet, ist Lebensgrundlage des nächsten. „Die Natur arbeitet dezentralisiert, konkret und pragmatisch, mit einer außerordentlichen Intelligenz, die auf Millionen Jahren von Erfahrung basiert."[137] Dagegen stellt der Mensch giftige oder anderweitig gefährliche Nebenprodukte wie Dioxin und Atommüll her, die niemand gebrauchen kann,[138] und nutzt darüber hinaus nur einen Bruchteil der eingesetzten Rohstoffe. Wenn es gelingen würde, die menschliche Produktion so zu organisieren wie die immerwährenden Kreisläufe und vielfältigen Vernetzungen der Natur, wäre sie auch langfristig tragfähig, verkündet Pauli. Ein wichtiger Schritt dafür wäre, dass sich Industrien zu regionalen Produktionsclustern zusammenschließen: Der Abfall des einen ist der Rohstoff des anderen. Zentrale, auf wenige Produkte für den gesamten Weltmarkt spezialisierte Fabriken sind dagegen in so einem Konzept völlig unbrauchbar.

Oft lässt sich auch „Etwas" durch „Nichts" ersetzen, erklärt Pauli seinen verblüfften Zuhörern. Das von ihm initiierte weltweite ZERI-Netzwerk[139] veröffentlicht jede Woche online ein praktisches Beispiel dafür aus Forschung oder Praxis. So hat das Fraunhofer Institut für integrierte Schaltungen einen Spannungswandler für MP3-Player entwickelt, der die Körperwärme als Energiequelle nutzt. Viele der 40 Milliarden Kleinbatterien, die heutzutage Handys, Hörgeräte, Herzschrittmacher, Armbanduhren und MP3-Player zum Laufen bringen, könnten damit überflüssig werden.[140] Ein anderes Beispiel ist die Technik des Bombardierkäfers, der Giftstoffe über große Distanzen versprühen kann – eine Methode, die ein Professor aus Leeds abgekupfert hat. Würde die Industrie diese Erfindung der Natur übernehmen, bräuchte sie keine Treibgase in Spraydosen mehr einzusetzen.[141] So etwas meint Gunter Pauli mit „Etwas durch Nichts ersetzen."

Wer mehr über die „Blue Economy" und weitere Beispiele erfahren möchte, sollte die Homepage von ZERI besuchen: www.zeri.org

Edelpilze auf Kaffeesatz

Es muss nicht immer Hightech sein. Ein ZERI-Projekt ist Anfang 2011 in Berlin gestartet. Jeden Abend radelt Thomas Haberland bei etlichen Berliner Coffee-Shops, aber auch beim taz-Verlagshaus vorbei und sammelt dort Kaffeesatz ein. Der wurde bis vor kurzem als lästiger Abfall entsorgt; nun ist er Nahrung für normalerweise schwer zu züchtende Pilze für Gourmetrestaurants, Bio- und Feinschmeckerläden.

Der 24-jährige Geschäftsführer mischt das feuchte Pulver mit Pilzbrut – fadenförmige Zellen, die zur einfacheren Verarbeitung auf Getreidekörner gezüchtet werden. Immer drei bis vier Kilogramm des Gemischs stopft er in einfache Plastiktüten, knotet sie zu und lagert sie in einem 200 Quadratmeter großen Untergeschoss eines früheren Fabrikgebäudes in Berlin-Kreuzberg, in dessen oberen Stockwerken sich Künstler und andere Kreative eingenistet haben.

Hier unten im Keller herrschen für Austernpilze, Shiitake und Kräuterseitlinge überaus angenehme 19 Grad, und schon ein paar Tage nach der Impfung zeigen sich weiße Flecken in den Beuteln. Die werden nach und nach immer größer und härter und füllen schließlich den ganzen Sack aus. Bei den meisten Sorten brechen nach drei bis vier Wochen korallenförmige Auswüchse durch die Tütenwände, die rasch weiterwachsen und dann innerhalb von Stunden die ersten Fruchtkörper bilden. „Die hier schmecken fast wie Speck", behauptet Thomas Haberland und zeigt auf einen rosa Seitling, der ein bisschen an einen Rock von einem Kitschpüppchen erinnert. Erst seit er sich beruflich intensiv mit den Edelpilzen beschäftigt, ist der gelernte Bürokaufmann auf den Geschmack gekommen. Fast liebevoll spricht er über die Gewächse, die er täglich mehrfach besucht, um sie mit Hilfe einer Veterinärspritze zu wässern. „Sie brauchen sehr viel Betreuung, und man muss sie gut beobachten." Ist das Kaffeesubstrat nach etwa drei Erntephasen ausgelaugt, bringt Haberland es gegenwärtig noch auf den Kompost. Weil es für Pflanzen aber noch immer viele wertvolle Nährstoffe enthält, könnte man es auch als Dünger verkaufen. Darüber will er demnächst mit Gärtnereien und den Anbietern von Blumenerde verhandeln.

Durch Zufälle und sein persönliches Netzwerk kam der damals gerade arbeitslose Thomas Haberland an seinen neuen Job. Die Technik entwickelt hat Chido Govero aus Simbabwe. Als elfjährige Aids-Waisin hatte sie an einem einwöchigen Lehrgang teilgenommen, bei der Mädchen lernten, wie sie Agrarabfälle als Substrat für eine Pilzzucht nutzen können. In ihrem Dorf verdiente Chido damit zunächst den Lebensunterhalt für sich, ihren kleinen Bruder und die Großmutter, experimentierte dann selbst weiter und machte eine Ausbildung. Inzwischen ist sie erwachsen und fördert weltweit Pilzzuchtprojekte. „Es geht mir dabei darum, dass Leute ihre eigene Situation verbessern können", sagt die 25-Jährige am Rande eines Workshops in Berlin. Das Gute an ihrer Technik sei, dass sie auch in Baracken oder sogar in einer Zimmerecke funktioniert. Kinder und Erwachsene könnten so gesunde Nahrung für sich selbst herstellen und außerdem neue Einnahmequellen erschließen.

Noch steckt die Berliner Firma „Chido's mushrooms" in den Kinderschuhen, aber wenn alles gut läuft, werden hier demnächst täglich etwa 100 Kilo Pilze geerntet. Die Einnahmen werden dann nicht nur einige Menschen in Berlin ernähren, sondern auch neue Pilzprojekte in Afrika aus dem Boden sprießen lassen. Auch im Alltag gibt es eine enge Verbindung zwischen Berlin und Afrika. „Immer wenn wir mit den Pilzen nicht weiterwissen, schicken wir Chido eine Mail mit einem Foto und sie antwortet, was wir verändern sollen", berichtet Thomas Haberland.

Vom Knochen zum Smartphone:
Der Preis billiger Hightech

Eine Welt ohne PCs, Laptops und Mobiltelefone ist heute kaum noch vorstellbar – dabei kam das erste Notebook 1982 und der pfundschwere Motorola-Knochen sogar erst 1992 auf den Markt. Doch seither haben sich die Geräte in unvorstellbarer Geschwindigkeit ausgebreitet: 2010 warfen die Hersteller 1,4 Milliarden Handys und Smartphones neu auf den Markt, im ersten Quartal 2011 kamen bereits 430 Millionen weitere hinzu.[142]

Die Apparate wurden mit den Jahren immer kleiner, die Innovationszyklen kürzer und die Funktionen vielfältiger – und trotzdem sanken die Preise. Knapp die Hälfte der weltweiten Alltagselektonik wird heute vom taiwanesischen Unternehmen Foxconn gefertigt, das die Geräte für so namhafte Firmen wie Apple, Intel, Dell, Sony, Nokia und Motorola baut. Ende 2010 beschäftigte Foxconn etwa 900.000 Menschen in China, binnen Jahresfrist soll die Belegschaft auf 1,3 Millionen aufgestockt werden. Schon mehrfach nahmen sich Foxconn-Arbeiterinnen das Leben: Überstunden sind vorgeschrieben und aufgrund der mageren Löhne auch gar nicht zu vermeiden, in manchen Fabriken gilt die Sieben-Tage-Woche.[143] Der Arbeitsschutz in den chinesischen Fabriken ist miserabel: Zahlreiche Beschäftigte, die bei einem Zulieferer für die iPhones von Apple die Touchscreens reinigten, haben schwere Lähmungserscheinungen und werden ihr Leben lang krank bleiben, weil giftige Dämpfe durch die Fertigungshallen waberten.[144] Darüber hinaus verseuchen die chinesischen IT-Hersteller auch Wasser und Boden in der Umgebung durch Schwermetalle, wie chinesische Umweltschützer aufdeckten.[145]

Solche Zustände führten dazu, dass die elektronischen Geräte immer billiger wurden – was nicht nur die Nachfrage ankurbelte, sondern auch Reparaturen unattraktiv machte.

Ohne Rohstoffe kein Hightec

Auf technischer Ebene möglich wurde die Miniaturisierung durch die Nutzung von sogenannten „seltenen Erden" mit außergewöhnlichen Eigenschaften. Jeder kleine Computerchip besteht heutzutage aus bis zu 60 verschiedenen Rohstoffen.[146]

Bevor ein PC beim Käufer auf dem Schreibtisch ankommt, wurden bis zu 1500 Kilo Rohstoffe eingesetzt – ein Großteil davon ist Abraum, der bei der Gewinnung der Erze anfällt.[147] Von den meisten Substanzen benötigt man zwar nur extrem kleine Mengen – doch ohne Niob auf der Hauptplatine kann kein Ego-Shooter laufen und kein virtuelles Moorhuhn erlegt werden. Auch Laser, Windräder, Photovoltaikanlagen und Rüstungsgüter kommen nicht ohne zumindest einige der 17 seltenen Metalle und Mineralien aus.

Die Nachfrage nach den High-Tech-Rohstoffen wächst jährlich um zehn Prozent und mehr. Das Fraunhofer Institut für System- und Innovationsforschung prognostiziert, dass es schon bald zu extremen Engpässen kommen wird. Für Indium, ohne das Touchscreens und Flachbildschirme nicht funktionieren, sagen die Forscher eine Nachfrage fürs Jahr 2030 voraus, die 3,3-mal so hoch liegt wie die heutige Weltproduktion.[148] Wissenschaftler der US-Universität Yale meinen, dass die Indium-Vorkommen schon 2020 erschöpft sein könnten.[149] Mehrere UN-Expertengruppen warnten bereits vor gewaltsamen Auseinandersetzungen aufgrund der zu erwartenden Engpässe.[150] Auch die Ausbreitung von Zukunftstechnologien wie Dünnschicht-Photovoltaik könnte durch Materialknappheit stark gedämpft werden. Ohne Indium, Gallium und Tellur müssten deutliche Abstriche beim energetischen Wirkungsgrad und bei der Kosteneffizienz gemacht werden.[151]

Fast alle diese Rohstoffe kommen heute aus China – gefördert unter katastrophalen Arbeits- und Umweltbedingungen. Ganze Landstriche werden für die weltweite Nachfrage nach Mobiltelefonen, Laptops, PCs und Unterhaltungselektronik vergiftet. Nachdem China zunächst mit Dumpingpreisen auf den Weltmarkt drängte und die internationale Konkurrenz zum Aufgeben zwang, unterbindet die Regierung in Peking inzwischen zunehmend die Ausfuhr der unverarbeiteten Rohstoffe. Das stärkt die dortige Wirtschaft und zwingt internationale Firmen, Teile ihrer Produktion in China anzusiedeln.

Zwar gibt es die „seltenen Erden" auch in Australien, den USA, Kanada, Vietnam und Kasachstan. Doch dort sind sie zum einen meist schwerer zugänglich als in China, zum zweiten ist bei der Förderung mit erheblichem Widerstand zu rechnen, weil man für die notwendigen Trennverfahren extrem schädliche Chemikalien benötigt oder dabei radioaktive Rückstände entstehen.[152] Außerdem ist jedes Bergbauvorhaben mit langen Vorlaufzeiten verbunden. Eine Wiederaufnahme der Produktion seltener Erden in den USA würde schätzungsweise 15 Jahren benötigen.[153]

Schneller Schrott ist gut fürs Geschäft

Durchschnittlich drei Jahre lang verweilt ein PC beim Nutzer, bis er durch ein schnelleres und leistungsstärkeres Modell ersetzt wird; schließlich gibt es permanent neue Computerprogramme, die immer mehr Speicher und schnellere Prozessoren verlangen und den alten Rechner zur lahmen Ente degradieren. Hard- und Software schaukeln sich gegenseitig hoch. Ob die Nutzer davon wirklich einen Vorteil haben, spielt oft nur eine Nebenrolle.

Als beispielsweise die Firma Lexware die 14. Version ihrer Buchhaltungssoftware auf den Markt brachte, waren viele Betriebe und Behörden gezwungen, ihre Rechner auszutauschen, weil das Update nur auf Computern läuft, die die Hardwarevoraussetzungen für Windows XP erfüllen. Wesentliche funktionale Vorteile bietet das Programm im Vergleich zur älteren Version nicht. Auch die gesetzlichen Änderungen waren keineswegs so kompliziert, dass deshalb eine Aufrüstung der Hardware notwendig gewesen wäre. Was dagegen große Speicherkapazitäten benötigt, sind optische Effekte.[154] Allerdings trifft Lexware keineswegs allein die Schuld, dass damals viele funktionierende

PCs ausrangiert werden mussten: Microsoft beendete im Sommer 2010 seine Unterstützung für das alte Betriebssystem Windows 2000; seither gibt es dafür keine kostenlosen Sicherheitsupdates mehr.[155] Inzwischen laufen nun 80 Prozent aller PCs mit Windows XP. Noch. Denn Microsoft hat angekündigt, dass das Spiel im April 2014 in eine neue Runde gehen wird und es ab dann nur noch Unterstützung für die neuere Windows 7-Version gibt.[156]

So werden Millionen voll funktionsfähiger Computer zu Schrott. Sobald sie auf einem Recyclinghof eintreffen, gelten sie als Sondermüll. Etwa 100.000 Tonnen ausrangierte Informations- und Kommunikationstechnik fallen in Deutschland jährlich an.[157] Zusammen mit Laubsaugern und Radios landen PCs und Stereoanlagen im selben Container und werden ausgeschlachtet. Die Bestandteile der meisten Geräte sind nicht recyclingfreundlich konstruiert und deshalb schwer zu demontieren. Welch ein Gegensatz zur Produktion: Jetzt geschieht fast alles in mühsamer Handarbeit, die Gehäuse werden abgeschraubt, giftige Bestandteile wie Blei und Cadmium gesichert, die Kabel herausgerupft und in Kupfer und Kunstoffbestandteile zerlegt. Anschließend landet ein Großteil des Rechners im Schredder und Maschinen sortieren die winzigen Partikel nach Material. Doch selbst in hochmodernen Anlagen gehen bei dieser Methode etwa 75 Prozent des Golds und anderer wertvoller Rohstoffe verloren.[158]

In Europa gibt es nur drei Werke, die mit hohem Aufwand auch seltene Metalle wie Indium aus den ausrangierten Computern herauslösen können.[159] Das Interesse der Recyclingbetriebe an derartigen Verfahren ist gering, weil die staatlich vorgeschriebenen Quoten in der Regel Vorgaben für das Gewicht des wiederverwertbaren Materials machen.

So wird hierzulande zum Beispiel weniger als ein Prozent des Indiums zurückgewonnen.[160] Der überwiegende Teil der seltenen Erden landet unwiederbringlich im Müll – schätzungsweise allein zehn Millionen Handys werfen die Einwohner Deutschlands jedes Jahr einfach in die Tonne; nur drei Prozent der Nutzer bringen ihr Gerät zum Recycling.[161] In der Regel enden die unentbehrlichen

Begleiter nach einer kurzen Nutzungsphase als Ersatzbrennstoff in einem Zement- oder Kalkwerk oder in einer Müllverbrennungsanlage; die wertvollen Metalle bleiben in der Schlacke.

Einen erheblichen Teil der ausrangierten PCs deklarieren skrupellose Geschäftemacher auch als Spenden, um die EU-Exportverbote für Elektronikschrott zu umgehen. Sie verschiffen die Rechner nach Afrika und Asien, wo fachlich unqualifizierte Menschen die Geräte auseinandernehmen und mit primitiven Methoden einen Teil der Rohstoffe herauslöten oder -ätzen. Sie verbrennen das PVC der Kabelhüllen, um Kupfer zu gewinnen, oder hantieren mit hochgiftigen Chemikalien wie Cyanid. Dabei ruinieren sie ihre Gesundheit und die Umwelt.

Dass ein solcher Umgang mit Ressourcen aus vielerlei Gründen nicht von Dauer sein kann, erscheint einleuchtend. Würde die gesamte Menschheit unsere heutige High-Tech-Wirtschaft kopieren, bräuchten wir vier Planeten als Ressourcenquelle und Müllhalde.[162] Bekanntlich aber gibt es nur eine Erde. Die Hoffnung vieler Industriekapitäne ruht nun auf den Segnungen der Nanotechnologie: „Da sich die Eigenschaften der Elemente im Nanobereich verändern, werden manche bis dato gefragte Rohstoffe vielleicht morgen schon bedeutungslos sein. Andere Materialien, deren Abbau heute kaum lohnt, können schon morgen zum Schlüssel zu Macht und Reichtum werden."[163] Doch noch ist es nicht so weit, und ob es trotz immenser Forschungsanstrengungen je dahin kommt, ist keineswegs ausgemacht. Deshalb drängen die deutschen Industrieverbände darauf, dass die Bundesregierung doch bitte auf internationalem Parkett für freie Weltmärkte kämpfen und dafür sorgen soll, dass China seine seltenen Erden nicht durch Ausfuhrbeschränkungen hortet.

Ein Schrottliebhaber in Neukölln

Es liegt vor allem im Interesse der Hersteller, dass ununterbrochen neue, immer leistungsstärkere Elektronikgeräte produziert werden. Sie verdienen auf diese Weise am meisten Geld. Reparaturfreundlichkeit erscheint dagegen in einem Wirtschaftssystem, in dem ein neuer Computer in China schon für zwei Euro Lohn zusammengebaut wird, ökonomisch unattraktiv. Auch deshalb lassen die Konzerne ihre Ingenieure die Maschinen so konstruieren, dass bestenfalls ganze Module ausgetauscht werden können und nicht einzelne Bauteile. Ob die ständigen Innovationen hingegen den Gebrauchswert der Computer für Durchschnittsnutzer erhöhen, ist eine andere Frage. Und warum überhaupt zerlegt man funktionierende Rechner mühsam in ihre Bestandteile, um danach mit hohem Energieaufwand und einer erheblichen Menge frischer Rohstoffe wieder neue Rechner herzustellen?

„Es braucht doch längst nicht jeder einen High-Tech-Computer", ist Muharrem Batmans Geschäftsmotto. Der 45-Jährige betreibt in Berlin-Neukölln einen ReUse-Computerladen. Als Museumsstück im Schaufenster steht ein Commodore aus den 80er Jahren, der noch mit 64 Kilobyte Arbeitsspeicher auskam. Doch was drinnen in den Borden steht, sieht für Laien auf den ersten Blick nicht anders aus als das, was in jedem Neuwarenladen zu finden ist. Tatsächlich aber haben alle Geräte hier bereits mehrere Jahre Arbeit hinter sich. „Das sind doch alles wertvolle Rohstoffe, die kann man doch nicht einfach wegschmeißen oder als Sondermüll nach Indien entsorgen", meint Batman.

Viele denken, er habe sich seinen Nachnamen ausgedacht – als eine Art Künstlerpseudonym. Doch der Name ist echt. Tatsächlich teilt Batman mit dem Comic-Helden mehrere Eigenschaften: einen starken Willen, großes Durchhaltevermögen, Intelligenz, Ausdauer und die Affinität zur Technik. Doch auch wenn manche ihn als PC-Helden sehen – Muharrem Batman bleibt doch lieber er selbst. Glücklich ist er, wenn ein Computer wieder läuft, nachdem er an der Platine herumgelötet, einen Kondensator ausgewechselt und den Staub aus dem Gehäuse entfernt hat. „Ich liebe Schrott. Schrott ist mein Leben, er zieht mich magnetisch an."

Batman ist ein Selfmademan. Als er 13 Jahre alt war, nannten seine Freunde ihn „Müllmann". Mit einem Fahrradanhänger kurvte er durch Berlins Straßen und sammelte ein, was ihm brauchbar erschien: „Es ist unglaublich, was die Leute in Deutschland alles wegwerfen." Auf dem Flohmarkt verdiente er auf diese Weise jedes Wochenende ein paar Mark, und wenn bei Nachbarn der Fernseher oder das Radio nicht funktionierte, kam Muharrem vorbei und die Kiste lief bald wieder. „Wenn man Interesse und einen starken Willen hat, kann man alles lernen", ist Batman überzeugt.

Als Schüler träumte er von einer entsprechenden Ausbildung, doch nach einer Kindheit in Istanbul saß er als 15-Jähriger in der 7. Klasse einer Hauptschule und glänzte weder in Deutsch noch in Mathe. So ging er ohne Schulabschuss ab, ergatterte einen Ausbildungsvertrag als Schlosser und musste nach einem erfolgreichen Jahr doch abbrechen, weil seine Eltern ihn in der neueröffneten Bäckerei brauchten. Mehrere Jahre schuftete er in dem verhassten Laden, weitere in einer Spritzgussfabrik und einer Spedition – doch seine Leidenschaft für Elektronik verließ ihn nicht. Er tüftelte und schraubte, las und probierte aus und war bald in Berlin eine bekannte Größe, was gebrauchte Computer angeht. „Ich versuche immer erst mal rauszufinden, was die Leute damit machen wollen und verkaufe ihnen dann was Maßgeschneidertes." Das betrifft Hard- und Software gleichermaßen. Gelegentlich schickt Batman sogar Kunden weg, wenn die nur auf möglichst viel Gigabyte aus sind. Zwischen 80 und 200 Euro kostet ein funktionstüchtiger Computer bei ihm. Auf jedes Gerät gibt es ein Jahr Garantie. Neben Privatleuten liefern inzwischen auch Behörden und Sparkassen ihre ausrangierten Geräte bei ihm ab.

Batman gehört zu den Gründungsmitgliedern des ReUse-Computernetzwerks, an dem sich inzwischen etwa 30 kleine Firmen beteiligen. Angestoßen wurde es vor einigen Jahren von der Technischen Uni Berlin. Den Wissenschaftlern ging es zum einen darum, mit Leuten aus der Praxis Alternativen zum Mainstream auszuprobieren. Zum zweiten zeigten sie auf, dass technische Entwicklungen nicht nur auf wirtschaftliche Rahmenbedingungen reagieren, sondern auch darauf, was die Politik vorgibt. Würden Herstellerfirmen ihre Waren nur verleasen oder am Ende der Nutzungszeit tatsächlich selbst zurücknehmen müssen, bekämen ihre Entwicklungsabteilungen völlig andere Vorgaben: Dann wäre es von Vorteil, wenn die Produkte langlebig, reparaturfreundlich, ungiftig und einfach zu demontieren wären.[164]

Das politisch durchzusetzen ist allerdings nicht einfach, wie sich an der Verpackungsverordnung bestens studieren lässt. Dahinter stand ursprünglich die Idee, erstmals im Müllbereich das Verursacherprinzip anzuwenden: Die Händler sollten die Verpackungen zurückbekommen und sich dadurch gezwungen sehen, Mehrwegsysteme zu fördern und ansonsten nur noch Waren in die Regale zu stellen, die unaufwändig verpackt sind. Doch die Hersteller von Joghurtbechern, Folien und Getränkekartons ersannen den grünen Punkt – und die Politik ließ zu, dass auf Kosten der Verbraucher eine neue Industrie entstand. Die baute ein aufwändiges Recyclingsystem auf, bei dem der Kunststoffmüll zum Teil zu minderwertigen Produkten umgeschmolzen oder mit extrem hohem Energieaufwand und teurer Technik zurück in Öl verwandelt wurde, wobei auch noch allerlei unerwünschte Nebenprodukte entstanden. Heute wird ein erheblicher Teil des Plastik-Verpackungsmülls schlicht verbrannt. Der Verbrauch an Verpackungen aber blieb zwischen 1991 und 2007 fast konstant.[165]

Ressourcenschonend: Weitergeben, teilen, verschenken

Wer sich für einen gebrauchten Computer interessiert, findet hier Hintergrundmaterial und Adressen beteiligter Händler: www.reuse-computer.org

In Österreich existiert ebenfalls ein Netzwerk von Reparaturfirmen: www.repanet.at/

Auch für andere Dinge des Alltags gilt die banale, aber trotzdem oft vergessene Wahrheit: Alles was nicht neu hergestellt werden muss, schont Energie und Ressourcen. Neben kommerziellen Second-Hand-Läden existieren in vielen Städten auch Geschäfte, die zusätzlich sozialen Mehrwert schaffen.

In Umsonstläden kann jede Person brauchbare Dinge abgeben, die bei ihr zuhause im Weg stehen, und zugleich darf jede pro Besuch bis zu drei Gegenstände kostenlos mitnehmen. In Oxfam-Shops sammeln Ehrenamtliche gut erhaltene Kleidung, Bücher und Geschirr als Spenden und verkaufen sie anschließend; die Erträge finanzieren Schulen in Burundi oder Kampagnen für eine bessere Entwicklungspolitik.

Ausrangierte Telefonzellen erhalten in Berlin eine neue Funktion: Azubis verschiedener Gewerke richten sie her zu poppig-bunten, solarbeleuchteten BücherboXXen. Jeder kann dort gute Bücher hineinstellen oder mitnehmen, was er selbst lesen will. „Diese neue Ökonomie des Tauschens erschließt sich fast allen Nutzern auf den ersten Blick: Eine Form von Gemeingut ohne jede Bürokratie", beschreibt Konrad Kutt vom Institut für Nachhaltigkeit in Bildung, Arbeit und Kultur, der die BücherboXXen initiiert hat.

Viele nur selten gebrauchte Gegenstände kann man auch leihen. Bei www.erento.com gibt es alles von der Rikscha bis zum Brautkleid.

Software, die jeder kostenlos nutzen darf

Ähnlich wie Muharrem Batman verspürt auch Harald Welte den Drang, technische Geräte sofort aufzuschrauben und hineinzuschauen: Er will verstehen, wie sie funktionieren. Das war schon als Kleinkind so, und seine Eltern behaupten, er habe deshalb Stehen und Laufen gelernt, weil er unbedingt an die Knöpfe der väterlichen Stereoanlage herankommen wollte.

Viele neue Produkte, die heute auf dem Markt sind, sollen jedoch von den Kunden gar nicht verstanden werden. Die großen Konzerne wie Microsoft oder IBM halten geheim, wie sie die Elektronik eines Geräts entwickelt oder ein Betriebssystem programmiert haben. Selbst Softwarespezialisten könnten nur mit extrem hohem Aufwand herausfinden, was sich in der Blackbox befindet, und wenn sie es versuchen, machen sie sich strafbar. Schließlich wollen die Konzerne ihr Produkt möglichst oft verkaufen.

Ein solcher Umgang ärgert Harald Welte. Schließlich entstehen bei der Vervielfältigung des einmal Programmierten keine Kosten – anders als bei der Herstellung materieller Güter wie Brot oder Maschinen. „Programmieren ist eine Dienstleistung und für die Arbeitszeit sollte man einmal bezahlt werden – aber doch nicht zehnmal oder gar millionenmal." Deshalb stellt der 32-Jährige alles, was er erfindet, kostenlos ins Internet. Auch diejenigen, mit denen er zusammenarbeitet, halten es so. Jeder darf nicht nur ihre Quellcodes studieren, sondern sie auch nutzen oder weiterentwickeln.

Am Anfang eines neuen Projekts steht entweder Harald Weltes Neugier, spielerische Lust oder einfach der Bedarf, etwas herzustellen, das er selbst gerade braucht. Vor ein paar Jahren zum Beispiel wollte er seinen eigenen Computer davor schützen, dass irgendjemand von außen unerlaubt darauf zugreift. Deshalb begann er, eine Firewall für das Betriebssystem Linux zu entwickeln, das er auf seinem PC nutzt und das selbstverständlich ebenfalls freie Software ist. Gleich zu Anfang informierte er die weltweite Netzöffentlichkeit von seinem Vorhaben – und schnell fanden sich ein paar andere Nerds aus Australien und Kanada, die mittüftelten. Wer wollte, konnte die Fortschritte im Internet verfolgen oder selbst Verbesserungsvorschläge machen. Zwischenzeitlich wurde das Projekt auch von einer Firma aus Karlsruhe gesponsert, die ihren Kunden als Dienstleistung ein umfassendes Sicherheitspaket für deren Computer anbietet und insofern ein dringendes Interesse daran hatte, dass Harald Welte und seine Mitstreiter weiter arbeiteten.

Heute ist die Linux-Firewall viele Millionen Mal irgendwo installiert – sei es auf Laptops, in Mobiltelefonen oder auf Servern. Verdient hat Harald Welte eine Weile daran, dass ihn die Karlsruher Firma bezahlt hat oder dass andere von ihm wissen wollten, wie sie sein Programm auf die eigenen Bedürfnisse zuschneiden können. Das bringt ihm zwar keine horrenden Summen, dafür aber den unbezahlbaren Vorteil, dass er sich laufend mit Dingen beschäftigen kann, die ihn selbst brennend interessieren. „Wenn mein Ziel Profitmaximierung wäre, müsste ich mit meiner Software tingeln gehen und sie möglichst teuer verkaufen", benennt der schwarz gekleidete Mann mit dem schwarzen Schopf die Alternative. Dann wäre er mit Sicherheit ein reicher Mann. Doch das interessiert ihn nicht. Viel wichtiger ist ihm die Freiheit, laufend spannende Dinge zu tun.

Welte ist überzeugt, dass die Zukunft der freien Software gehört. Schließlich hat beispielsweise die Stadt München beschlossen, auf ihren Behördencomputern das kostenlose Linux-Betriebssystem zu installieren statt der teuren Windows-Programme aus dem Hause Microsoft. Und wenn in München, warum dann nicht bald auch in vielen anderen Städten? Auch als Welte ein Jahr lang in Brasilien wohnte, hat er mitgekriegt, dass dort viele Menschen nicht mehr einsehen, Geld für teure US-Lizenzen auszugeben, wo doch auch alles kostenlos herunterzuladen ist. Die Qualität der freien Software ist zudem exzellent: Schließlich wurde sie von einem weltweiten Team im „Vielaugen-Prinzip" entwickelt, und die Wahrscheinlichkeit, dass Fehler entdeckt werden, ist hier viel größer als bei einer festen Gruppe, die in einer Firma über einem neuen Programm brütet. Außerdem gehöre es in der Szene zu „Kultur und gutem Stil", Fehler nicht einfach nur aufzuzeigen, sondern auch zu beheben, wenn man dazu in der Lage ist.

Doch das Empire schlägt zurück. Google und andere Großkonzerne der Web-Industrie treiben gerade intensiv einen neuen Trend voran: Unternehmen, Behörden und Privatleute sollen ihre Daten und Programme nicht mehr auf dem eigenen PC oder Server lagern, sondern dafür vernetzte, weltweite Rechnerkapazitäten nutzen. „Cloud Computing" heißt das im Fachjargon. „Warum aber sollte man die Kontrolle über die eigenen Daten an andere Firmen übergeben, wo dann alles in einer Wolke verschwindet?", fragt Welte. Sicher, am Anfang spare ein Unternehmen vielleicht etwas Geld, weswegen es viele Vorstände schwer hätten, sich dagegen zu entscheiden. Doch der Preis sei die völlige Abhängigkeit von Großkonzernen, warnt der Freelancer aus Berlin.

Besonders am Herzen liegt ihm, dass private Daten nicht in falsche Hände geraten. „Öffentliche Daten nützen, private Daten schützen – das gehört zur Hackerethik" erklärt Welte, der auch im Vorstand vom Berliner Chaos Computer Club sitzt. Er versteht sich dabei als eine Art Verbraucherschützer, der Schwachstellen zum Beispiel bei Handynetzen oder der automatischen Identifizierung von Menschen mit Hilfe elektromagnetischer Wellen – der sogenannten RFID-Technik – aufzeigt.

So hat er beispielsweise entdeckt, dass die Mobilfunkbetreiber eine „Steinzeittechnik" verwenden, die in den 80er Jahren entwickelt wurde und es jedem technisch versierten Menschen erlauben herauszufinden, in welcher Stadt sich ein Handybesitzer befindet. Geradezu simpel ist es nach Weltes Darstellung, die Passwörter beim Telefonbanking abzugreifen. Unterm Tisch in seinem engen, mit Rechnern, Messgeräten und Büchern vollgestellten Arbeitszimmer in einer Berliner Erdgeschosswohnung liegt ein Gerät, das an einen elektrischen Heizkörper erinnert. Es gehört zu einer simulierten Mobilfunkanlage, die Welte selbst gebaut hat, um die Sicherheitslücken aufzuzeigen. Mit der hat er schon mehrfach auf Kongressen Politikern und Mobilfunkbetreibern die Augen geöffnet. Nach solchen Ereignissen kann sich Welte sicher sein, dass seine Expertise gefragt ist. Gerade kommt er aus Nairobi, wo er Mitarbeiter eines afrikanischen Mobilfunkbetreibers geschult hat. Dabei ging es nicht nur um mögliche Sicherheitslücken, sondern auch darum, dass sich die Kosten mit Hilfe freier Software extrem senken lassen. Die Menschen in dünn besiedelten Landstrichen Afrikas könnten so demnächst die Chance bekommen, zu telefonieren. Auch ein isländischer Mobilfunkbetreiber hat sich an Welte gewandt, um Passagieren auf Fähren und Kreuzfahrtschiffen günstige Telefonverbindungen zu ermöglichen. Der Computerfreak, der außer einem Mittlere-Reife-Zeugnis und einer Lehre bei Grundig als Kommunikationselektroniker nichts Offizielles vorzuweisen hat, muss sich um neue Aufträge nicht sorgen – die Kunden kommen von selbst. Seine beste Referenz ist das Internet: Dank der freien Software kann ja jeder genau sehen, was er tut und was er kann.

Alle nehmen sich, was sie brauchen

Der geistige Vater der freien Softwarebewegung ist der US-Amerikaner Richard Stallman – ein Mann, dessen Äußeres an Rübezahl erinnert. Er arbeitete seit Anfang der 70er Jahre am MIT in Massachusetts, eine der führenden technischen Hochschulen weltweit. Zu Beginn seiner Laufbahn gab es noch keinen kommerziellen Softwaremarkt; die Programme wurden von den Hardwareherstellern mitgeliefert und wer sich mit Computern auskannte, konnte den Quellcode studieren und so nachvollziehen, wie ein Programm funktionierte und es bei Bedarf ändern.[166] Auch die MIT-Rechner waren für jeden einsehbar und nutzbar, und es gehörte zur Kultur, Programme gemeinsam zu entwickeln und zu verbessern. Doch Ende der 70er Jahre wurden dann Passwörter am MIT eingeführt und viele Programmierer wechselten zu kommerziellen Firmen, die ihre Software nun hinter einem nur von Maschinen lesbaren Objektcode versteckten. Zugleich verlangten sie Lizenzgebühren für die Programme und verboten anderen, sie weiterzuentwickeln. Für Stallman war das mehr als ein Ärgernis. „Der fundamentale Akt von Freundschaft unter denkenden Wesen besteht darin, einander etwas beizubringen und Wissen gemeinsam zu nutzen ... Dieser gute Wille, die Bereitschaft, unserem Nächsten zu helfen, wann immer es im Bereich des Möglichen liegt, ist genau das, was die Gesellschaft zusammenhält und was sie lebenswert macht. Jede Politik oder jedes Rechtssystem, das diese Art der Kooperation verurteilt oder verbietet, verseucht die wichtigste Ressource der Gesellschaft", schrieb er.[167] Stallman sah sich am MIT als „letzten Überlebenden einer toten Kultur",[168] kündigte und begann, das freie Betriebssystem GNU zu programmieren – unterstützt von Gleichgesinnten weltweit. Außerdem erfand er die „General Public License" (GNU GPL), die im krassen Gegensatz zu sonstigen Lizenzen steht: Jeder darf eine solche Software nutzen, kopieren, weitergeben und verändern. Was dagegen verboten ist, ist die Privatisierung von Software, die daraus entwickelt wurde. Nicht nur Programmierer profitieren: Freie Software steht auch denjenigen zur

Verfügung, die selbst nichts dazu beitragen, sie zu verbessern. Es geht hier nicht ums Tauschen oder Schenken – die Software „kann einfach genommen werden."[169]

Auf dieser Grundlage entstand Anfang der 1990er Jahre auf Initiative des Finnen Linus Benedict Torvalds das freie Betriebssystem Linux. Hunderte von Programmierern haben daran mitgearbeitet, die Geschwindigkeit der Entwicklung war berauschend. Längst nutzen nicht nur Insider das Programm mit dem Pinguin-Logo, sondern auch große Firmen, darunter auch Internet-Provider, die auf eine extrem zuverlässige Software angewiesen sind.

Minifabriken für jedermann

Doch warum sollte das alles nur für Software möglich sein? Seit knapp zehn Jahren wird das Prinzip auch auf materielle Güter übertragen. Konstruktionspläne für Holzmöbel, Radios oder andere Alltagsdinge stehen inzwischen im Internet zur freien Verfügung. Gebaut werden können sie in sogenannten FabLabs – dezentrale Hightec-Werkstätten, wo die nötigen Maschinen vorgehalten werden, die dank des technischen Fortschritts gar nicht mehr sehr teuer sind. „Transport, Lagerung, Kommerzialisierung und Fabrikmontage, Dinge, die zwei Drittel oder mehr der heutigen Kosten ausmachen, würden ... wegfallen",[170] beschrieb der französische Sozialphilosph André Gorz schon vor einigen Jahren die Chancen einer solchen Entwicklung, in der sogar die Utopie aufscheint, die ungerechte internationale Arbeitsteilung zwischen Industrie- und Entwicklungsländern auszuhebeln.

Genau wie die freie Software nahm auch die FabLab-Bewegung ihren Ursprung am MIT in Massachusetts. Mit dessen Unterstützung entstanden erste Werkstätten zunächst in Ghana, Afghanistan und Südafrika, wo nun vor Ort das produziert werden kann, was die Menschen dort für nötig halten. Zur Ausstattung gehören Maschinen wie ein 3-D-Laserdrucker, der aus einer Konstruktionszeichnung im Computer einen realen Gegenstand aus Kunststoff Schicht um Schicht aufbaut – ohne weitere Werkzeuge und ohne dass dabei Material verloren geht. Entsprechende Dateien und Programme, die für Laien recht einfach erlernbar sind, gibt es im Internet.

Das erste derartig ausgestattete FabLab in Deutschland eröffnete Ende 2009 an der Technischen Uni in Aachen und ist auch für Bürger nutzbar. Etwa 70.000 Euro hat der kleine Maschinenpark gekostet, mit dessen Hilfe abgebrochene Kühlschrankgriffe und Brillenbügel ersetzt werden können. Bei einem Workshop wurden aber auch schon zehn einfache 3-D-Laserdrucker hergestellt – die nun wiederum anderswo im Einsatz sind.

René Bohne, der in Aachen das FabLab beforscht und zugleich Kontaktperson für interessierte Bürger ist, prognostiziert heftigen Streit über copy-right-Fragen. Vor kurzem speiste ein Kollege aus Spaß ein digitales Foto in den 3-D-Laserdrucker ein – und erhielt ein erstaunlich realistisches Abbild des Originalkopfs. „Wenn nun bald jeder in irgendeinen Laden gehen kann und den gewünschten Gegenstand nur noch fotografieren muss – was bedeutet das dann für die Hersteller und Händler?", deutet Bohne die mögliche Reichweite der gerade erst beginnenden Entwicklung an.

In Berlin gibt es seit Ende 2010 eine Gemeinschaftswerkstatt, die sich open design-city nennt. Untergebracht ist sie im Betahaus in Kreuzberg, das in den oberen Stockwerken Journalistinnen, Programmierer und Webdesigner beherbergt und unter einer wummernden Druckerei noch einen großen Raum frei hatte. Dort hat ein Elektroingenieur seine Fräse aufgestellt, andere brachten einen billigen 3-D-Drucker, Stichsägen und Schleifgeräte mit, und an der Mittelsäule hängen Zangen, Zwingen und Schraubenzieher.

Ein junger Mann sitzt am Fenster und tüftelt am Modell einer Silicon-Computermaus, die er bald in Serie produzieren will, ein anderer hackt konzentriert etwas in seinen Laptop. In den Ecken türmen sich Holz-, Styropor- und Pappobjekte, eine E-Gitarre lehnt an der Wand und wartet auf den Einbau eines Funkgeräts, mit dessen Hilfe demnächst digitale Schrift über den Klangkörper laufen soll. Etwa 30 Nutzer kommen regelmäßig hierher, um neben- und oft auch miteinander zu arbeiten, berichtet der 29-jährige Produktdesigner Christopher Doering, der die Werkstatt zusammen mit anderen Teilnehmern eines Innovationscamps gegründet hat. 35 Euro zahlt jeder monatlich, man tauscht sich aus, verfolgt die Projekte der anderen, gibt und bekommt Tipps.

Montagabends wird „gebaustelt" – gemeinsam gebaut und gebastelt, gestrickt und programmiert. Die meisten hier sind um die 30 Jahre alt und männlich, die Atmosphäre ist offen, Neuankömmlinge werden freundlich begrüßt und an jemandem im Raum verwiesen, der vielleicht weiterhelfen kann. Weil sich immer auch ein paar Leute aus den USA, Portugal oder sonst woher einfinden, die gerade für ein paar Tage oder Monate in Berlin weilen, laufen viele Gespräche auf Englisch. Man fühlt sich als Teil einer weltweiten Community, deren Ziel es ist, das Produktionswissen zu demokratisieren und zu dezentralisieren. Wenn viele ihr Wissen zur Verfügung stellen, profitiert auch jeder selbst davon – und außerdem macht es Spaß, mit anderen zusammen etwas zu entwickeln.

Auch technisch wenig Vorgebildete sind hier richtig, wenn sie eine konkrete Idee haben und Unterstützung bei der Umsetzung brauchen. Gerade berät Axel Stab einen Mann, der Lastengepäckträger für Fahrräder bauen will: Welches Material ist am geeignetsten, wie lässt sich verhindern, dass die Klemmvorrichtung rostet, welche Maschinen braucht er? Oft hilft der Ingenieur auch, die Visionen in eine 3-D-Zeichnung umzusetzen, eine passende Bauanleitung im Internet zu finden oder er holt eine Fachinformation ein, bei der der Laie nicht einmal wüsste, wie er die Frage formulieren sollte. Die Beträge, die Axel Stab dafür verlangt, haben eher symbolische Bedeutung – und doch sind die wöchentlich eineinhalb Tage im Betahaus für ihn ein großer Gewinn. „Im Industriealltag machen Preis- und Zeitdruck oft die Freude an der Arbeit zunichte. Hier mach ich mit, wenn es mir Spaß macht und ich etwas für sinnvoll halte", sagt der 42-Jährige, der seinen Lebensunterhalt als Geschäftsführer einer Vier-Mann-Firma mit reduzierter Wochenarbeitszeit verdient. In vielen Fällen sei es keineswegs ausgeschlossen, dass die Projekte irgendwann wirtschaftlich tragfähig würden, meint Stab. Doch die Reihenfolge ist hier eine andere: Am Anfang steht die Frage, ob etwas gebraucht oder gewünscht wird und nicht, ob es sich rechnet. Außerdem kann die Gemeinschaftswerkstatt auch helfen, den Sprung vom Prototyp zur Produktion zu überwinden. Der scheitert gegenwärtig häufig daran, dass Hersteller kein Interesse an Kleinserien haben, sich viele Dinge aber auch nicht für die Massenfertigung eignen. „Dabei gibt es einen eindeutigen Trend weg vom Ikea-Einheitsprodukt und hin zu mehr Individualität", ist Stab überzeugt.

Gerade hat er eine individuelle Werkbank gebaut, die er nun durch eine Werkzeugmaschine ganz nach seinen Bedürfnissen ergänzen will – unterstützt von einem Mann aus Kanada, der vor kurzem spontan hereinschneite und sich entschloss, ein paar Wochen mitzuhelfen. Auf der doppelbettgroßen Anlage mit schnell wechselbaren Laser-, Fräs- und Sägeköpfen können demnächst Holz- und Metallteile hergestellt werden, die Axel Stab oder andere Leute im Betahaus benötigen. Die Bauanleitung für die Maschine wird der Ingenieur open source stellen – vielleicht gibt es ja anderswo eine Gemeinschaftswerkstatt, die sie nachbauen will.

SketchUp ist ein kostenloses Computerprogramm, das auch Laien die Anfertigung von 3-D-Zeichnungen ermöglicht. http://sketchup.google.com/intl/de

Bei Thingiverse stellen Menschen aus der ganzen Welt ihre Ideen und Baupläne von Alltagsgegenständen zur Verfügung, die insbesondere in FabLabs hergestellt werden können. www.thingiverse.com

Wer wenig Geld hat, aber trotzdem stilvoll sitzen will, kann vom Berliner Architekten Le van Bo kostenlos eine Anleitung für einen Bauhaussessel zugeschickt bekommen. Die Zutaten für das Sitzmöbel sind mit 24 Euro veranschlagt. www.hartzivmoebel.de

Bauanleitungen für viele Alltagsgegenstände gibt es auch unter http://www.bauanleitung.org

Nicht kommerzielle, offene Werkstätten existieren in vielen deutschen Städten: http://offene-werkstaetten.org

Die Herstellung vieler Alltagsgegenstände steht vor einem tiefgreifenden Wandel: Die Zeit der Produktion von Massenwegwerfartikeln für die ganze Welt geht zu Ende. Nicht nur die Rohstoffknappheit erzwingt grundlegende Änderungen. Auch die Möglichkeit, Dateien ohne Qualitätsverlust zu kopieren, stellt die wirtschaftliche Macht vieler Konzerne in Frage: Was einmal frei zugänglich ist, ist unkontrollierbar und kann nicht mehr exklusiv – und damit teuer – vermarktet werden.

Zwar drängen die Industrievertreter auf internationale Patentvereinbarungen und versuchen, mit staatlicher Unterstützung Raubkopierern und Produktpiraten das Handwerk zu legen. Doch strukturell fördert die digitale Informationstechnik eine dezentrale Produktion: Dateien können ohne jeden Zeitverlust auch in abgelegene Regionen gelangen. Beim Verschicken entstehen weder für Sender noch Empfänger Kosten. Die Ursprungsdatei erleidet durch die Teilung keinen Wertverlust – im Gegenteil steigert eine weite Verbreitung häufig sogar ihren Nutzwert. Offene Programme können zudem ständig verbessert oder an unterschiedliche Bedürfnisse angepasst werden. All das unterstützt solidarische, kleinteilige und regionale Herstellungsprozesse. Dagegen befinden sich Großproduzenten strukturell in der Defensive, wenn sie versuchen, die von ihren Entwicklungsabteilungen hergestellten Dateien vor fremden Blicken zu schützen. Außerdem bekommen sie unweigerlich Qualitätsprobleme, weil die Kreativität der vielfältigen, weltweit vernetzten Community immer größer sein wird als die jeder Entwicklungsabteilung. Auch wenn es im Moment noch so scheint, als ob die Großen aufgrund der weltweiten Handelsliberalisierung immer stärker würden: Ihre Machtbasis schwindet.

4
Landwirtschaft – Anders ackern

Geheimnisvoller Urwaldboden

Am Anfang stand ein Rätsel. Als die Spanier im 16. Jahrhundert Lateinamerika eroberten, stießen sie am Amazonas auf große Städte – doch wie konnten dort damals so viele Menschen ernährt werden? Schließlich ist der Boden im Dschungel sehr nährstoffarm, weil so gut wie alle Mineralien in den dort lebenden Organismen gespeichert sind; ein langfristiger und ertragreicher Ackerbau ist deshalb kaum möglich. Erst vor einigen Jahren lüfteten Forscher das Geheimnis: Sie entdeckten größere Flächen überaus fruchtbarer Schwarzerde.

Nach und nach fanden sie heraus, dass diese „Terra Preta", wie sie auf Portugiesisch heißt, vor 7000 Jahren bis zum Eintreffen der europäischen Eroberer von Menschen hergestellt worden ist und neben Mist und Fäkalien auch Tonscherben, organische Abfälle und Holzkohle enthält. Mehr als zehn Prozent dieser Erde sind Humus – organische Substanzen aus abgestorbenen Pflanzen, die Lebensgrundlage vielfältiger Bodenorganismen sind und damit der entscheidende Faktor natürlicher Fruchtbarkeit. Dagegen finden sich auf einem traditionellen Acker gerade einmal zwei bis drei Prozent. Humus ist aber nicht nur überaus fruchtbar, sondern kann auch auf Dauer große Mengen klimaschädliches Kohlendioxid binden.

Haiko Pieplow, Bodenkundler und Beamter im Bundesumweltministerium, hatte im Jahr 2002 einen Fernsehbericht über die schwarze Erde gesehen und war sofort fasziniert. In seiner Freizeit begann er zu recherchieren und auszuprobieren: Wie nur hatten die Indios das damals hingekriegt? Sein Öko-Haus mit Garten am Stadtrand von Berlin wurde zum Experimentierfeld.

Vor dem Studium hatte Pieplow eine Ausbildung in einem landwirtschaftlichen Betrieb absolviert und war seither skeptisch, was die gegenwärtig übliche Bodenbearbeitung angeht. Schließlich besteht ein hochindustrialisierter Acker sogar nur zu einem Prozent aus Humus, Wälder bringen es immerhin auf vier und Weiden sogar auf fünf Prozent. Im Klartext: Der Boden eines modernen Mais- oder Kornfelds ist extrem nährstoffarm und damit kaum fruchtbar. Um das auszugleichen, verteilen die Bauern mineralischen Stickstoffdünger aus Chemiefabriken auf dem Boden, und die Pflanzen nehmen die künstlichen Nährstoffe mehr oder weniger unmittelbar auf. Doch diese synthetischen Stoffe beeinträchtigen viele Pilze, Bakterien und Kleintiere im Boden und es kommt es zu einem schleichenden Humusabbau. In einem gesunden Boden leben dagegen Bodenorganismen in Symbiose mit den Wurzeln, reagieren auf deren chemische Signale und tragen somit entscheidend zur bedarfsgerechten Versorgung der Pflanzen bei. Nach deren Absterben verwandeln sie Wurzeln und andere Rückstände in Humus, so dass die nächste Pflanzengeneration noch bessere Bedingungen vorfindet.

Durch den häufigen Einsatz von Kunstdünger wird dieser natürliche Kreislauf jedoch immer wieder empfindlich gestört. Um auch längerfristig anständige Erträge zu erzielen, muss immer neuer Kunstdünger ausgebracht werden. Doch dieser Umgang laugt die Erde aus: Mehr als ein Drittel der weltweit degradierten Böden ist auf solche Praktiken zurückzuführen.[171] Jahr für Jahr gehen riesige Mengen Humus verloren. Darüber hinaus belastet diese Wirtschaftsweise in hohem Maß das Klima: Etwa 14 Prozent der Treibhausgase stammen heute aus der Landwirtschaft, während die Äcker so gut wie kein Kohlendioxid im Humus binden.

Traditionelle Landwirtschaften sind in jeder Beziehung umwelt- und klimafreundlicher. Sie nutzen alle natürlichen Nährstoffe, derer sie habhaft werden können, um die Fruchtbarkeit des Bodens zu erhöhen – von der Kartoffelschale über den Kuhmist bis hin zu menschlichen Fäkalien. Das hatten auch die Indios getan – doch ihre Methode musste aufgrund des noch deutlich höheren Humusgehalts viel wirkungsvoller gewesen sein als unser heutiges Kompostieren, überlegte Pieplow. Was ihn besonders irritierte war, dass Terra Preta auf jeden Fall nicht nur aus Fäkalien und Kochabfällen, sondern irgendwie mit Hilfe von Holzkohle hergestellt worden sein musste – was ganz und gar nicht zur Lehrmeinung passte, dass Kohle unfruchtbar ist. Und dann kam ihm bei der Betrachtung seiner selbstgebauten Pflanzenkläranlage irgendwann der entscheidende Gedanke: Auf der Aktivkohle hatte sich ein lebendiger Bakterienflaum gebildet; sie schien diesen fleißigen Mikroorganismen eine angenehme Behausung zu bieten.

Inzwischen weiß Pieplow, wie man Terra Preta herstellt – und hat entdeckt, dass es viele andere Menschen in Afrika, Lateinamerika, Asien und Europa auch schon mal wussten oder sogar noch wissen. „Das sind vor allem Kenntnisse von Frauen, die in der Regel nirgendwo aufgeschrieben sind", sagt der promovierte Agraringenieur. Im deutschsprachigen Raum versucht er zusammen mit einem Netzwerk aus Theoretikern und Praktikerinnen das Terra-Preta-Wissen zu erweitern und zu verbreiten.

Die besondere Wertstoffsammelstelle

Die Technik in Haiko Pieplows Haus ist so wirkungsvoll wie unspektakulär: Unter dem Klositz befindet sich ein Eimer, der luft- und geruchsdicht verschließbar ist. Nach jedem großen Geschäft kommt ein Schippchen Holzkohle drauf, die mit Milchsäurebakterien angereichert ist – winzige Lebewesen, die auch auf Obst und Gemüse leben und zum Beispiel dafür sorgen können, dass aus Kohl nahrhaftes und haltbares Sauerkraut wird; früher haben Hausfrauen sie als natürliches Fensterputzmittel geschätzt. Unter Ausschluss von Sauerstoff läuft in dem Eimer ein mehrwöchiger Fermentationsprozess ab. Selbst beim Öffnen des Eimerdeckels riecht es nur ein wenig, und wer das Badezimmer der Pieplows betritt, merkt überhaupt nichts.

Getrennt von den Fäkalien wird der Urin gesammelt. Im Verhältnis 1:10 mit Wasser verdünnt ist der Urin ein willkommener Dünger: Im Pieplowschen Wintergarten wachsen Granatäpfel, Weintrauben und Feigen – alles gesunde und kräftige Pflanzen, und im Garten wuchern Blumen und Gemüse.

Das Fäkalien-Holzkohlegemisch wird dagegen zusammen mit Küchenabfällen in einem größeren, gut verschließbaren Windeleimer einige Monate lang gelagert, bevor das Ganze auf den

Kompost kommt. Auf Würmer wirkt die jetzt bereits recht erdige Substanz magisch anziehend: Sie fressen sich durch die Nährstoffe und erzeugen dabei die überaus fruchtbare Schwarzerde. Die damit zu erzielenden Ernteerträge sind erstaunlich, wie sich sowohl beim größten europäischen Feldversuch im französischen Wallis als auch auf dem Hengstbacherhof in der Pfalz beobachten lässt. Zudem muss dort im Vergleich zu den Nachbargrundstücken kaum gewässert werden, bestätigen auch internationale Wissenschaftler.[172]

„Ich dünge nicht den Boden, sondern ich füttere Organismen, die dann für einen nährstoffreichen Boden sorgen, aus dem sich die Pflanzen bedarfsgerecht und gesund ernähren können", fasst Haiko Pieplow das Prinzip der Methode zusammen. Unhygienisch oder gesundheitsgefährdend sei das alles nicht: Schließlich halten die in der Kohle siedelnden Kleinstlebewesen die pathogenen Bakterien in Schach, die die Fäkalien bei offener Lagerung in eine stinkende Fäulnis voller Krankheitserreger verwandeln und Schwärme von Fliegen anlocken würden.

Richtig eingesetzt könnte Terra Preta karge und trockene Böden landwirtschaftlich nutzbar machen und damit die Lebensgrundlage der wachsenden Menschheit verbreitern. Denn wo viele Menschen sind, fallen auch viele Exkremente an – und ein Drittel der Bakterienarten, die im menschlichen Darm siedeln, sind auch in fruchtbarer Erde anzutreffen. Einmal mehr zeigt sich daran, wie eng und vielfältig alles Lebende miteinander verbunden ist. Jedes Wesen – egal ob Mensch, Tier, Pflanze, Pilz oder Bakterie – nimmt organische und anorganische Substanzen auf und verändert sie durch seinen Stoffwechsel. Was es gebrauchen kann, baut es bei sich ein, den Rest scheidet es aus – und schafft damit die Lebensgrundlage für andere. So entstehen überaus komplexe Vernetzungen und Rückkopplungen, bei der jede Art ihre Umgebung prägt, verändert und von ihr abhängig ist.

Selbst Forscher können die Zusammenhänge nicht im Detail durchschauen, zumal sich der Prozess laufend weiterentwickelt – und trotzdem gehört ein intuitives Verständnis solcher Kreisläufe beispielsweise im ländlichen China seit jeher zum Alltagswissen.

Dort wird menschlicher Kot intensiv gesammelt, und Gastgeber dürfen traditionell von ihren Besuchern erwarten, dass sie nach einer guten Mahlzeit vor der Verabschiedung auf jeden Fall zur Toilette gehen.[173] Der Chemiker Justus von Liebig wies bereits im 19. Jahrhundert darauf hin, dass die chinesische Bevölkerung ständig gewachsen sei, ohne dass der Boden unfruchtbar geworden wäre. Auch er führte das darauf zurück, dass man dort den Feldern das, was man ihnen durch die Ernte entzogen hatte, in Form von menschlichem Dünger zurückgab.[174]

Dagegen gelten Ausscheidungen in unserem Kulturkreis als eklig und tabuisiert. „Jedes Mal wenn wir die Wasserspülung betätigen, im Glauben, eine hygienische Handlung zu vollziehen, verstoßen wir gegen kosmische Gesetze",[175] schrieb der Künstler Friedensreich Hundertwasser Mitte der 70er-Jahre und formulierte schnörkellos: „Der Kreislauf vom Essen zur Scheiße funktioniert. Der Kreislauf von der Scheiße zum Essen ist unterbrochen." Er riet schon damals zum Bau von Komposttoiletten.

Wer Terra Preta selbst herstellen oder sich weitergehend informieren will, sollte folgende Homepages besuchen:

www.ithaka-journal.net
www.triaterra.de
www.palaterra.eu

Die heutige Landwirtschaft fördert den Hunger

Die Agrarpolitik der vergangenen Jahrzehnte hat die Verarmung der Böden gefördert. Sie begünstigte Massenproduktion, bei der auf weiten Feldern eine einzige Pflanzensorte wächst, die mit Hilfe von Stickstoffdünger, Insektiziden und Unkrautvernichtungsmitteln Höchsternten erbringt. Solche durchrationalisierten, auf nur wenige Produkte zugeschnittenen Agrarbetriebe kommen mit wenig Personal aus: Chemikalien machen das Unkrauthacken überflüssig, und große Maschinen erledigen die Ernte riesiger

Felder in Stunden. Standardisiertes Saatgut, aus Erdöl hergestellte Pflanzennahrung und Bewässerung gleichen die regionalen Besonderheiten weitgehend aus. Viele Sorten gedeihen ebenso gut in Deutschland wie in Mexiko oder Schweden. So werden die Bauern weltweit zu Konkurrenten, egal wie weit voneinander entfernt ihre Höfe liegen.

Keinen anderen Bereich subventioniert die EU so stark wie die Landwirtschaft: Jährlich überweist sie dafür 56 Milliarden Euro. Viele Jahre orientierte sich die Unterstützung an den produzierten Mengen, inzwischen spielt die Betriebsgröße die entscheidende Rolle. Doch die Hauptprofiteure sind die gleichen geblieben. Zwar bringen mittlerweile auch Umweltschutz und Landschaftspflege ein paar Euro in die Kasse, doch die EU-Prioritätensetzung ist nach wie vor eindeutig: 1,5 Prozent Großbetriebe kassieren 30 Prozent der Agrarsubventionen, während die kleinsten 50 Prozent mit 5,4 Prozent der Unterstützungsgelder abgefertigt werden.[176]

Lange hatte sich die Bundesregierung geweigert, die Namen der deutschen Subventionsempfänger zu veröffentlichen, wurde dann aber schließlich von der EU dazu gezwungen. Den größten Reibach machen keineswegs Bauern, sondern Konzerne wie die Nordmilch-Molkerei, die 2009 satte 51 Millionen Euro kassierte und im Folgejahr erneut mit fast 9 Millionen Euro bedacht wurde. Dahinter auf Platz zwei rangierte 2009 Südzucker aus Mannheim mit 43 Millionen. Auch RWE, BASF und sogar der Rüstungskonzern Rheinmetall greifen viel Geld aus der EU-Agrarkasse ab, Rheinmetall für die Forstverwaltung einer niedersächsischen Schießanlage. Unter den originär landwirtschaftlichen Betrieben führen Fleischproduzenten wie die Osterhuber Agrar GmbH in Mecklenburg die Liste an, wo gerade einmal 130 Menschen ein 7000 Hektar-Gelände bewirtschaften und 24.000 Rinder mästen. Etwa die Hälfte der Landwirte erhält dagegen weniger als 5000 Euro Unterstützung aus der EU-Kasse.[177] Inzwischen sind die Daten nur noch unvollständig zugänglich, nachdem einige Subventionsempfänger gegen weitere Veröffentlichungen geklagt hatten. So erfährt der interessierte Zeitgenosse nichts mehr über den Verwendungszweck der Gelder, und einige Summen sind nach Recherchen des Bundes für Umwelt und Naturschutz viel zu niedrig ausgewiesen.[178]

Bei alledem kann nicht verwundern, dass immer weniger Betriebe über immer größere Ländereien verfügen, was ökonomisch-abstrakt als „Strukturwandel" bezeichnet wird. Existierten 1960 noch fast 1,4 Millionen Bauernhöfe in Westdeutschland, so waren es zehn Jahre später schon weniger als 1,1 Millionen. Heute verzeichnet das statistische Bundesamt nur noch 300.000 landwirtschaftliche Betriebe – für Gesamtdeutschland.

Die hohen öffentlichen Hilfen haben die EU seit einigen Jahren zum Exportweltmeister von Agrarprodukten gemacht. Zu Preisen weit unterhalb der Herstellungskosten überschwemmen ihre Produkte die Weltmärkte und rauben damit Millionen von Kleinbauern auch in Asien und Afrika die Existenzgrundlage. Zugleich beansprucht Europa in Entwicklungsländern Agrarflächen für Viehfutter und Energiepflanzen, die zusammengerechnet noch einmal etwa so groß sind wie 20 Prozent der Äcker und Weiden in Europa selbst.[179]

Noch nie haben so viele Menschen gehungert, obwohl weltweit mehr Lebensmittel pro Kopf produziert werden als je zuvor.[180] Nicht die fehlenden Mengen sind das Problem, sondern die ungleiche Verteilung. Ausgerechnet auf dem Land haben viele Menschen nicht genug zu essen, weil nebenan auf Plantagen Pflanzen für den Export wachsen. Die Hälfte des global erzeugten Getreides landet heute in Futtertrögen, wird verheizt oder zu Sprit verarbeitet.[181]

„Weiter so ist keine rationale Option"

2008 wurde der Weltagrarbericht verabschiedet, der von der Weltbank und der Welternährungsorganisation FAO in Auftrag gegeben wurde. Die zentralen Fragen lauteten: Wie können Hunger und Armut am besten reduziert und wie Ernährung und Gesundheit verbessert werden? Über 400 Wissenschaftlerinnen und

Wissenschaftler aus aller Welt haben daran mitgearbeitet – von Biologen und Chemikerinnen über Ökonomen bis hin zu Medizinerinnen, Geografinnen, Meteorologen und Vertreterinnen traditionellen Wissens. Ihr eindeutiges Urteil: „Weiter so ist keine rationale Option."[182]

Zunächst waren auch die großen Agrarkonzerne an der Ausarbeitung beteiligt. Doch sie wollten die Ergebnisse schließlich ebenso wenig unterschreiben wie die Regierungen der USA, Kanadas und Deutschlands. Der parlamentarische Staatssekretär Gerd Müller (CSU) aus dem Landwirtschaftsministerium begründet die Haltung der Bundesregierung so: Im Weltagrarbericht „sind überwiegend bekannte Fakten zusammengetragen worden, die bereits seit längerem auch den Prinzipien der deutschen Entwicklungspolitik .... zugrunde liegen." Deshalb sei eine Unterzeichnung „entbehrlich."[183]

Tatsächlich aber widersprechen die Ergebnisse der Wissenschaftler fundamental dem, was die deutsche Politik jahrzehntelang gefördert hat. Der Weltagrarbericht stellt eindeutig klar, dass eine kleinteilige, vielfältige Landwirtschaft wesentlich produktiver ist als großflächige Monokulturen. Weltweit stellen heute Bauern mit weniger als zwei Hektar Fläche etwa die Hälfte der Nahrungsmittel her. Wo Kleinbauern die Chance haben, regional angepasst zu ackern, erzielen sie deutlich höhere Erträge als die hochindustrialisierten Betriebe auf einem vergleichbar großen Gelände. Eine so strukturierte Landwirtschaft könnte alle Menschen nicht nur mit ausreichender, sondern auch mit gesunder Nahrung versorgen, die sowohl genügend Kalorien als auch Vitamine und Mineralien enthält. Das wäre nicht nur gut für die Unterernährten, sondern auch für die etwa eine Milliarde Übergewichtigen. Die Autorinnen und Autoren des Weltagrarberichts fordern, die Forschung endlich in diese Richtung umzuorientieren. Außerdem heben sie hervor, dass eine kleinteilige Landwirtschaft wesentlich mehr Menschen Arbeit bietet und klimafreundlicher ist als Monokulturen.[184] Schließlich spart sie auch noch knappes Süßwasser, das gegenwärtig zu 70 Prozent von der Landwirtschaft verbraucht wird.[185]

Paradies mit enormen Erträgen

Wer Margarete und Jakobus Langerhorst besucht, durchquert zuerst ein aus rohen Ästen gefertigtes Tor und läuft dann eine Weile durch einen kühlen Nussbaum-Wald. Neben dem zweistöckigen Wohnhaus öffnet sich der Blick in die weite Landschaft. Kaum zu glauben: Bis 1973 war das alles hier ein monotoner Getreideacker. Jetzt umschließen hohe Laubbäume einen Gemüse- und Obstgarten, den viele Besucher im Gästebuch als „Paradies" bezeichnen. Auf Beeten von der Grundfläche von Einfamilienhäusern gedeihen Bohnenbüsche und Kohlköpfe, Rettiche, Rote Beete, Lauchstangen und Möhren. Tomaten ranken sich an Leinen hoch, die an einem aus Zweigen konstruierten Reck hängen, dazwischen wachsen üppige Himbeer- und Brombeerbüsche; riesige Erlenhecken geben wuchernden Kiwipflanzen Halt. Weiter unten reifen Dutzende Apfelsorten, Pflaumen und Esskastanien, und nebenan senkt sich ein Stück Wald hinab zu einem Bach.

1,29 Hektar Garten und 1,6 Hektar Wald bewirtschaften Margarete und Jakobus Langerhorst in Gugerling, einem winzigen Dorf in Oberösterreich. Damit erzeugen die beiden etwa vier Fünftel der Nahrung, die sie, ihre drei noch zu Hause lebenden Kinder und zahlreiche Besucher vertilgen. Alles, was hier auf den Tisch kommt, ist völlig ohne tierische Produkte zubereitet – also vegan. „Wir wollen die Tiere nicht nutzen, sie sind unsere kleinen Brüder", erklärt die 61-Jährige auf Nachfrage. Die Frau mit dem grauen Zopf und den freundlichen Augen hat nichts Missionarisches. „Jeder muss seinen Weg finden und das tun, was er für richtig hält."

Sonnenblumenkerne, Fenchel, Leinsaat, Sesam, Margarine und Brot kaufen die Langerhorsts; das Geld dafür verdienen sie, indem sie einmal pro Woche Postpakete mit ihren Produkten an Kunden in der Region verschicken, Stecklinge verkaufen und sonntagnachmittags Führungen durch ihren Garten abhalten. Darüber hinaus kommen inzwischen aber auch sonst viele Menschen vorbei – Landwirtschaftsstudenten, die ihre Abschlussarbeit schreiben, Praktikanten jeden Alters, die Tage oder Wochen mitarbeiten, und manchmal sogar Interessierte aus Sri Lanka und anderen fernen Ländern.

Mischkultur nennen die Langerhorsts ihre Art des Gärtnerns, über die sie schon zwei Bücher geschrieben haben.[186] „Die Pflanzen ergänzen und fördern sich gegenseitig", beschreibt Margarete eines der zentralen Prinzipien. Anders als bei der biologisch-dynamischen Wirtschaftsweise sind Kühe und andere Nutztiere nicht notwendig, um die natürlichen Kreisläufe in Schwung zu halten.

Jedes Frühjahr säen die beiden die Gemüsesorten 40 Zentimeter neben dem Standort des Vorjahres – eine Art rollierendes System, das wie eine parallel organisierte Fruchtfolge funktioniert und den Boden im Gleichgewicht hält. Dabei beachten die Langerhorsts die Vorlieben der Pflanzen, die sie in vielen Jahren beobachtet haben: Sellerie und Bohnen mögen sich, während Mangold neben roten Beeten oder Spinat kümmert. Alle paar Reihen legt Margarete Langerhorst einen schmalen Weg aus Weißklee an, der mehrfach im Sommer abgerupft und als Mulchkissen für die nebenstehenden Pflanzen genutzt wird. Das hält nicht nur das Unkraut niedrig, sondern düngt auch den Boden. Alle Methoden sind im Grunde einfach und zielen darauf ab, auf wenig Fläche sehr viele gesunde Lebensmittel zu erzeugen.

In den ersten Jahren bevölkerten Hunderte von Schnecken den Boden – das Ausmaß der Plage war für den jungen Betrieb existenzbedrohend. Margarete und Jakobus Langerhorst beobachteten, dass sich die Tiere vor allem auf den relativ nährstoffarmen Böden tummelten. Sie trugen die Tiere in den Wald – sie zu töten, wäre ihnen nicht in den Sinn gekommen. „Die Natur bringt nichts hervor, was nicht gebraucht wird. Wenn uns etwas schadet, müssen wir herausfinden, warum es da ist und welche Funktion es hat", erklärt die gelernte Hauswirtschafterin Margarete Langerhorst ihre Sicht der Dinge. Inzwischen ist sie sicher, dass die Schnecken die Aufgabe haben, schwache Pflanzen zu fressen, denen es an Mineralien und Humus mangelt.

Durch fleißiges Mulchen und Ausbringen von Kompost übernahmen die beiden diese Rolle in den nächsten Jahren selbst. Zur Verwunderung der Nachbarn bauten sie sogar Brennnesseln an, weil sie nicht nur ein Humuserzeuger sind, sondern viel Eisen enthalten und darüber hinaus auch noch essbare Blüten und die Grundlage für einen kalten Tee liefern. Die Arbeit hat sich gelohnt: Heute kriecht fast keine Schnecke mehr zwischen den kraftstrotzenden Gemüsepflanzen.

Dagegen akzeptieren die Langerhorsts, dass die Eichhörnchen fast alle Haselnüsse vernaschen; die Baumkletterer mit den Buschelschwänzen haben sich in den letzten Jahren stark vermehrt, nachdem Jäger die letzten Dachse in der Region ausgerottet hatten. Auch ein erheblicher Teil der Beeren landet nicht in ihren Enteeimern, weil Vögel sie wegpicken. Doch Jakobus zuckt mit den Schultern: „Für uns bleibt ja noch genug übrig." Statt die Tiere durch Lärm oder blinkende Aluminiumstreifen zu verschrecken, versucht er sie mit Leckerbissen abzulenken: Wenn die Himbeeren reif sind, leuchten ein paar Meter entfernt auch schon die roten Früchte des Schneeballs, die für Menschen kaum genießbar sind, Vögeln dafür besonders gut schmecken.

Für die Vorräte hat die Familie nicht nur eine große Kammer, sondern auch eine 500-Liter-Kühltruhe, so dass es auch im Winter vitaminreiche Kost gibt. Das Holz für Herd und Ofen stammt aus dem eigenen Wald, und auch ein Großteil der Möbel ist daraus geschreinert. „Wir sind anders als die meisten, aber keine Eigenbrötler", sagt Magarete. Sie teilt ihr Wissen gerne – wenn sie gefragt wird. Es anderen aufdrängen oder ihnen gar Vorschriften machen wollen, ist ihre Sache nicht. Ihr Nachbar hat eine konventionelle Schweinezucht – für die Langerhorsts war das nie ein Problem. Sie freuen sich, dass er ihnen regelmäßig frisch gemähtes Gras zum Mulchen vorbeibringt.

Nestlé, Aldi und Lidl diktieren die Preise

Wurden landwirtschaftliche Produkte früher in der nahen Umgebung verarbeitet, verkauft und gegessen, so beherrschen heute wenige Großaufkäufer den Weltmarkt. Die Landwirte bekommen meist nur einige Brosamen vom Verkaufserlös – den Reibach machen internationale Getreidehändler und Verarbeiter wie Cargill, Lebensmittelkonzerne wie Nestlé sowie Einzelhandelsketten wie Aldi und Metro.

In Deutschland wickeln inzwischen nur noch sechs Konzerne 90 Prozent des Endkundengeschäfts mit Lebensmitteln ab[187] – 42 Prozent der Waren laufen über die Kassenfließbänder eines Discounters. Die machen extremen Druck auf die Erzeuger: Nur wer zuverlässig große Mengen billig liefert, kann seine Waren dort loswerden. Der Milchpreis ist für die meisten Landwirte schon seit Jahren nicht mehr kostendeckend, viele haben irgendwann aufgegeben. Im Frühjahr 2008 sah es dann für kurze Zeit so aus, als ob die Bauern gemeinsam doch etwas ändern könnten: Zehn Tage lang schütteten Tausende ihre Milch in die Gullis. Ihr Lieferboykott schien Erfolg zu haben: Aldi, Lidl, Rewe und Edeka kündigten Preisaufschläge von 7 bis 10 Cent pro Liter an. Doch schon wenige Monate später kehrten die Händler zu ihrer Dumpingpolitik zurück; weil in Deutschland mehr Milch produziert als getrunken wird, sind sie in der Machtposition. Und die wird sogar noch stärker, weil die EU-Politik die Milchmenge in den kommenden Jahren sogar weiter erhöhen will. Die Bilanz ist bitter: Während die Verbraucherpreise seit dem Jahr 2000 um sechs Prozent gestiegen sind, bekamen die Bauern im gleichen Zeitraum 17 Prozent weniger.[188]

Rechtschaffen und lustvoll das Tagwerk vollbringen

Schon Mitte der 80er Jahre hing es ein paar Leuten im bayerischen Dorfen zum Hals raus, auf solche Lebensmittelhändler angewiesen zu sein. Ein bunt gemischtes Grüppchen aus Friedensbewegten und Umweltschützern, Linken und Christen zog sich deshalb für ein Wochenende in ein Kloster zurück und diskutierte Grundsätzliches: „Zwingen uns die Verhältnisse, so lange ein Leben auf Kosten anderer und der Umwelt zu führen, bis wir diese verändern, oder gibt es ein richtiges Leben im falschen?"[189] Als sie ihre Klausur beendet hatten, waren die Leitlinien ihres Gegenmodells klar: „Wir wollen überschauen können, was wir tun. Wir wollen verstehen können, wie es funktioniert. Wir wollen verantworten können, was wir tun."[190] Sie gründeten eine Erzeuger-Verbraucher-Gemeinschaft mit zunächst einem Biobauern, stellten sich auf Märkte, verkauften Eier und Gemüse, und als sie ihre Waage einmal vergessen hatten, half eine Kinderärztin flugs mit ihrem Gewichtsmessgerät für Babys aus. Man hatte Spaß, die Gruppe wuchs und vor allem nach dem Reaktorunfall in Tschernobyl gab es viel Zulauf.

Inzwischen ist die Tagwerk-Genossenschaft längst eine Institution in der Region: Etwa 500 Abnehmer und 100 Erzeuger, vom Imker über den Bauer bis zum Metzger sind Mitglieder, hinzu kommen Tausende Kunden. Immerhin 20 Menschen beschäftigt das Unternehmen, das mittlerweile einen Jahresumsatz von drei Millionen Euro erzielt. Tatsächlich stößt Tagwerk aber wohl drei bis fünfmal so viel Wirtschaftsgeschehen an; schließlich sind die acht Tagwerk-Läden in Dorfen und den umliegenden Orten seit ein paar Jahren ökonomisch selbständig.

Wie so viele, die im Unternehmen Verantwortung übernommen haben, ist die frühere Vorstandsfrau und heutige Aufsichtsrätin Inge Asendorf „da einfach so reingerutscht." Früher hatte sie in einem Forschungsinstitut gearbeitet und dann traf sie in ihrer Erziehungszeit bei Tagwerk „so lustige, interessante Leute." Sie ließ den wissenschaftlichen Ehrgeiz fahren und organisierte voll Spaß am Neuen erst einmal den Einkauf der Genossenschaft. Auch alle anderen waren Quereinsteiger – und Überzeugungstäter. Entsprechend intensiv waren viele Diskussionen: Soll man nicht besser ganz auf Computer und Taschenrechner verzichten? Darf überhaupt irgendwas im Sortiment mehr als 50 Kilometer antransportiert werden? Viele Dinge aber gibt es nun mal nicht im 50-Kilometer-Umkreis, und auch die Leute in Dorfen, Freising und Erding wollen ab und zu Nudeln essen. Durch Zufall und persönliche Kontakte kam die Verbindung zu einer italienischen Kooperative zustande, die Spagetti und Spirelli liefert. Auch Kieler Sprotten und Ananas sind heute im Lager zu finden. „Wir versuchen aber auch, die Bauern in der Umgebung zu motivieren, dass sie was Neues ausprobieren", berichtet Inge Asendorf. So hat ein Schweizer Käser einigen Landwirten sein Handwerk beigebracht, und ein Bauer sät jetzt Soja für die Tofuherstellung. Die Herkunft sämtlicher Tagwerk-Produkte ist für jeden Kunden sofort durchschaubar: Auf dem Etikett steht die exakte Adresse des Lieferanten. Die Genossenschaft nimmt den Erzeugern so viel ab, wie sie selbst vermarkten kann; für den Rest ist jeder selbst verantwortlich.

Mengenrabatte gibt es bei Tagwerk nach wie vor nicht, doch vom Einheitslohn hat man sich vor ein paar Jahren verabschiedet. Während es früher Konsens war, dass Nachtarbeit nicht infrage kommt, müssen mehrere Fahrer nun schon um zwei Uhr starten, damit die Frischware frühmorgens in den Läden liegt. „Für Aldi tät ich das aber nicht", benennt einer von ihnen den deutlich gefühlten Unterschied. Auch die Tomaten-im-Winter-Frage ist inzwischen entschieden: Es gibt sie. „Es war bitter, das zu akzeptieren, aber alles andere war praxisfern. Wenn die Leute Tomaten haben wollen und wir die nicht anbieten, gehen sie eben anderswohin", meint Hanna Ermann, die in der Zentrale arbeitet. Resi Empl, Betreiberin des Ladens in Dorfen, leidet manchmal richtig an diesem Widerspruch: „Eigentlich kann ja ich bestimmen, was es hier gibt, aber man muss irgendwie doch mitschwimmen." Sie selbst jedenfalls kocht im Winter viel mit Kraut, roten Beeten und Sellerie – und verkauft neben den ungeliebten Tomaten auch jahreszeitlich-regionale Kochbücher, die ein Tagwerk-Genosse verfasst hat.

Tagwerk ist längst nicht das einzige Beispiel, das die schlechten Produktions- und Vermarktungsstrukturen für Landwirte durchbrochen hat. Auch anderswo sind Bauern und Verbraucher zusammengerückt. Das hat nicht nur mit Moral und gemeinsamer Verantwortung zu tun, sondern auch mit Qualität und Sinnlichkeit. So findet die aus Italien stammende Slow-Food-Bewegung auch in Deutschland immer mehr Anhänger. Die Organisation mit dem Schneckenlogo steht für genussvolles, regionales Essen – im scharfen Kontrast zum Fast Food, das auf der ganzen Welt gleich aussieht und vor allem die Funktion des Sattmachers hat. Eine enge Verbindung von Bauern und Konsumenten gehört hier ebenso zum Konzept wie gemeinsame Gourmetmahlzeiten, bei denen die Köchin weiß, wie das Kaninchen gelebt hat, das sie gerade zubereitet. Alles braucht seine Zeit – das gilt sowohl im Stall wie am Herd. Gegenwärtig gibt es in Deutschland 78 Tafelrunden, in Österreich sind es 17 und in der Schweiz 19 Gruppen.

www.slowfood.de
www.slowfoodaustria.at
www.slowfood.ch

Vielfalt statt Masse auf dem Buschberghof

Es waren aber nicht nur Konsumenten, die in den vergangenen Jahrzehnten die Initiative für neue Lieferbeziehungen ergriffen, sondern ebenso Landwirte. Ein Beispiel dafür ist der Buschberghof in Fuhlenhagen – etwa eine halbe Autostunde östlich von Hamburg.

In einem Schuppen neben dem Wohnhaus steht eine Getreidemühle aus Holz, die an Max und Moritz erinnert. Damit verarbeitet Karsten Hildebrand das von ihm angebaute und geerntete Korn. Im gegenüberliegenden Gebäude hat ein großer

Ofen seinen Platz, der ebenfalls an Wilhelm Busch denken lässt. Dort backt Johanna Hildebrand jede Woche mehrere hundert Brotlaibe. Vorne auf einer kleinen Weide suhlen sich Schweine, hinten haben die Hühner ihren Auslauf, und ein Stück aus dem Dorf raus beginnen die Gemüsefelder – schmale, vielfältige Streifen mit Rettich, Möhren, Sellerie, Salat, Fenchel, Kohl, Brokkoli und vielem mehr, was das Vegetarierherz begehrt. Auf einem sanften Hügel liegt der zweite Teil des Hofes – ein in Pastelltönen gestrichener, anthroposophischer Bau und gegenüber der Kuhstall.

„Wir haben einen Weg gefunden, damit unser Betrieb nicht wachsen muss", fasst Johanna Hildebrandt zusammen. Und ihr Mann ergänzt: „Bei uns sind Geld und Warenfluss völlig getrennt. Deshalb haben wir keinen Druck, uns zu spezialisieren und können eine große Vielfalt gesunder Lebensmittel produzieren."

Seit über 25 Jahren bewirtschaften die beiden zusammen mit vier anderen Pächtern einen der ersten Demeterhöfe Schleswig-Holsteins. Bereits in den 50er Jahren war der ein weitgehend geschlossener Organismus, bei dem die Tiere mit hofeigenem Futter versorgt werden und ihr Mist die Felder düngt. Schon als das Paar hier anfing, gehörte der Betrieb einem gemeinnützigen Träger – die früheren Eigentümer hatten auf diese Weise abgesichert, dass der Boden auch weiterhin biologisch-dynamisch bewirtschaftet wird. „Wir aber wollten mehr. Wir waren ein junges Team und diskutierten viel mit Freunden und Kunden", erzählt Johanna Hildebrandt. Der Super-GAU in Tschernobyl hatte Produzenten und Konsumenten näher zusammengebracht: Allen war überdeutlich geworden, dass auch verantwortungsvoll ackernde Bauern gefährlichen Umwelteinflüssen ausgeliefert sind und unverschuldet um die Existenz gebracht werden können. Darüber hinaus empfanden es die engagierten Landwirte als lästig, neben Getreideanbau, Gemüseernte, Melken und Füttern auch noch einen Hofladen und einen Marktstand betreiben zu müssen.

„Da kam uns die Idee mit der Selbstversorgergemeinschaft. Die trägt die Unkosten für ein Jahr und der Betrieb produziert Lebensmittel für ein Jahr", beschreibt Karsten Hildebrand das Prinzip. In den USA gab es damals schon ein entsprechendes Vorbild, und auf dem Buschberghof funktioniert das nun auch schon seit 22 Jahren. Immer am letzten Sonntag im Juni trifft sich die Wirtschaftsgemeinschaft vor Ort. Mehrere Dutzend Konsumentenfamilien notieren dann auf einem grünen, mit Zeichnungen von Früchten und Pferden gerahmten Zettel, mit wie viel Geld sie sich im kommenden Jahr an der Finanzierung des Hofes beteiligen wollen. Wer gut verdient, sollte mehr als den monatlichen Richtwert von 150 Euro pro Erwachsenen und 75 Euro pro Kind notieren – wer knapp dran ist, kann einen geringeren Betrag eintragen. Anschließend rechnet Schatzmeister Wolfgang Stränz die Gebote zusammen und teilt der Versammlung mit, ob das Geld schon reicht, um die Kosten für Saatgut, eine anstehende Dachreparatur und den Schlachter zu begleichen. Auch ein sehr bescheidener Betrag für die Lebenshaltungskosten der sechs Landwirte gehört zum Haushaltsplan. Fehlt was, fordert Stränz alle Anwesenden auf, noch einmal in sich gehen oder verkündet, dass weitere Abnehmer gesucht werden müssten.

Etwas mehr als 400.000 Euro im Jahr benötigt der 101 Hektar große Buschberghof, der neben den rund 40 dort lebenden Menschen auch 300 weitere ernähren kann. Jeder erhält so viel Gemüse, Kartoffeln, Brot, Milch, Butter, Käse und Fleisch, wie er benötigt und wie der Hof hergibt. Immer dienstags herrscht Hochbetrieb. Grob vorsortiert stehen jetzt im Herbst Kisten mit Möhren, Lauch, Kohl, rote Beeten, Zwiebeln, Salat und Kartoffeln bereit, und auch Brot, Eier, Quark, Käse und Fleisch warten darauf, in einem Kofferraum verstaut zu werden. Manche Abholer nehmen den Bedarf für vier, andere für zehn Familien mit, manche bringen es bei den Abnehmern vorbei, andere Gruppen haben einen gemeinsamen Stützpunkt in einer Garage eingerichtet. „Wir machen die Landwirtschaft und die übernehmen die Verteilung – wie sie das organisieren, müssen sie selbst sehen", sagt Karsten Hildebrand trocken.

Annemaria und Wolfgang Heitmann beziehen bereits seit 17 Jahren fast ihre gesamten Lebensmittel vom Buschberghof – nur Nudeln, Reis, Kaffee, Tee, Schokolade und ab und zu ein zusätzliches Stück Fleisch kaufen sie anderswo. „Man spürt die Jahreszeiten und merkt, was eigentlich normal ist", berichtet die 64-jährige. Kommen die Kühe in den Stall oder steht die Geburt mehrerer Kälber bevor, wird manchmal die Milch etwas knapp. Auch Fleisch gibt es in der Regel nur für eine Mahlzeit pro Woche. „Doch die Schnitzel sind exquisit, und das Gemüse ist immer überreichlich", schwärmt Annemaria Heitmann. Auch ihr Mann ist froh zu wissen, wo das gewachsen ist, was auf seinem Teller liegt. Als Programmierer hat er früher einmal für Schlachthöfe gearbeitet und dabei en passant mitgekriegt, wie Braten mehrfach eingefroren oder gammelige Koteletts durch Räuchern aufgepeppt wurden. „Das hat mir damals echt den Appetit verdorben." Den Bauern auf dem Buschberghof vertrauen die beiden voll und ganz – und teurer als entsprechende Einkäufe im Bioladen wird es für die Mitglieder der Wirtschaftsgemeinschaft auch nicht: Schließlich fallen null Cent für Verpackung, Verkaufsräume oder Reklame an, und der Aufwand fürs Auswiegen entfällt ebenfalls.

„Ich empfinde es als großen Luxus, mich als Bäuerin ausschließlich um die Landwirtschaft kümmern zu können und mir keinen Kopf zu machen über die Vermarktung", sagt Eva Otterbach, die zusammen mit ihrem Mann für 30 Milchkühe sowie die Käserei verantwortlich ist. Die gesamte Herde besteht aus Angler Rotvieh, einer vom Aussterben bedrohten norddeutschen Haustierrasse, deren Milch sehr eiweißhaltig und fettig ist und sich bestens zur Butter- und Käseherstellung eignet. Etwa 4500 Liter Milch pro Jahr gibt jedes der Tiere; eine konventionelle Holstein Friesian Kuh bringt es auf 10.000 bis 14.000 Liter.[191] Auf Holzbrettern im Keller reifen Tilsiter, Camembert, Bergkäse und Gouda, oben drüber im Stall haben die Kühe auch im Winter ausreichend Auslauf.

Neben zahlreichen Praktikanten und Auszubildenden gehören auch zwölf psychisch Kranke oder geistig Behinderte zur Hofgemeinschaft. Die auf hohe Qualität und Kleinteiligkeit orientierte Produktion benötigt viele helfende Hände – und vermittelt allen Beteiligten die Erfahrung, von der Gemeinschaft gebraucht zu werden.

Lange war das Wirtschaftsmodell in Fuhlenhagen ein Unikum in Europa. Doch Schatzmeister Wolfgang Stränz ist überzeugt, dass das Modell im Kommen ist. Zum einen suchen vielerorts kleinere landwirtschaftliche Betriebe nach Möglichkeiten, neben den auf große Mengen orientierten Billigproduzenten bestehen zu können. Zum zweiten sterben viele Höfe, weil es in der Familie keine Nachfolger gibt und sich junge Bauern die Übernahme nicht leisten können. Eine Wirtschaftsgemeinschaft wie in Fuhlenhagen kann in solchen Fällen eine Alternative sein. Tatsächlich gibt es in Deutschland inzwischen ein paar weitere Höfe, die sich ähnlich organisiert haben, und auf der Attac-Sommerakademie 2010 haben weitere Gruppen ihr Interesse bekundet. In Frankreich soll es inzwischen schon etwa tausend Abnehmergemeinschaften geben.

Eine außergewöhnliche Aktiengesellschaft

Eine andere Lösung für ähnliche Probleme hat Gärtnermeister Christian Hiß ersonnen, der im badischen Eichstetten bei Freiburg ebenfalls einen biologisch-dynamischen Hof betreibt. Seit er 20 war, baute er viele verschiedene Gemüsesorten an, zog sein eigenes Saatgut und hatte eine kleine Kuhherde. Bis ungefähr zur Jahrtausendwende konnte er ganz gut davon leben, danach aber wurde es immer enger. Der Grund dafür war ausgerechnet der damals einsetzende Bioboom: Zunehmend entstanden Großbetriebe, die sich – ähnlich wie die konventionelle Landwirtschaft – auf wenige Produkte konzentrierten. Sie verzichten zwar auf den Einsatz von Pestiziden und Kunstdünger, so dass ihre Produkte gesünder sind als das sonstige Massenangebot. Doch ein vielfältiger, sich selbst regulierender „Hoforganismus" ohne Zulieferungen von außen sind sie nicht. Was diese Konkurrenz für Hiß bedeutet, rechnet der 50-Jährige ganz kühl vor: „Auf einem Hof, der 70 verschiedene Gemüsesorten anbaut, betragen die Herstellungskosten für ein Kilo Biokarotten vielleicht zwei Euro. Ein Biobetrieb, der ausschließlich Karotten anbaut, hat nur 80 Cent Kosten. Finanziell hat dieser Betrieb also einen enormen Wettbewerbsvorteil."

Doch Hiß will nicht allein in Geld rechnen. Auch die Bodenfruchtbarkeit, die Biodiversität, das Landschaftsbild und die Lebensbedingungen der Beschäftigten haben schließlich einen Wert. In der traditionellen Bilanzierung gelten diese Faktoren jedoch entweder als irrelevant oder sie stehen auf der Kostenseite. Hiß grübelte, wie sich dieser Widerspruch auflösen lässt, ohne dabei pleite zu gehen. „Ich wollte in dem Bereich, in dem ich mich auskenne, eine Kapitalwirtschaft schaffen, die die sozialökologischen Effekte des Wirtschaftens in die Gesamtrechnung einbezieht." Er entschloss sich zu einem Fernstudium an einer britischen Uni, und dabei kam er auf die Idee, eine Aktiengesellschaft zu gründen – und damit ausgerechnet die Betriebsform, die von den meisten am stärksten mit Kapitalismus und Effizienz assoziiert ist.

Seit 2006 existiert die Regionalwert AG – und sie hat nach drei Kapitalerhöhungen immerhin schon ein Grundkapital von 1,7 Millionen Euro. Neun Betriebe in der Freiburger Umgebung gehören in unterschiedlichem Maß zum Unternehmen – neben mehreren Biohöfen und einem Weingut sind das ein Caterer, ein Bioladen, ein Bio-Großhändler, ein Hauslieferservice sowie ein Gasthaus. Doch Geschäftsführer Hiß will noch weitere Höfe in der Umgebung dazukaufen und an junge Bauern verpachten. Schließlich werden heutzutage viele Betriebe aufgegeben, weil sich kein Nachfolger in der Familie findet und es sich kaum ein junger Landwirt leisten kann, eine halbe Million Euro oder mehr für einen Hof aufzuwenden. In der Regel übernehmen deshalb die umliegenden Landwirtschaftsbetriebe die Äcker und Weiden. Genau das hatte Hiß auch in seinem Heimatdorf beobachtet: Die Zahl der Höfe halbierte sich innerhalb von 30 Jahren und die Übriggebliebenen wurden immer größer und technisierter.

„Ich dachte mir, die Bürger der Region müssten eigentlich ein Interesse haben, die Höfe zu erhalten und könnten als Kapitalgeber fungieren", so Hiß. Er hat sich nicht getäuscht: Etwa 460 Menschen haben bereits in die Bürgeraktiengesellschaft investiert. Wer Anteilsscheine kaufen oder weiterverkaufen will, braucht dafür die Zustimmung von Vorstand und Aufsichtsrat; so ist eine feindliche Übernahme ausgeschlossen. Auch die Macht eines potenziellen Großinvestors ist begrenzt: Mehr als 20 Prozent der Stimmen bekommt hier niemand. Darüber hinaus haben die Anteilseigner akzeptiert, dass sie ihr einmal investiertes Geld nicht wieder aus dem Unternehmen herausziehen können – schließlich ist Landwirtschaft eine auf lange Zeiträume angelegte Angelegenheit und deshalb für Spekulation denkbar ungeeignet. Nicht nur bedarf es vieler Jahre, um die Bodenfruchtbarkeit zu steigern; auch ein Stall oder Hofgebäude wird jahrzehntelang abgeschrieben.

Auf der jährlichen Hauptversammlung können die Aktionäre abstimmen, wie die Führungsgremien mit dem Spannungsfeld zwischen guter Landwirtschaft und Geldverdienen umgegangen sind – und wie es weitergehen soll. In der Bilanz stehen nicht nur die wirtschaftlichen Zahlen, sondern auch Infos zum Beispiel über die angebaute Vielfalt, den Ressourcenverbrauch oder das Lohnniveau in den Betrieben.

Bisher gab es noch keine Rendite, aber Geld verdienen soll die Regionalwert AG auf jeden Fall auch. „Eine Aktiengesellschaft kann es sich nicht leisten, auf Dauer finanzverzehrend zu arbeiten", erläutert Hiß. In die Kasse kommen nicht nur die Pachteinnahmen der Bauern und ein Teil der Gewinne, die sie erwirtschaften. Verdienen kann die Regionalwert AG vor allem durch die Betriebe, die die Lebensmittel verarbeiten und vermarkten, weil deren Gewinnmargen deutlich höher liegen. Als Netzwerk unterschiedlicher Betriebe schafft es die AG, im heutigen Wirtschaftssystem eine Landwirtschaft zu erhalten, die hohe ökologische und soziale Gewinne bringt. Dafür hat Christian Hiß schon einige Auszeichnungen eingeheimst – unter anderem vom Rat für Nachhaltige Entwicklung.

Das Modell einer Bio-Aktiengesellschaft scheint Schule zu machen: Im Raum München, auf der Schwäbischen Alb und in Wien gibt es bereits Initiativen, und im Berliner Umland haben sich auch erste Interessierte zusammengefunden. Christian Hiß hat einen Leitfaden geschrieben, was bei der Gründung einer Bürgeraktiengesellschaft zu bedenken ist: www.regionalwert-ag.de

In Brandenburg etwa 50 Kilometer östlich von Berlin liegt der Hof Apfeltraum, der ebenfalls als AG organisiert ist: www.hof-apfeltraum.de

Rein in die Kartoffeln, raus aus dem Kapitalismus

Nach traditioneller Wirtschaftslehre eigentlich ausgeschlossen ist die „nichtkommerzielle Landwirtschaft", die den Austausch zwischen Stadt und Land, zwischen Bauern und Kunden auf eine völlig neue Grundlage stellen will. Und doch funktioniert das Experiment in Berlin und Brandenburg nun schon seit mehreren Jahren. Und so sieht es im Alltag aus: Vor einem bunten Altbau in Berlin-Kreuzberg hält ein Laster. Neugierig blickt ein 65-Jähriger mit weißem Zopf und geringelten Pulswärmern in den Laderaum: Drinnen stapeln sich prall gefüllte Kartoffelsäcke. 300 Kilo hat der Politaktivist im Frühjahr bestellt – für zahlreiche Wohngemeinschaften und eine „Volxküche". Nun kommen sie in den Keller seiner Freundin; nach und nach werden die Leute sie dort abholen. Auch wenn viele Empfänger gar nicht arm sind – bezahlt wird dabei nie.

Angebaut wurden die Erdäpfel etwa 80 Kilometer nördlich von Berlin auf dem Karlshof bei Templin. Aus weiten Acker- und Weideflächen ragen dort mehrere Lagerhallen, Ställe und ein zweistöckiges Wohnhaus mit DDR-Charme, ein mit tanzenden Figuren bemalter Trecker keucht übers Feld, und im Garten erntet eine Frau Birnen – neben sich einen Kinderwagen. Dicht beieinander stehen drei Badewannen unter freiem Himmel; wer Lust hat, kann Wasser einlassen und es mit einem Holzfeuerchen wärmen.

Im Gemeinschaftsraum mit zusammengewürfeltem Mobiliar stopft Peter Briketts in einen Kachelofen. Etwa fünf Jahre ist es her, seit er dort mit drei anderen heftig diskutierte, wie man der kapitalistischen Logik ein Schnippchen schlagen könnte. „Marx und den ganzen Schnickschnack" hatte er gelesen, weil er schon lange das Gefühl hatte, dass so ziemlich alles schief lief in der Welt, berichtet der 37-Jährige. Auf Demos war er gegangen, gegen Rechte hatte er sich engagiert und immer wieder seine Professoren damit konfrontiert, dass die heutige Landwirtschaft den Boden kaputt und die Menschen in Entwicklungsländern hungrig macht. Mit seinen Mitstreitern war sich Peter einig, dass in Zeiten des Kapitalismus nicht der Bedarf die Produktion steuert – und dass das ein zentrales Problem sei. Deshalb beschlossen sie, etwas grundsätzlich anders zu machen: Sie wollten genau so viele Kartoffeln herstellen, wie Leute bei ihnen bestellten und ihnen die Ernte anschließend schenken. Die Kartoffelesser würden schon ihrerseits irgendetwas einbringen, waren die Bewohner des Karlshofs überzeugt; ein Netzwerk würde entstehen – irgendwie. „NKL – nicht kommerzielle Landwirtschaft" nannten sie ihre Utopie. Und dann fingen sie einfach an – vier Menschen auf einem 50 Hektar großen Hof.

„Die meisten haben gesagt, das ist absurd, verrückt", berichtet Peter, der damals mit seinem Landwirtschaftsstudium fast fertig war. Und doch fand sich schnell eine Stiftung, die das Grundstück kaufte. Ein befreundeter Bauernhof spendierte einen Traktor und Saatgut. Der Nachbar schüttelte den Kopf über die jungen Leute, bei denen die Männer genauso oft am Herd stehen wie die Frauen und von denen keiner der Chef sein will – und pflügt heute mal schnell zwischendurch mit seiner großen Maschine ihr Feld und ist froh, wenn später eine Gruppe zu ihm kommt und beim Einräumen seiner Strohballen hilft. Ein paar Altlinke schoben ein paar Tausender rüber. „Ärzte, Anwälte, Alt-

68er – die sagten, dass sie das Geld nicht brauchten und gerne vernünftige Sachen unterstützen wollten", berichtet Peter.

Im Frühjahr 2006 begann das Kartoffelexperiment. Die Karlshofer schickten einen „Aufruf zur Selbstorganisierung" an Wohngemeinschaften, politische Gruppen und Freunde und fragten an, wie viel Kartoffeln sie denn im Herbst gerne hätten. Der Bedarf summierte sich auf 4150 Kilo. Als die Ernte anstand, reisten über 50 Leute an – sammelten, sortierten, sackten ein – zwischendurch wurde gefeiert und diskutiert und binnen einer Woche war alles erledigt.

Nach und nach verfünffachte sich die Kartoffelernte, eine Sortiermaschine steht jetzt in der großen Scheune und wer von den Helfern Lust hat, kann sich abends auf eine Matratze im Lehmhaus legen und mit politischen Hörbüchern beschallen lassen. In Berliner, Potsdamer und Eberswalder Kellern lagern Kartoffeln vom Karlshof und auch die Köchin der Freien Schule Templin kommt regelmäßig vorbei. „Man fragt sich schon jedes Mal, was man als Gegenleistung dalassen könnte", sagt sie. Doch mittlerweile ist ihr klar, dass es den Karlshofern nicht um direkten Tausch geht, und weil jetzt ja auch zwei Kinder von dort in der Schulkantine mitessen, nimmt sie das Geschenk einfach hin und freut sich darüber.

Zwölf Erwachsene, fünf Kinder, zwei Schweine, acht Schafe und 37 Hühner wohnen jetzt auf dem Hof. Timm ist seit zwei Jahren dabei. „Das hier ist exakt das, was ich wollte", sagt der 29-Jährige und strahlt. Mähdrescher fahren, Weizen pflanzen, Maschinen reparieren, Sonnenblumen ernten – all das hat er hier schon gelernt. „Auf dem Karlshof kann man so vieles ausprobieren, es könnte nicht cooler sein", sagt der große Mann mit der rosa Wolljacke. Wer will, dem bringt er auf der Stelle Treckerfahren bei. „Wir teilen hier nicht nur die Kartoffeln, sondern auch das Wissen."

Timm träumt von einer Regenwurmzucht, Peter von einer Schreinerwerkstatt, auch eine Einkochküche und eine Tofuproduktion sind im Gespräch. In den leeren Werkhallen, Lagerschuppen und Kuhställen ist viel Platz für Phantasien. „Wir sind keine Aussteiger und was wir hier machen, ist kein Modell. Es ist ein Experiment zum nicht wertäquivalenten Tausch", betont Peter, der sich zwischendurch gerne mal in akademisch gedrechselte Formulierungen versteigt und doch gnadenlos ehrlich ist, wenn es darum geht, die Paradoxien zu benennen: Ohne Geld von außen würde das alles nicht funktionieren. Denn egal ob Dachziegel oder Schrauben, das meiste kriegt man nicht umsonst. Regelmäßig gibt es deshalb Sammelaufrufe an 700 E-Mail-Adressen, die Projektwerkstatt für Gegenseitigkeit schießt Geld zu und auch Fördergeld von der EU fließt in den Karlshof. Etwas desillusioniert sind die Initiatoren auch, wie wenig Resonanz ihr theoretisches Konzept erhält. „Der Weg dahin liegt ja auch für mich völlig im Nebel", räumt Peter ein. Was den Karlshof dagegen sichtbar voranbringt, sind die persönlichen Verbindungen. Und die wachsen.

Zum Beispiel die zu Kerstin. Mit Mütze und warmer Jacke steht die zierliche Frau im Keller des Gemeinschaftshauses und schraubt zusammen mit zwei anderen an einer Heizungsanlage herum. Die Kessel hat die französische Gruppe aufgetrieben, die die Karlshofer Schafswolle abnimmt. Schon ein paar Mal war Kerstin hier – beim ersten Mal hatten Bekannte sie zur Kartoffelernte mitgenommen. Nun hat die gelernte Umwelttechnikerin ihren „Geldverdienbetrieb" in Eckernförde wieder mal für eine Weile dichtgemacht. Wenn sie nach fünf Wochen Arbeit abreisen wird, hat sie nicht nur weitere gemeinsame Erinnerungen im Gepäck, sondern ein paar Werkzeuge, die sie gut gebrauchen kann.

Vor einiger Zeit trug jemand die Idee an die Karlshofer heran, alte Kartoffelsorten für Berliner Gourmetrestaurants zu produzieren. Das wäre gut bezahlt worden – und auch an freier Feldfläche mangelte es nicht. Und doch hat sich die Gruppe auf dem wöchentlichen Plenum dagegen entschieden. Sie fürchtete, die bezahlten Kartoffeln würden womöglich mehr Aufmerksamkeit von ihnen bekommen als die nichtkommerziellen – und davor wollten sie sich schützen. Schließlich haben sie schon jetzt längst nicht genug Zeit für all das, was getan werden muss. Manchmal schuften sie zehn, zwölf oder sogar noch mehr Stunden am Tag. Als Peter vor einiger Zeit ein Jobangebot bekam, hat er kurz nachgedacht. Gut bezahlt wäre die Stelle gewesen – und mit geregelten Arbeitszeiten. Doch am nächsten Morgen war klar, dass der Karlshof das Rennen gemacht hatte. „So was auszuprobieren wie hier, ist doch das totale Privileg."

Gemeinsam gärtnern in der Stadt

Städtische Gärten liegen im Trend. Anders als in traditionellen Laubenpiepersiedlungen geht es hier oft darum, zusammen mit anderen etwas im mehr oder weniger öffentlichen Raum anzubauen. Bereits in den 90er Jahren entstanden in Deutschland die ersten interkulturellen Gärten – zunächst aus der Idee heraus, entwurzelten Menschen wieder Boden unter den Füßen zu verschaffen. Inzwischen gibt es sie an 110 Stellen im gesamten Bundesgebiet, weitere 64 Initiativen bemühen sich gegenwärtig um ein Stück Stadtland.[192]

www.stiftung-interkultur.de

In Österreich existieren inzwischen ebenfalls 15 interkulturelle Gärten und auch in der Schweiz ist die erste Saat schon aufgegangen.

www.gartenpolylog.org
www.interkulturelle-gaerten.ch

Daneben existiert auch eine Vielfalt anderer urbaner Gartenprojekte vom Kinderbauernhof bis zur Essbaren Stadt in Kassel, wo ein Verein Obst- und Nussbäume pflanzt. Die Prinzessinnengärten in Berlin entstanden auf einer Brache und bieten einen erstaunlichen Entspannungsraum direkt neben einem vielbefahrenen Kreisverkehr. Jeder kann hier mitmachen: Als Beete dienen stapelbare Bäckerkisten und

Tetrapacks, die den Vorteil haben, dass sie auf Fahrrädern ins Winterquartier gebracht werden können. Ebenfalls in Berlin leitet der Jungbauer Max von Grafenstein auch Menschen ohne jedes Vorwissen an, ihr eigenes Gemüse zu züchten.

www.bauerngarten.net

Neben dem sozialkulturellen Aspekt haben all diese Initiativen immer auch etwas mit realer Versorgung zu tun – und das wird wichtiger werden, prognostiziert die Soziologin Christa Müller, die sich seit Jahren theoretisch und praktisch mit urbaner Subsistenz beschäftigt.[193]

Einfalt auf den Äckern

Was heute weltweit auf fast allen Äckern wächst, sind Hochertragssorten. Mit massiver Unterstützung der Rockefeller- und Ford-Stiftungen waren neue Weizen- und Reissorten gezüchtet worden, die seit den 60er Jahren in großem Umfang ausgesät werden. Die Erntemengen wuchsen bei dieser „grünen Revolution" enorm, weshalb ihr „Erfinder" Norman Borlaug 1970 den Friedensnobelpreis bekam: Das Ende des Hungers schien nahe herbeigekommen. Doch das Ganze funktioniert nur im Doppelpack: Zwischen 1950 und 2008 stieg die eingesetzte Düngermenge von 14 Millionen auf 162 Millionen Tonnen jährlich.[194] Darüber hinaus bedarf es großer Mengen Pestizide, Maschinen und häufig auch künstlicher Bewässerung.

Gleichsam als Kollateralschaden der „grünen Revolution" ging ein Großteil der traditionellen Nahrungspflanzen unwiederbringlich verloren. Auf 80 Prozent der europäischen Äcker wachsen heute nur noch vier verschiedene Kulturarten, und jährlich schwindet die genetische Nutzpflanzenvielfalt um ein bis zwei Prozent.[195] Derweil hat sich der Reichtum der Agrokonzerne Monsanto, Du Pont, Syngenta und auch der beiden deutschen Firmen KWS AG und Bayer enorm vermehrt. Zehn Unternehmen teilen sich heute 67 Prozent des Weltsaatgutmarkts, auf dem jährlich 22 Milliarden Dollar umgesetzt werden.[196] Wer Saatgut zurücklegt und es im Folgejahr aussät, muss Lizenzgebühren zahlen, sonst riskiert er die Schadenersatzklage eines Großkonzerns. Beim Dünger und den Pestiziden sind die Bauern ebenfalls von ihnen abhängig.

Der Hüter der Kerbelrübe

Bei Ludwig Watschong im nordhessischen Arenborn 20 Kilometer westlich von Göttingen wächst etwas heute überaus Ungewöhnliches: Kerbelrüben. Die Knollen sind etwa so dick wie ein Radieschen, aber doppelt so lang und weißbraun gescheckt. Direkt in den Mund gesteckt sind sie knackig-frisch, gekocht mürbe-mehlig. Kerbelrüben schmecken ein bisschen scharf, so wie Pastinaken, und vom Aroma her erinnern sie an Maronen. Der Botaniker Friedrich Alefeld hatte sie in seinem 1860 veröffentlichten Nachschlagewerk noch als die wohlschmeckendste Rübenart bezeichnet und ihr Maß mit immerhin sechs bis acht Zentimetern angegeben. Doch nach und nach ist diese Delikatesse aus den Gärten verschwunden, und heute kennt sie so gut wie niemand mehr.

Das zu ändern ist Ludwig Watschong angetreten. Seit fast 20 Jahren baut er wieder Kerbelrüben an. Das erste Saatgut bekam er aus der Genbank im sachsen-anhaltinischen Gatersleben – einer Art Archiv für landwirtschaftliche und gärtnerische Kulturpflanzen Mitteleuropas sowie deren wildwachsenden Verwandten.

Weltweit gibt es knapp 1400 solcher öffentlichen Genbanken. Sie haben die Aufgabe, Saatgut möglichst vieler Kulturpflanzensorten zu lagern und alle paar Jahre auszusäen, um die Keimfähigkeit zu bewahren. Sinn der Sache ist, die genetische Vielfalt zumindest in Kühlschränken und -truhen zu erhalten und Züchtern bei Bedarf zur Verfügung zu stellen.

Die weitaus größte Genbank entsteht 800 Kilometer südlich vom Nordpol in Spitzbergen: 4,5 Millionen Nutzpflanzensorten aus 175 Ländern sollen dort im Permafrostboden eingelagert werden. Nicht nur die Rockefeller-Stiftung, sondern auch große Saatgutkonzerne wie Syngenta beteiligen sich an dem Projekt – und damit diejenigen, die das Aussterben der Vielfalt auf den Äckern vorangetrieben haben. Das hat nichts mit Sentimentalität oder Wiedergutmachung zu tun: Ohne Zugriff auf eine von der Natur hervorgebrachte genetische Vielfalt sind Züchtung und auch Genmanipulationen unmöglich. „Beim Überlebensprojekt von Spitzbergen präsentiert sich nun ein Konsortium globaler Brandstifter als Löschtrupp", bringt Manfred Christ, Herausgeber eines Grundsatzwerks zum Thema bedrohtes Saatgut, die Situation auf den Punkt.[197]

Wer ernsthaftes Interesse bekundet, kann bei einer Genbank jeweils ein paar Proben der gewünschten Arten bestellen. Allerdings tauchen viele Sorten selbst hier nicht mehr auf. Weltweit sind nach Schätzungen der Welternährungsorganisation 75 Prozent der von Bauern in vielen Jahrhunderten, wenn nicht Jahrtausenden kultivierten Nutzpflanzen ausgestorben; in Deutschland gingen sogar 90 Prozent unwiederbringlich verloren.[198]

Watschong säte die ihm aus Gatersleben zugesandten Kerbelrübensamen aus und entdeckte wenig später bei einer Reise durch Thüringen auch noch selbst ein paar wilde Exemplare neben einem Graben. Jahr für Jahr versucht der Mann aus dem 250-Seelen-Nest, die Pflanzen zu fördern, die die von ihm gewünschten Eigenschaften am besten ausgebildet haben: Große Knollen und späte Blattrückbildung, damit ihre Wachstumsperiode möglichst lang ist. Ende Oktober hat er wieder hunderte der krummen, an Kümmel erinnernden Samen in Pikiergefäße gelegt und mit Erde bedeckt – unter seiner Obhut entsteht gerade eine neue Sorte dieser alten Kulturpflanze.

Ludwig Watschong geht so vor, wie Bauern es bereits vor über 8000 Jahren getan haben. Damals züchteten Menschen im alten Persien aus Wildformen Gerste, Linse, Erbse, Flachs und Vorformen des Weizens und bauten sie auf ihren Äckern an.[199]

Auch die meisten unserer Gemüsearten haben ihren Ursprung im „fruchtbaren Halbmond", der sich von der heutigen Türkei über Syrien, Irak und Iran bis zum Nil erstreckt. In relativ kurzer Zeit entwickelten die Bauern damals die wichtigsten Kulturpflanzen, die es heute in Mitteleuropa gibt.

Was danach kam, war die Herausbildung einer immer größeren Vielfalt der Sorten. Je nach Boden- und Wetterverhältnissen in ihrer Region förderten die Bauern die eine oder andere Ausprägung einer Art, indem sie die Saat der aus ihrer Sicht jeweils besten Pflanzen in der nächsten Saison wieder ausbrachten. Auch der Tausch untereinander war seit jeher selbstverständlich. So war die Entwicklung von Getreide- und Gemüsesorten stets ein dynamischer, nie endender Prozess, bei der jede Art durch Selektion und zufällige Kreuzung immer neue Ausprägungen hervorbrachte. Dass irgendwer Besitzansprüche auf dieses gemeinsame Erbe der Menschheit erheben könnte, war bis vor nicht allzu langer Zeit unvorstellbar.

Im 19. Jahrhundert begannen sich dann die ersten Firmen zu entwickeln, die sich auf die Zucht und Vermehrung von Saatgut spezialisierten. Zunächst handelte es sich dabei um mittelständische Firmen, bei denen sich Bauern und Gärtner fürs nächste Jahr eindeckten. Doch insbesondere in den 80er-Jahren gingen große Chemie- und Ölfirmen auf Einkaufstour, und inzwischen sind Pestizid-, Dünger- und Saatguthersteller aufs Engste miteinander verbandelt. Während in den Industrieländern vor allem Forschung für neue Elitesorten stattfindet, wird das Standardsaatgut wegen der niedrigen Löhne überwiegend in Drittweltländern produziert.[200]

Ein Großteil dessen, was heute als Saatgut im Angebot ist, besteht aus Hybriden. Entstanden aus der Kreuzung zweier Inzuchtlinien bringen sie zwar im ersten Anbaujahr überdurchschnittliche Ergebnisse – der sogenannte Heterosis-Effekt. Doch wer die so gewonnenen Samen wiederverwendet, fährt eine schlechte Ernte aus ungleichmäßigen Pflanzen ein. Anders als bei traditionellen, samenfesten Sorten können Bäuerinnen und Gärtner deshalb nicht mehr einfach einen Teil der Ernte zurücklegen und im nächsten Frühling aussäen, so wie es Jahrtausende lang üblich war, sondern sind gezwungen, jedes Jahr neue Saat zu kaufen. Noch Ende der 60er-Jahre waren 99 Prozent der Gemüsesorten im Handel samenfest, zur Jahrtausendwende weniger als 20 Prozent.[201]

Schon Mitte der 80er-Jahre gründete Ludwig Watschong den Verein zur Erhaltung alter Nutzpflanzen. „Ich fand das nötig. Ich hatte das Gefühl, dass ein wichtiger Teil der Menschheitsentwicklung verlorengegangen war." Während der allgemeine Trend eindeutig in Richtung Zentralisierung und Vereinheitlichung ging, machte der Verein die Dezentralität und Vielfalt zu seinem Anliegen. Das ist keineswegs rein historischem Interesse geschuldet. Vielmehr stehen existenzielle Erwägungen dahinter.

Wie gefährlich eine geringe genetische Vielfalt innerhalb einer Art ist, mussten die Iren Mitte des 19. Jahrhunderts erfahren. Mindestens eine Million Menschen starben, weil dort alle Kartoffeln von einem Pilz befallen wurden und verfaulten. Zwar gibt es durchaus Sorten, die gegen den Pilz resistent sind. Doch damals stammten in Europa sämtliche Kartoffeln von wenigen Pflanzen ab, die die Spanier 1570 aus den Anden mitgebracht hatten – und die waren nicht mit den nötigen Widerstandskräften gegen diese Krankheit ausgestattet.

Inzwischen gibt es zahlreiche Beispiele für riesige Ernteausfälle aufgrund der Gleichförmigkeit der Pflanzenkulturen: 1970 vernichtete Maisbrand einen Großteil der Ernte in Mexiko und den USA, 1972 gingen in der Sowjetunion 20 Millionen Tonnen Weizen verloren,[202] und gegenwärtig sind viele Bauern beunruhigt über den Weizenhalmrost, der sich seit 1999 von Uganda aus in Ostafrika ausbreitet und möglicherweise demnächst Asien erreicht. In Genbanken haben Forscher inzwischen immerhin einige alte Weizensorten entdeckt, denen der Pilz nichts anhaben kann.[203] Doch diese resistenten Sorten zu vermehren braucht Jahre. Theoretisch könnte der Pilz heute 90 Prozent der weltweiten Weizenernte vernichten.[204]

So ist es ohne Zweifel für die Menschheit überlebensnotwendig, dass es Genbanken gibt. Doch in Kühlschränken und Kühltruhen gelagert und nur alle paar Jahre ausgesät, hat das Erbgut nicht die Möglichkeit, sich an veränderte Umweltbedingungen anzupassen. Auch Abwehrmechanismen gegen Schädlinge können sich nur in einer Koevolution mit den Parasiten entwickeln. Darüber hinaus ist nicht auszuschließen, dass Genbibliotheken durch Naturkatastrophen oder Kriege zerstört werden, wie es in den vergangenen Jahren in Irak geschehen ist. Manfred Christ formuliert, um welche Dimensionen es bei diesen Fragen geht: Sollte das in Genbanken deponierte Saatgut verloren gehen, steht die Landwirtschaft wieder an dem Punkt, an dem steinzeitliche Jäger und Sammler einst begonnen haben.[205]

Der regelmäßige und ausreichende Anbau von Nutzpflanzen „in-situ" – also auf Feldern – ist deshalb wesentlich sicherer. Außerdem können sich die Sorten dabei je nach den natürlichen Gegebenheiten fortentwickeln, und auch das Wissen über den besten Aussaatzeitpunkt, die Vorlieben und Pflege der verschiedenen Sorten bleibt dabei erhalten.[206]

Watschong hat sich für über 90 Gemüse-, Getreide-, Kräuter- und Blumenarten zum Erhaltungszüchter erklärt – darunter eine inzwischen seltene, birnenförmige Zwiebel. Doch was heißt schon erhalten? Watschong bevorzugt in diesem Fall die schlanken Exemplare, die ihre dickste Stelle weit unten haben. „Wenn jemand anderes das machen würde, käme etwas anderes heraus", weiß er. Auch das Klima und die Bodenbeschaffenheit prägen die Zwiebeln. Deshalb bedeutet die Erhaltung im Freiland immer Fortentwicklung und nicht Stillstand wie in den Weckgläsern der Genbanken.

Um den Prozess kontrollieren zu können und unerwünschte Kreuzungen zu vermeiden, liegen Watschongs drei Gärten mit zusammen 3000 Quadratmeter in einigen Kilometern Abstand voneinander. Fast partnerschaftlich spricht er über die Strünke zu seinen Füßen, an deren Stilen kleine Rosetten wachsen und in deren Spitzen sich kleine Wirsingköpfe bilden: Zweinutzenrosenkohl – auch das eine alte Sorte, die fast ausgestorben ist und der

Watschong wieder zu größerer Verbreitung verhelfen will. „Ich bin zusammen mit den Pflanzen schöpferisch tätig. Die Natur schenkt, und ich darf mitmachen", beschreibt der Mann mit Bart und Brille seine eigene Rolle. Mit den Jahren verstehe er immer besser, was es heißt, Pflanze zu sein, mit Hitze, Trockenheit, Kälte und Wind zurecht zu kommen. Auch die emotionalen Charaktere der Pflanzen seien ihm inzwischen vertraut – die robusten Kohlköpfe, die schon wissen, was sie wollen, oder die Melonen, die eine gewisse Kuschelwärme brauchen und um die er sich entsprechend kümmern müsse. So wie Watschong das sagt, klingt das nicht esoterisch, sondern äußerst bodenständig.

Jetzt nach der Ernte liegen Dutzende von Ährenbündeln zum Trocknen über Holzbalken – darunter allein etwa 30 Weizensorten. Die Unterschiede sind für jeden leicht erkennbar: Flach wie rechts gestrickte Reihen eines Pullovers sehen die Ähren des Einkorns aus, während die Körner beim Weich- und Kugelweizen rund um den Stengel verlaufen. Manche Sorten haben lange Grannen, wie der Laie sie mit Gerste verbindet, andere sind kurzhaarig oder nackt. Auch die Stengel sind unterschiedlich lang und dick. Ludwig Watschong kennt ihre Eigenschaften sehr genau – seit er im Winter 1988/89 mit einer ersten Inventur anfing, hat er alle seine Beobachtungen sorgfältig in einer großen Kladde notiert: Farbe, Reifezeitpunkt, Zahl der Ährchen und noch viele weitere Eigenschaften, die ihm wichtig erschienen. So konnte er vor kurzem einer Bäuerin aus den Alpen helfen, die klagte, dass ihr Weizen in den hohen Lagen nie reif werde. Er schickte ihr ein paar Weizenproben aus den Pyrenäen und eine Gerstensorte mit sehr kurzer Vegetationszeit. Die je 30 bis 40 Körner kann sie nun in den kommenden Jahren selbst vermehren und weiterentwickeln.

Viel Geld verdienen lässt sich mit alledem nicht – zumal das deutsche Recht inzwischen auf die Interessen großer Saatgutfirmen ausgerichtet ist und damit die Vermarktung traditioneller Sorten zum Teil sogar verbietet. In Deutschland sind in diesem Zusammenhang vor allem zwei Gesetze zentral. Weil Bauern in der Anfangszeit des kommerziellen Saatguthandels häufig durch unfruchtbare Samen betrogen wurden, prüft der Staat die Qualität. Der Züchter muss laut Sortenschutzgesetz in einem dreijährigen Versuch beweisen, dass seine Sorte unterscheidbar, beständig und einheitlich ist. Erst danach darf er laut Saatgutverkehrsgesetz damit handeln und Lizenzgebühren verlangen.

Dieser immense Aufwand aber lohnt nur bei großen Verkaufsmengen. Außerdem entwickeln sich Landsorten weiter, sind weder homogen noch beständig und bekommen folglich auch keine staatliche Anerkennung. Lediglich für sogenannte Erhaltungssorten gibt es regional begrenzte Ausnahmeregeln bei der Zulassung.

Damit benachteiligen die Gesetze ausgerechnet die genetisch vielfältigen, anpassungsfähigen Sorten,[207] deren Förderung der Weltagrarbericht empfiehlt.[208] Darüber hinaus streicht das Gemeinschaftliche Sortenamt der EU jedes Jahr traditionelle Gemüse von der Liste, während immer neue Hybridsorten hinzukommen. Auch die „weißen Bete", die in Ludwig Watschongs Garten prächtig gedeihen, sind seit kurzem offiziell nicht mehr anerkannt. Entsprechend darf er ihre Samen nicht weiter vertreiben – es sei denn, Watschong stellt einen neuen Antrag auf ihre Zulassung. Doch das wird teuer.

Ludwig Watschong hat zusammen mit anderen Idealisten vor ein paar Jahren den Verein und Saatgutvertrieb Dreschflegel gegründet. Dort können Interessierte nicht nur Saatgut kaufen, sondern auch Seminare besuchen und alte Sorten schmecken, riechen und anschauen. Fünf Züchter haben auch ein Paket für Schulen, Freilichtmuseen und andere Interessierte zusammengestellt, mit dem sich die Evolution des Weizens im eigenen Garten nachvollziehen lässt. Etwa 30 Tütchen kommen bei den Bestellern an, deren Inhalt auf Minibeeten ausgesät eine zehntausendjährige Kulturgeschichte lebendig werden lässt. Ein gleiches Projekt für Gerste ist in Vorbereitung.

www.dreschflegel-saatgut.de

Andere interessante Links zum Thema:

www.nutzpflanzenvielfalt.de
www.saveourseeds.org
www.keine-gentechnik.de
www.saatgutfonds.de
www.bantam-Mais.de

Arme Schweine

Hochleistung bei einer einzigen erwünschten Eigenschaft – das ist heute auch bei Nutztieren die Norm. Dabei werden die Tiere immer stärker darauf hingezüchtet, sich den Kundenbedürfnissen anzupassen. Weil von Puten fast ausschließlich die Brust verlangt wird, können die sich kaum noch bewegen und kippen ständig vornüber; nur durch Zufüttern von Schmerzmitteln überstehen viele ihre letzten Tage. Kühe sollen größtmögliche Milchmengen produzieren, Schweine viele Koteletts liefern – und immer kürzer wird die Zeit, bis es zum Schlachter geht. Zuvor haben viele Tiere nie die Sonne gesehen: Zusammengepfercht auf möglichst engem Raum werden sie mit Kraftfutter aus Übersee gemästet. Fünf Millionen Tonnen eiweißreiches Soja werden hierzulande verfüttert – zu 100 Prozent importiert.[209] Ein Großteil stammt aus Brasilien und anderen südlichen Ländern, wo Monokulturplantagen sowohl Kleinbauern als auch Urwälder in großem Stil verdrängt haben.

Besonders schrecklich ist das Leben von Masthähnchen, die es oft schon für drei Euro im Supermarkt zu kaufen gibt. Innerhalb von sechs Wochen füttern konzernabhängige Betriebe 40.000 oder noch mehr Tiere mit importiertem Hochleistungsfutter bis zur Schlachtreife. Die Vögel leben in qualvoller Enge auf dem eigenen Kot; schmerzhafte Fußballen-Entzündungen sind die Folge.[210] Obwohl die Produktion von Hühnerfleisch in den vergangenen zehn Jahren in Deutschland bereits um 80 Prozent gestiegen und der heimische Markt längst gesättigt ist, errichtet der frühere Futtermittelhändler Rothkötter in dem kleinen Ort Wietze bei Celle den größten Schlachthof Europas, der im Herbst 2011 fertig sein soll. Geplant ist, dass dort jährlich 135 Millionen Tiere ihr Leben lassen, die von 400 Mästern angeliefert werden.

Inzwischen tummeln sich auch in der Tierproduktion internationale Finanzinvestoren, der Konzentrationsprozess ist enorm und eine Agrarindustrie mit weltweiter Logistik schlägt den Takt. Familienbetriebe haben kaum noch eine Chance: Allein 2008 hat ein Sechstel der Schweinehalter aufgegeben,[211] im Jahr 2010 machten erneut vier Prozent der Milchbauern ihre Ställe dicht.[212]

Monotonie in den Ställen

Die Trends sind ähnlich wie im Ackerbau. Innerhalb von 15.000 Jahren hatten die Menschen aus etwa 20 Wildtierarten rund 7600 Haustierrassen gezüchtet, die jeweils optimal an die unterschiedlichen Landschaften angepasst waren. Im Laufe des 20. Jahrhunderts sind bereits 20 bis 40 Prozent davon nahezu oder vollständig ausgestorben. Die Welternährungsorganisation rechnet damit, dass in den kommenden 20 Jahren weitere 2000 Haustierrassen auf Nimmerwiedersehen verschwinden.[213] So gehen auch bei Nutztieren genetische Ressourcen verloren, die vielleicht für die Weiterzüchtung irgendwann extrem wichtig gewesen wären.

Hybridzüchtung ist auch bei Nutztieren weit verbreitet: Die meisten sollen sich nicht fortpflanzen, sondern lediglich Fleisch produzieren. Umgekehrt kann ein Zuchtbulle schon mal 100.000 Nachkommen zeugen. Besonders extrem ist die Situation in der Eierproduktion: Weltweit 70 Prozent der weiße Eier legenden Hennen haben heute Großelterntiere, die vom niedersächsischen Konzern PHW stammen. Die braunen Eier kommen zu 80 Prozent von Tieren, deren Vorfahren von der holländischen Firma Hendix Genetics gezüchtet wurden.[214] Für die Hähne dieser Sorten gibt es sowieso keine Verwendung; jährlich 40 Millionen

Tiere werden kurz nach dem Schlüpfen getötet und in den Müll geworfen.[215]

Wie bei den Pflanzen gibt es auch hier Idealisten, die versuchen, alte Haustierrassen wieder zu vermehren. Auf Archehöfen finden Soay-Schafe, Thüringer Barthühner, bayerische Landgänse, Wollschweine, Pinzgauer Rinder und Harzziegen Unterschlupf.

www.g-e-h.de/geh-arch/liste.htm#Arche-Höfe

Die Arbeitsgemeinschaft bäuerliche Landwirtschaft unterstützt Projekte, die die regionale Vermarktung qualitätsvoller Landwirtschaftsprodukte zum Ziel haben.

www.abl-ev.de

Konzerne wollen schon wieder eine „grüne Revolution"

Die Folgen der industriellen Landwirtschaft und des von ihr mit verursachten Klimawandels sind dramatisch. In Russland fielen 2010 Millionen Hektar Getreidefelder Bränden und Dürre zum Opfer. In Indiens wichtigstem Reis- und Weizenanbaugebiet Punjab sinkt der Grundwasserspiegel rasant – allein zwischen 2002 und 2008 um 30 Zentimeter.[216] Und auch weil etwa 40 Prozent der weltweiten Getreideproduktion an Tiere verfüttert wird, haben viele Menschen nicht genug zu essen.

Als „Lösung" für derartige Probleme wird erneut eine Technik angepriesen: Genmanipulierte Pflanzensorten sollen eine zweite „grüne Revolution" auslösen. Der Protagonist dieses Ansatzes ist der US-Konzern Monsanto, der behauptet, auch klimatisch bisher ungeeignete Flächen durch neue Sorten landwirtschaftlich nutzbar zu machen. Friedrich Berschauer, Vorstandschef bei Bayer CropScience, spricht in diesem Zusammenhang gar von der „moralischen Verpflichtung, Lösungen für eine langfristige Sicherung von Ernährung und Agrarressourcen zu suchen."[217] Auch Syngenta, BASF und Nestlé nutzten die Nahrungsmittelkrise 2008, um das Thema Gentechnik als vermeintliche Lösung des Hungerproblems politisch voranzutreiben.[218] Doch tatsächlich spielen die bisher entwickelten erbgutveränderten Pflanzen für die Ernährungssicherung keinerlei Rolle. In großem Umfang gibt es heute genmanipulierten Mais, Soja, Raps und Baumwolle, die alle gegen bestimmte Insekten oder Unkrautvernichtungsmittel resistent sind. Was hingegen bisher lediglich als Ankündigung existiert, sind Nutzpflanzen mit höherem Nährwert oder besserer Widerstandsfähigkeit gegen Dürre, Hitze und Kälte.[219] 99,9 Prozent der weltweit angebauten Gentec-Pflanzen finden Verwendung als Tierfutter, Kleidung oder Biosprit.[220]

Ignoriert werden die „Nebenwirkungen": Tausende indischer Bauern haben sich das Leben genommen, weil die von Monsanto gelieferte Kombipackung aus Baumwollsaatgut und Pestiziden nicht die versprochenen Erträge brachte und die Kunden in tiefe Verschuldung trieb. Zudem entstehen inzwischen „Super-Unkräuter", die gegen die Herbizide resistent sind, so dass viele Bauern in den USA schon wieder auf ältere und giftigere Chemikalien zurückgreifen.[221]

Allergiker haben außerdem bei Versuchen negativ auf genmanipulierte Produkte reagiert.[222] Und schließlich breiten sich die Gentec-Pflanzen durch Bestäubung unkontrolliert aus. Wird ein Nachbarfeld verseucht, hat der Bauer nicht nur den unmittelbaren Schaden, sondern muss auch noch damit rechnen, von Monsanto wegen Patentrechtsverletzung verklagt zu werden. Schon über 20 Millionen Dollar Schadenersatz hat der US-Konzern auf diese Weise eingetrieben.

Die Gentechnik dreht das Rad der Monotonie, das mit der Kreuzungszüchtung begann und sich in der Hybridzüchtung fortsetzte, noch eine Runde weiter. Stärker als je zuvor geht es um ein weltweit einheitliches Produkt – und damit um eine extreme genetische Verarmung. Dass die Technik tatsächlich zur Bekämpfung des Welthungers geeignet ist, nehmen die Wissenschaftler,

die den Weltagrarbericht verfasst haben, nicht an – weswegen sie
dem Thema auch nur wenig Platz in ihrer Expertise eingeräumt
haben.[223]

Artgerechte Pflanzenhaltung am Bodensee

Regional angepasstes Getreide wächst nördlich vom Bodensee.
15 Biobauern arbeiten hier mit dem Keyserlingk-Institut in Salem
zusammen, und auch Bäcker gehören zum Netzwerk. Die Kunden scheinen das Brot zu schätzen – jedenfalls sind sie bereit,
einen Aufschlag in Höhe von zehn Cent zu zahlen.

Das Institut ist im Nebengebäude eines Bauernhofs untergebracht und besteht aus einem einzigen Raum, in dem alles aus
gewachsenen Naturstoffen zu bestehen scheint. An den Dachbal-
ken baumeln Halmbündel, Papiertüten mit Saatgut stehen in den
Ecken und an der Holzwand hängt ein Plan, der an ein Mosaik
erinnert und die Aussaat auf den teilweise nur wenige Quadratmeter großen Feldern dokumentiert. Seit einem Vierteljahrhundert züchtet Bertold Heyden Weizen; schon mehrere neue Sorten
sind dabei entstanden. „Für die Bauern muss eine Sorte nicht völlig homogen sein, wie das vom Bundessortenamt gefordert wird,
aber natürlich sollte sie schon einen Charakter haben und kein
chaotisches Gemisch sein", erklärt er. Die Bäcker verlangen gute
und möglichst gleichbleibende Backeigenschaften, die Bauern
wünschen einen relativ einheitlichen Reifezeitpunkt. Diese Anforderungen versucht der Doktor der Biochemie allerdings auf einem
völlig anderen Weg zu erreichen als die Züchter der großen
Konzerne. Gekreuzt wird hier nicht und schon gar nicht an den
Genen herummanipuliert. Stattdessen geht Heyden im Sommer
durch die Felder und wählt mit Züchterblick die schönsten Ähren aus, deren Körner wieder ausgesät werden sollen.

Theoretisch könnten die Bauern diese Tätigkeiten natürlich
auch selbst übernehmen. „Aber es bedarf viel Aufmerksamkeit,
die Sorten rein zu halten und das schafft man im Alltag nicht",
sagt Karl-Hermann Rist, der auf einem Pestalozzi-Ausbildungs-

hof im 40 Kilometer entfernten Stockach für die Landwirtschaft verantwortlich ist. Deshalb ist er froh, dass sich Heyden, mit dem er ein anthroposophisches Welt- und Pflanzenbild teilt, ums Saatgut kümmert.

„Bei Tieren ist das selbstverständlich – aber niemand spricht von artgerechter Pflanzenhaltung. Dabei muss man auch Pflanzen als Wesen ernst nehmen. Jede Art hat einen ganz spezifischen Charakter." Bertold Heyden ist ein bedachter Mann, der manchmal lange Pausen macht und um Worte ringt, um seine Position zu verdeutlichen. Zur Demonstration stellt er zwei Weizenbündel auf den Boden. Das eine ist gedrungen und auch oben kompakt, so als ob die dicht bepackten Ähren ausschließlich darauf ausgerichtet sind, möglichst wenig Platz einzunehmen und ja nicht über das Blatt am Stengel hinauszuschießen. Der andere Strauß ist fast doppel so hoch, hat eine leuchtende Farbe und fällt oben locker auseinander: Jede Ähre scheint sich durch lange Grannen Luft und Licht zu verschaffen. „Wenn ich eine Pflanze nur als Genkombination betrachte, dann macht es Sinn, durch Züchtung und Gentechnik neue Genkombinationen zu schaffen, die Höchsterträge erzielen. Aber dann erhalte ich Pflanzen wie die da", sagt Heyden und zeigt auf das kleinere Bündel, wo die Höhe weggezüchtet wurde, damit die Halme trotz massiver Düngergaben nicht umknicken. „Solche Pflanzen machen mich traurig: Das ist kein Weizen mehr, sondern nur noch ein Stärkelieferant."

Ein solch respektvoller Umgang mit Pflanzen schließt erhebliche Ertragssteigerungen keineswegs aus. Auch im ökologischen Landbau haben sich die Ernten durch andere Bodenbearbeitungstechniken und systematische Saatgutpflege im Laufe des 20. Jahrhunderts fast verdreifacht. Und wie die Erfolge mit Terra Preta zeigen, ist da noch viel mehr drin – insbesondere wenn sich Agrarforschung und -politik endlich von ihrer Fixierung auf konventionelle Großbetriebe verabschieden würden. Zu gewinnen ist viel: Eine kleinteilige, regional angepasste Landwirtschaft macht zwar niemanden reich – dafür aber alle satt.

5
Banken – Das Geld im Dorf lassen

Hertha füttert die Heuschrecken

Hertha Normalverdienerin weiß, dass ihre gesetzliche Rente niemals ausreichen wird. Gegenwärtig bekommt sie für ihre Vollzeitstelle 2729 Euro brutto im Monat.[224] Sollte es ihr gelingen, etwa 30 Jahre lang einen durchschnittlich bezahlten, sozialversicherungspflichtigen Vollzeitjob auszuüben, wird sie nach heutiger Kaufkraft gut 800 Euro bekommen, hat ihr die staatliche Rentenkasse mitgeteilt. Selbst nach 40 Vollzeitjahren kann sie nicht einmal mit 1100 Euro rechnen. Und auch das ist alles äußerst unsicher; viele Experten rechnen mit erheblichen Abschlägen, weil es immer mehr Alte und immer weniger Junge gibt. Also beschließt Hertha N. vorzusorgen.

Die freundliche Bankangestellte rät, eine private Versicherung abzuschließen – am besten eine Riesterrente, da gäbe der Staat was dazu und Steuern ließen sich damit ebenfalls sparen. Schon 14,6 Millionen Leute hatten sich bis April 2011 für solch einen Vertrag entschieden, jeden Monat kommen durchschnittlich knapp 100.000 neue dazu. Das überzeugt Hertha N. – so viele Menschen können wohl kaum irren.

Nun geht es nur noch darum, ein passendes Finanzprodukt herauszufinden. Die Beraterin schlägt einen Fondssparplan vor, da seien die Renditeaussichten am höchsten und nach der Krise ginge es ja überall wieder steil aufwärts. Sie spricht von Depotgebühren, Kickback-Rabatten und unterschiedlichen Anlagestrategien der Fondsmanager; Hertha N. raucht der Kopf, sie versucht zu vergleichen und irgendwann unterschreibt sie.

Was ihr dabei nicht klar geworden ist: Möglicherweise ist sie jetzt Anteilseignerin an internationalen Öl-, Atom- und Rüstungsfirmen. Vielleicht unterstützt sie mit ihrer monatlichen Rate auch Hedge- oder Private Equity Fonds, die im Volksmund Heuschrecken heißen, weil sie Firmen aufkaufen, auf größtmögliche Rationalität trimmen und anschließend wieder verkaufen – meist mit deutlich reduziertem Personal. So gefährdet Hertha N. durch ihre private Rentenversicherung indirekt vielleicht sogar ihren eigenen Job, was sie aber kaum herausfinden wird, weil die Anlagestrategie der Fondsmanager meist nur sehr allgemein beschrieben wird und die Beteiligungen der Aktiengesellschaften in vielen Fällen überaus verschachtelt sind. Dass die freundliche Bankangestellte ihr nicht das für sie passendste Angebot unterbreitet hat, sondern das mit der höchsten Provision für ihren Arbeitgeber, kommt bei alledem noch hinzu.

Bis vor wenigen Jahrzehnten hatten Banken nur wenige Funktionen: Sie sollten die Guthaben der Kundschaft sicher verwahren, bargeldloses Bezahlen ermöglichen und die Wirtschaft mit Darlehen versorgen, damit die stets liquide war und investieren konnte. Doch längst hat die Kreditwirtschaft diese rein dienende Rolle hinter sich gelassen: Die Kapitalmengen koppelten sich von der Güter- und Warenwelt ab, weil die Gewinnmöglichkeiten im Finanzsektor nahezu grenzenlos erscheinen. So fließt immer mehr Geld dorthin, und die dabei erwirtschafteten Gewinne werden erneut auf dem Finanzmarkt investiert.

Eine der treibenden Kräfte dabei sind Pensionsfonds. Der Wunsch, im Alter seinen Lebensstandard halten zu können, beschert der Finanzwirtschaft einen anhaltenden Boom. In Nordamerika ist die monatliche Überweisung an ein privates Investmentunternehmen schon seit langem Usus; doch auch die Bewohner Deutschlands zahlen inzwischen monatlich 7,2 Milliarden Euro an Prämien für private Renten- und Lebensversicherungen.[225] Daran hat die Finanzkrise 2008 nichts geändert. Auch der Handel mit Zertifikaten – komplexe Anlageprodukte, die hohe Renditen versprechen und deren Zusammensetzung die Vermittler in der Regel selbst nicht durchschauen – erlitt nur eine kurze Delle. Fondsmanager und Verwalter von Wertpapierdepots, die die höchsten Renditen vorweisen, gewinnen tendenziell immer mehr Kunden. Wer dagegen nur moderate Steigerungen oder gar Verluste vorzuweisen hat, wird schnell pleite gehen, weil dort kein Mensch sein Geld abliefert. Das permanente Wachstum der Geldmenge ist also im System vorprogrammiert.

Die OECD hat ausgerechnet, dass allein in den privaten Rentenkassen der reichsten Staaten inzwischen so viel Geld steckt wie ihre Volkswirtschaften in einem Dreivierteljahr erwirtschaften.[226] Hatten Banken, Pensionskassen und Versicherungen im Jahr 1980 noch Ersparnisse in Höhe von rund fünf Billionen Dollar verwaltetet, so waren es ein Vierteljahrhundert später bereits 55 Billionen. Noch schwindelerregender ist die Höhe aller Finanztransaktionen. Im Jahr 2007 betrug ihr Volumen das 73,5-fache des Welt-Bruttoinlandsprodukts.[227] Im Klartext: Die Schere zwischen der realen Wirtschaft und der Finanzindustrie ging immer weiter auf. Schon längst gibt es nicht mehr ausreichend Investitionsmöglichkeiten für das ganze Geld.

Damit sich die Wachstumsspirale dennoch weiterdrehen kann, wurden immer ausgeklügeltere „Finanzprodukte" entwickelt. „Geld ist die einzige Ware, die die Finanzindustrie mittels immer waghalsigerer und weniger beherrschbarer Operationen erzeugt ... bis zu dem unausweichlichen Moment, in dem die Blasen platzen, die Banken reihenweise Bankrott gehen, dem Weltkreditsystem der Zusammenbruch und der Realwirtschaft eine ernste und anhaltende Depression droht", beschrieb André Gorz bereits ein Jahr vor dem jüngsten Börsencrash das Geschäftsmodell, das einem Schneeball- oder Pyramidensystem ähnelt: Die Geldmenge wächst exponentiell, solange immer neue Anleger gewonnen werden können.[228] Tatsächlich kollabierte das Konstrukt 2008 erst einmal: Viele Menschen verloren ihr fürs Alter Erspartes oder das auf Kredit finanzierte Häuschen. Die Staaten mussten mit aberwitzigen Milliardenbeträgen reihenweise Banken retten, weil deren Zusammenbruch wie ein Dominoeffekt sofort andere Kreditinstitute und die gesamte Realwirtschaft in den Abgrund gezogen hätte.

Alle reden vom Schrumpfen der Banken

Danach war viel von der Notwendigkeit die Rede, die Finanzindustrie kleinteiliger zu strukturieren, damit schlecht wirtschaftende Banken tatsächlich pleite gehen können – genau wie andere Firmen auch. Doch die Bundesregierung hat kurz nach dem Crash einen großen Schritt in die genau entgegengesetzte Richtung getan: Sie stellte Milliarden zur Verfügung, damit die Commerzbank die Dresdner Bank übernehmen konnte. Der schon lang gehegte Wunsch, dass es in Europas größter Volkswirtschaft neben der Deutschen Bank mindestens einen weiteren „Global Player" auf dem Finanzmarkt geben müsse, war offenbar stärker als die Erfahrung, dass riesige Finanzkonzerne die Weltwirtschaft soeben an den Rande des Ruins und die Staaten in eine bis dahin unvorstellbare Verschuldung getrieben hatten. Und auch die Deutsche Bank konnte ungehindert weiterwachsen: Seit Ende 2010 hält sie die Mehrheit an der Postbank.

Paul Krugman, der im Krisenjahr 2008 mit dem Wirtschaftsnobelpreis geehrt wurde, brachte damals die zentrale Herausforderung auf eine schlichte Formel: „Das Bankgeschäft muss wieder langweilig werden."[229] Damit gemeint war, sie auf ihre eigentliche Aufgabe zurückzustutzen, nämlich unaufwändig den Geldkreislauf zu organisieren. „Banken haben die öffentliche Aufgabe zu erledigen, die Versorgung der Gesellschaft mit Krediten sicherzustellen ...: Geld wird von Menschen, die im Moment zu viel haben, an Menschen umverteilt, die zu wenig davon haben. Mit anderen Worten: Banken sind in allererster Linie Makler",[230] die ihrer Aufgabe umso besser gerecht werden, desto reibungsloser und ohne viel Verwaltungsaufwand das Geld durch sie hindurchgereicht wird.

Von ihrer eigentlichen Aufgabe sind die Banken nach wie vor sehr weit entfernt, denn auf politischer Ebene ist nichts wirklich Entscheidendes passiert. „Auf der Landkarte der Finanzsystemreformen ist zwar eine rege Aktivität zu beobachten", schrieb der Sachverständigenrat zur Begutachtung der gesamtwirtschaftlichen Entwicklung Ende 2010. So müssen Kreditinstitute inzwischen mehr Eigenkapital vorhalten, damit sie bei einer Schieflage nicht gleich durch Steuergelder gestützt werden müssen. Auch sonst gab es ein paar Beschlüsse, die das völlig freie Schalten und Walten der Banker an einigen Stellen etwas einschränkt. Doch die fünf Wirtschaftsweisen urteilen unzweideutig, dass das alles bei weitem nicht reicht: „Das von den Staaten selbst formulierte Ziel, nie wieder in Geiselhaft durch den Finanzsektor genommen zu werden, (wird) verfehlt."[231]

Im Sommer 2010 richteten EU-Parlamentarier aus dem Wirtschafts- und Währungsausschuss einen ungewöhnlichen Hilferuf an die Zivilgesellschaft. „Es gibt keine neutrale Instanz, die die Zahlen der Banken überprüfen kann ... Das Ungleichgewicht zwischen der Macht dieser Lobby und mangelnden Gegenexpertisen erscheint uns als Gefahr für die Demokratie", schrieben 22 Abgeordnete aus unterschiedlichen Parteien und Ländern und forderten die Zivilgesellschaft auf, sich stärker einzumischen. Tatsächlich ist ein Großteil der Expertengruppen, von denen sich die EU-Kommission für ihre Gesetzesinitiativen im Finanzbereich beraten lässt, von der Finanzindustrie dominiert. In einigen dieser Gremien sitzen sogar mehr Leute, die ihr Gehalt von Versicherungen, Banken oder Beraterfirmen wie McKinsey beziehen als Beamte, monierte Ende 2010 „Alter–EU", die europäische Dachorganisation der Lobby-Kontrolleure. Offiziell sind viele von ihnen als „Experten" deklariert. Sie unterschreiben, dem „öffentlichen Interesse" zu dienen und den Raum zu verlassen, sobald sie einen Interessenkonflikt zwischen ihrer sonstigen Tätigkeit und ihrer Beratungstätigkeit bei der EU sehen – und sitzen dann anschließend in den entscheidenden Gremien zur Vorbereitung von Gesetzen und anderen Regulierungen.

Die nächste Blase wächst schon

Derweil die Politiker noch darüber diskutieren, inwieweit die Finanzmarktaufsicht weiterhin eine nationale Kompetenz darstellt oder internationalisiert werden müsste, sind die Finanzdienstleister schon längst drei Schritte weiter. Neu auf dem Markt aufgetaucht sind so genannte „High-Frequency-Trader", die mit ultraschnellen Computern täglich Millionen von Aktienkäufen und -verkäufen abwickeln und dabei winzige, oft nur Bruchteile von Sekunden existierende Kursunterschiede an verschiedenen Börsen der Welt nutzen. Volkswirtschaftlich machen diese ausschließlich auf mathematischen Berechnungen aufgebauten Transaktionen überhaupt keinen Sinn – außer für die Händler und ihre

Kundschaft, die auf diese Weise schnell Millionen oder sogar Milliarden verdienen. Die Gewinne werden erneut eingesetzt, um daraus noch mehr Geld zu machen. Schon über die Hälfte des Aktienhandels in den USA und mehr als ein Drittel in der EU wird von solchen Firmen abgewickelt; viele der Büros sind nicht einmal bei der Finanzaufsicht registriert.[232]

Auch der Derivatemarkt boomt wieder: 550.000 unterschiedliche Papiere sind in Deutschland im Angebot – doppelt so viele wie vor der Krise. Nur kurzfristig ließen die Anleger nach der Pleite der US-Investmentbank Lehman Brothers und dem damit verbundenen Totalverlust vieler Sparer die Finger von solch hochriskanten Papieren. Inzwischen aber nähern sich die investierten Summen schon wieder dem einstigen Rekordniveau. Kein Wunder also, dass sich unter den 50 umsatzstärksten Firmen der Welt erneut 17 Finanzinstitutionen befinden, nachdem sich ihr Anteil in der Krise kurzzeitig auf 15 reduziert hatte.[233]

Den großen Reibach dabei machen freilich nicht Kleinsparer wie Hertha N., sondern die Reichen. Nur Leuten mit sehr viel Geld stehen nämlich die meisten Fonds überhaupt offen. Und so verfügt in Deutschland inzwischen ein Prozent der Bevölkerung über 23 Prozent des Gesamtvermögens, das obere Zehntel nennt 61 Prozent sein Eigentum.[234] Diese Zahlen stammen aus dem Jahr 2007 – und seither dürfte die Schere der Ungleichverteilung noch ein Stück weiter aufgegangen sein.

Und während der Schuldenstand der öffentlichen Hand in schwindelerregende Höhen gestiegen ist, profitiert ausgerechnet die Finanzindustrie am meisten von den staatlichen Rettungsschirmen und -paketen, die sie selbst erst nötig gemacht hat. Die Bundesregierung leiht das Geld nämlich nicht direkt bei der Europäischen Zentralbank, sondern bei den Geschäftsbanken – und die profitieren davon, dass sie das Geld bei der EZB billiger kriegen als sie es an den Staat weiterverleihen. So vermehren die Steuerzahler der Gegenwart und der Zukunft zwangsweise die Profite der Banken.

Doch die Stimmung nach der Krise war erst einmal gut: In Deutschland sanken die Arbeitslosenzahlen, die Aktienkurse stiegen wieder und auch der Konsum kam in Schwung. 2010 wuchs die deutsche Wirtschaft um knapp vier Prozent – so stark wie seit dem Einheitsboom nicht mehr. Entsprechend zogen auch die Kurse der größten börsennotierten Unternehmen wieder kräftig an. Noch im März 2009 hatte der Dax-Index, der die Kurse der 30 umsatzstärksten und reichsten deutschen Aktiengesellschaften widerspiegelt, bei unter 4000 Punkten gedümpelt, Ende April 2011 übersprang er dann erstmals wieder die 7500-er Marke und war damit schon gar nicht mehr allzu weit entfernt von den 8151,57 Punkten, die er vor dem Crash schon einmal erreicht hatte. Gestartet war der Dax Anfang 1988 bei 1000 Zählern.

Auf den ersten Blick schien also alles wieder in bester Ordnung zu sein. Doch längst füllt sich die nächste Finanzblase mit monatlichen Prämien aus Riester-, Rürup- und anderen Rentenfonds und vor allem mit dem Geld der Reichen, die gar nicht wissen wohin damit. Private Vermögen wuchsen 2010 weltweit um acht Prozent, in Deutschland besitzen inzwischen 400.000 Menschen mehr als eine Million Dollar.[235]

Zwar gibt es für die staatlich geförderte Altersvorsorge einige Regulierungen, die die Investition der Fonds in vermeintlich sichere, wenig spekulative Papiere erzwingen; auf diese Weise soll ausgeschlossen werden, dass die Sparer am Ende mit völlig leeren Händen dastehen. An den grundlegenden Problemen hat sich aber nichts geändert. Nur dank massiver staatlicher Stützung hat sich das Finanz- und Wirtschaftssystem erholt. Sein Ende ist aber nach Ansicht vieler kritischer Ökonomen auf Dauer unvermeidlich. „Es ist ausgeschlossen, dass es noch Jahrzehnte so weitergehen wird. Im Oktober 2008 ist es ja im Grunde bereits kollabiert, aber die Politiker haben das noch nicht verstanden. Beim nächsten Crash wird es noch viel schlimmer, und ich erwarte, dass der bald kommt",[236] sagte Manfred Max-Neef, Ökonomie-Professor an der renommierten Berkeley-Universität in Kalifornien und Träger des alternativen Nobelpreises im Herbst 2010. Anders als 2008 werden die Staaten nicht noch einmal mit gigantischen Bürgschaften und Ausfallzahlungen einspringen können – schließlich sind sie selbst bis zum Anschlag verschuldet. Griechenland,

Portugal und Irland mussten schon ihrerseits von den anderen EU-Staaten und dem IWF „gerettet" werden, andere Länder stehen ebenfalls am Abgrund. Trotzdem scheint die Forderung Paul Krugmans und vieler anderer Ökonomen in Vergessenheit geraten zu sein, die Finanzinstitutionen zu schrumpfen und wieder auf ihren „langweiligen", dienenden Kern zu reduzieren.

Bankgeschäft rund um den Kirchturm

Im baden-württembergischen Dorf Gammesfeld nahe der bayrischen Grenze hingegen hat man Krugmans Motto seit 1890 schon immer beherzigt – und tut es noch heute. Dort hat die einzige, nach wie vor selbständige Raiffeisenbank Deutschlands ihren Sitz. „Es Kässle" wurde einst gegründet, um die arme Landbevölkerung von der Macht der Wucherer zu befreien, und sie gehört nach wie vor ihren Mitgliedern. Durch die letzte Finanzmarktkrise sind ihre Kunden völlig ohne Blessuren gekommen.

Das Geschäftsmodell der Kreditgenossenschaft ist so einfach wie funktional: Wer Geld anlegen möchte, kann das auf einem Sparbuch mit dreimonatiger Kündigungsfrist tun. Zur Zeit gibt es dafür 2 Prozent Zinsen. Wer einen längerfristigen Kredit benötigt, muss mit 3,5 Prozent kalkulieren. Überzieht ein Kunde sein Girokonto, so schlägt der Dispo mit 5,25 Prozent zu Buche. Verwaltungsgebühren erhebt die Raiffeisenbank Gammesfeld nicht, spekulative Finanzprodukte sind hier tabu.

Geschäftsführer Peter Breiter trägt Turnschuhe und ein schlabberiges Sweatshirt. Wenn er von seinem Computer aufschaut, blickt er durch ein unvergittertes Fenster auf einen Misthaufen. An der Rückwand des Schalterraums hängen ein altmodischer Tresor und ein Waschbecken, vorne neben dem Tresen prangt eine Urkunde des Verbands landwirtschaftlicher Kreditgenossenschaften aus dem Jahr 1893. Münzen und Geldscheine liegen in einer offenen Kasse auf einem Holzschränkchen; kein Sicherheitsglas trennt die Kunden von ihrem Berater.

Noch ein paar Minuten, dann öffnet die Einraum-Bank wie jeden Mittag für eineinhalb Stunden – und bei Bedarf auch länger. Darüber hinaus können die Gammesfelder auch an zwei Abenden pro Woche ihr Geld einzahlen oder abholen. Etwa 800 Kunden hat das Geldhaus in dem Dorf südwestlich von Rothenburg ob der Tauber. Peter Breiter kennt sie alle, denn er ist hier aufgewachsen und die Bank funktioniert nach dem von Friedrich Wilhelm Raiffeisen entwickelten Prinzip: Nur wer im Sprengel wohnt, kann bei der Genossenschaftsbank ein Konto eröffnen.

Der 40-Jährige knipst die Neonlampe über dem Tresen an, schon schlüpft ein junger Mann zur Tür herein. Er will nur schnell seine Kontoauszüge abholen – die einzige Möglichkeit, ihrer habhaft zu werden. Das spart der Bank nicht nur Porto, sondern garantiert auch einen regelmäßigen Kontakt. Der zweite ist ein Rentner, der 20.000 Euro in bar dabei hat und ohne Vorbehalte berichtet, wofür er sie kassiert hat. Eigentlich müsste Breiter bei einem so hohen Betrag den Mann aufgrund des Geldwäschegesetzes offiziell und bürokratisch korrekt identifizieren. „Aber das ist ja Quatsch, ich kenn den Mann ja gut und weiß über seine Verhältnisse Bescheid", begründet er, warum er mit dem Kunden verabredet, einen Teilbetrag erst am Folgetag zu verbuchen.

Lachen und Schwatzen dringt durch die Tür; der Warteraum ist inzwischen gut gefüllt. Breiter aber lässt sich nicht aus der Ruhe bringen. Die vor einiger Zeit zugezogene Tierärztin will sich über die Geschäftsbedingungen informieren. „Wir sind eine Genossenschaft – bei uns kriegen alle die gleichen Konditionen, egal ob sie 100 Euro bringen oder 100.000" erklärt er der Frau, die erstaunt nachfragt, ob das auch für Kredite gilt. Jaja, alles andere sei doch ungerecht, sagt Breiter im singenden Hohenloher Dialekt. „Sonst kriegt der, wo viel hat, immer mehr und ein Kunde in einer Krise kommt nicht mehr auf die Füße." Eva Mack leuchtet das ein; schon seit langem hegt sie Misstrauen gegen die Finanzindustrie. Als sie sich vor vielen Jahren selbständig machte, mochte ihr ihre Bank keinen Kleinkredit gewähren. „Zehnmal so viel Geld hätte ich von denen kriegen könne, aber ich wollte mich nicht so hoch verschulden. Da haben sie mir gar nichts gegeben," erzählt die Mittfünfzigerin. Alles nicht so hoch technisiert und sehr solide, lautet ihr Urteil; vielleicht sollte sie ihr Konto bei der Volksbank ganz auflösen, überlegt sie. „Sie können ja bei uns erst mal reinschmecken und das in Ruhe überlegen", verabschiedet sich der Bankdirektor.

Breiter ist durchaus kein Hinterwäldler, früher als Azubi war er sogar ein richtiger Zocker. „Ich hab damals meine ganze Bank infiziert, sogar viele Kollegen in Optionsscheine und so etwas reingetrieben", erzählt er. Dauernd rief damals die Düsseldorfer Warenterminbörse in seiner Filiale an und wollte den vielversprechenden Nachwuchsbanker sprechen. Doch schon lange vor der Finanzkrise wuchsen seine Zweifel. Und als sein Chef irgendwann das Motto ausgab: „Wir beraten nicht, wir verkaufen", hatte Breiter endgültig ein ganz schlechtes Gefühl. „Irgendwelchen 70-Jährigen Zertifikate unterjubeln, das ist doch ein Unding". So bewarb er sich vor ein paar Jahren bei der letzten originalen Raiffeisenbank Deutschlands.

Die gäbe es schon lange nicht mehr, wäre es nach dem Willen der Bankenaufsicht und der Konkurrenz gegangen. Ihre fortlaufende Existenz verdankt sie Fritz Vogt, einem streitbaren Mann mit buschigen, dunklen Augenbrauen über schelmisch blitzenden Augen. 40 Jahre lang hat er das kleine Geldinstitut geführt, das er von seinem Vater übernommen hatte und das von seinem Großvater gegründet worden war. „Es gibt nichts Demokratischeres als eine ländliche Genossenschaft. Wir kennen die Leute ja alle und die Bank hat keine andere Aufgabe, als das Geld im Auftrag ihrer Kunden zu verwalten", begründet der 1930 Geborene seine Motivation, sich immer wieder mit Aufsichtsbehörden angelegt zu haben. Zwar sieht er die Notwendigkeit einer guten Beratung: „Wir haben es mit Leuten zu tun, die im Geldwesen unbedarft sind." Doch um die Dinge anständig abzuwickeln, müsse man nicht studiert haben, ist Vogt überzeugt. In Kriegszeiten haben seine damals 13- und 15-jährigen Schwestern die Bank schließlich auch ein paar Monate lang ohne jedes Problem geführt.

In Gammesfeld bestimmt der Kunde, ob er einen neuen Stall bauen will oder sich eine größere Melkanlage lohnt. Sobald der Finanzbedarf 5000 Euro übersteigt, entscheidet ein von der Generalversammlung gewähltes Aufsichtsgremium. „Natürlich haben wir auch immer wieder Anträge abgelehnt; man ist doch verantwortlich für seine Mitbürger, dass sie sich nicht übernehmen", so Fritz Vogt. Und wenn mal ein Schuldner schwer krank wird oder sonst in eine unvorhersehbare Krise gerät, suchen die Bankgenossen mit ihm gemeinsam nach einer Lösung. Nur ein einziges Mal ist in Gammesfeld ein größeres Darlehen geplatzt – unvorstellbar wenig im Vergleich zu dem, was sonst üblich ist.

Im Umkreis sind inzwischen alle Kleinfilialen von größeren Bankhäusern geschluckt worden – angeblich weil sie unrentabel waren. Doch Vogt, der in seiner Zeit als Banker jeden Computer ablehnte, nimmt genau das Gegenteil für sich in Anspruch. „Wir waren immer ein Stein des Anstoßes, weil wir hocheffizient waren und gute Konditionen bieten konnten." Tatsächlich lagen die Kreditzinsen zu Vogts Zeiten in der Regel nur ein Prozent über den Sparzinsen, während bei Großbanken der Abstand stets mehrere Prozent beträgt. Auch der Verwaltungsaufwand war gering, so dass Vogt neben seinem Job auch noch zahlreiche Ehrenämter ausfüllen und einen Nebenerwerbsbauernhof führen konnte. Und schließlich gibt ihm auch die Entwicklung der ehemaligen Schwesterunternehmen in den umliegenden Dörfern Recht: Nachdem die Crailsheimer Volksbank 25 kleine Geldhäuser übernommen hatte, verspekulierte sie sich an der Börse und wurde nun ihrerseits zwangsfusioniert.[237]

Nur wenn mal wieder ein Prozess anstand, hatte Fritz Vogt viel zu tun. Über drei Instanzen klagte er gegen die Bundesanstalt für Finanzdienstleistungsaufsicht (BAFin), nachdem die das „Vier-Augen-Prinzip" vorgeschrieben hatte: Jede Bank muss mindestens zwei festangestellte Beschäftigte haben. Die Erfüllung dieser Vorgabe hätte das sichere Aus für das kleine Geldhaus bedeutet. Das Bundesverwaltungsgericht aber akzeptierte schließlich das Gammesfelder Geschäftsmodell, und auch die Industrie- und Handelskammer Stuttgart, die die Raiffeisenbank zu einer

Zwangsmitgliedschaft verpflichten wollte, erlitt gegen Vogt eine Schlappe.

„Vielen behördlichen Schwachsinn hab ich einfach nicht beachtet. Oft hab ich einfach geschrieben: mangels EDV nicht machbar", kichert der 80-Jährige. Nachdem er alte Formulare verwendet hatte und die dringlichen Nachfragen der BAFin, ob der Fehler endlich abgestellt sei, einfach nicht beantwortete, strengte die Bankenaufsicht schließlich ein Amtsenthebungsverfahren gegen ihn an. Doch bevor das entschieden war, saß schon Peter Breiter auf dem Stuhl. Auch Angriffen von anderer Seite erwehrte sich Fritz Vogt mit Erfolg: Einen Bankräuber schlug er mit einem simulierten Herzinfarkt in die Flucht. Inzwischen ist die Bank durch Kameras rund ums Haus gut gesichert.

Jeden Tag kommt Fritz Vogt bei seinem Nachfolger vorbei und hilft hier und da. Nur der Computer ist für ihn tabu. „Der ist mir viel zu nervig – ein Zeitverzögerer und Kostenfaktor", begründet er seine Ablehnung. Denn auch wenn die Gammesfelder Kontenverwaltung nach wie vor ausschließlich in dem kleinen Schalterraum stattfindet, kann sich das Geldinstitut der für Großbanken entwickelten Bürokratie nun nicht mehr entziehen. Tatsächlich ist Peter Breiters Arbeitstag lang, Zeit für Ehrenämter oder Kühe hat er nicht. Doch auch wenn viele ehemalige Kollegen ihn teils belächeln, teils bedauern – seinen Wechsel nach Gammesfeld hat er keinen einzigen Tag bereut. „Hier steht nicht der Verkauf von irgendwas im Vordergrund. Ein Mensch kommt rein und ich guck, wie ich ihm helfen kann." Das macht Breiter zwar nicht reich – aber zufrieden. Derweil fasst sein Vorgänger seine Lebenserfahrung zusammen: „Da kann man nichts machen ist ein Unwort. Widerstand lohnt sich". Von oben sei das heutige Finanzsystem jedoch nicht zu besiegen. „Man kann es nur untergraben", so Vogt. Er versteht sich als Antikapitalist. Den Titel Bankdirektor lehnte er stets ab, stattdessen bezeichnete er sich als „Jünger von Raiffeisen".

Raiffeisen organisierte die ersten ländlichen Genossenschaftsbanken

Friedrich Wilhelm Raiffeisen war ein Sozialreformer des 19. Jahrhunderts. Als Bürgermeister eines Dorfes im Westerwald und später größerer Ortschaften organisierte er karitative Projekte, erkannte aber bald, dass nur gemeinschaftliche Selbsthilfe Menschen tatsächlich aus der Not heraushilft. Der 1864 gegründete Heddesdorfer Darlehnskassen-Verein war die erste ländliche Genossenschaft in Deutschland. Sie beruhte auf den Grundprinzipien Selbsthilfe, Selbstverantwortung und Selbstverwaltung. Der Verein versorgte die Bauern mit Saatgut, Vieh und Forken und wickelte für seine Mitglieder den landwirtschaftlichen Warenhandel und Geldgeschäfte ab. Raiffeisen verfasste darüber ein vielgelesenes Buch, und so verbreitete sich sein Grundsatz schnell: „Was dem Einzelnen nicht möglich ist, das vermögen viele". Dabei legte Raiffeisen Wert darauf, dass die Struktur kleinteilig blieb und der Wirkungskreis der einzelnen Kasse nur so weit reichte, wie man von einem Kirchturm aus blicken kann – sprich wie weit die Menschen einander persönlich kennen.

Wenige Jahre später gab es in sehr vielen Orten ähnliche Banken. 1869 wurde in Preußen dann das erste Genossenschaftsgesetz verabschiedet, so dass die Gemeinschaftskassen jetzt auch eine sichere Rechtsform bekamen.[238] Davon profitierten sowohl die Raiffeisenbanken als auch die in den Städten entstandenen Volksbanken. In Deutschland fusionierten die Volks- und Raiffeisenbanken insbesondere seit den 1970er Jahren zu immer größeren Einheiten, weil sie nach allgemeiner Auffassung zu klein und ineffektiv waren.

Mit der Arbeitslosigkeit kam der Neuanfang

Vielleicht ist es kein Wunder, dass in Raiffeisenbanken ausgebildete Leute einem heute da begegnen, wo über neue Formen von Geld nachgedacht wird. Auch der Erfinder des „Sterntaler", der heute als Parallelwährung im Berchtesgadener Land kursiert, hat seine Lehre in einer Raiffeisenbank absolviert. Später arbeitete Franz Galler dann allerdings erst einmal bei der Dresdner Bank-Tochter Advance und beriet reiche Leute, wie sie ihr Geld vermehren – bis er plötzlich selbst die Kehrseite der Jagd nach immer höheren Renditen erlebte: Die Dresdner Bank wurde von der Allianz gefressen, und die ordnete kurzerhand die Abwicklung der Advance Bank an. Franz Galler wurde arbeitslos.

Jetzt ließ er dem schon länger nagenden Gedanken, ob der ganze Finanzsektor auf Dauer funktionieren kann, mehr Raum. „Die Banker wollen die Zinseszinsproblematik einfach nicht sehen. Ich ja lange Zeit auch nicht", räumt Franz Galler ein, der manchmal fast getrieben wirkt, wenn er mit schneller Sprache seine Ideen erläutert. Als ihm einmal jemand erklärte, dass ein Pfennig, der zu Jesu Geburt auf ein Sparbuch mit 5 % Verzinsung gelegt worden wäre, 2000 Jahre später durch den Zinseszinseffekt so viel wert wäre wie über 200 Milliarden Erdkugeln aus purem Gold, mochte er das zuerst nicht glauben. Er rechnete nach, fand keinen Fehler und schob den Gedanken, dass ein solches System längerfristig einfach nicht funktionieren kann, erst einmal zur Seite. Wie auch sonst hätte er seinen Alltag als Finanzplaner bewältigen sollen? Heute aber ist für den 51-Jährigen klar: „Auf Dauer ist es unmöglich, dass die Wirtschaft Jahr für Jahr um mehrere Prozentpunkte zulegt."

Wachstumsspirale führt in den Abgrund

Eine auf permanentes Wachstum angelegte Wirtschaft muss sich über kurz oder lang selbst strangulieren, prognostizierte der französische Sozialphilosoph André Gorz. Schließlich haben in einem solchen System nur die Herstellerfirmen eine Überlebenschance, die mit immer effektiveren Maschinen und möglichst wenig Personal immer größere Warenmengen ausspucken. Dadurch sinken tendenziell die Produktionspreise. Um die Profite zu steigern oder zumindest auf gleichem Niveau zu halten, muss immer mehr –

und damit immer Neues – auf den Markt geworfen werden. Die Menschen müssen dazu gebracht werden, unbedingt ein Paar Turnschuhe oder ein Hemd von dieser bestimmten Marke haben zu wollen, egal wie überteuert es gemessen an den Herstellungskosten ist. Nicht der Bedarf und die Wünsche der Kunden treiben dabei das System an, sondern die Marketingabteilungen: Die Nachfrage nach Dingen, die bisher niemand vermisst hat, muss ununterbrochen neu geschaffen werden. Eine solche Wirtschaft der Verschwendung rast nicht nur auf einen ökologischen Kollaps zu, sondern ist auch ökonomisch nicht zukunftsfähig. Weil sich nämlich mit echten Gütern und Dienstleistungen irgendwann kaum noch wachsende Renditen erzielen lassen, investieren viele Firmen einen Großteil ihrer Gewinne auf dem Finanzmarkt. Doch die dort angebotenen Produkte haben gar keinen realen Gegenwert.[239]

Zugleich wirken die Finanzmärkte zurück auf die materielle Wirtschaft und dominieren sie zunehmend. Schließlich verfügen erfolgreiche Fondsmanager über Milliarden an Investitionskapital und damit können sie die Vorstände großer Konzerne bestens unter Druck setzen. Die Drohung, in großem Umfang Aktien eines Unternehmens abzustoßen und damit den Börsenkurs zu ruinieren, macht die Manager gefügig: Sie können gar nicht anders, als sich fast ausschließlich an den Interessen der Anteilseigner zu orientieren – und das sind Gewinne und steigende Börsenkurse.

Rationalisierung und die Knebelung von Lieferanten sind wichtige Instrumente, um die Wünsche der Aktionäre zu befriedigen. Dagegen spielen sichere Arbeitsplätze, langfristige Perspektiven oder die Versorgung der Menschen mit bestmöglichen Gütern und Dienstleistungen eine untergeordnete Rolle in einer Sphäre, in der die Gewinne der vergangenen drei Monate zum zentralen Maßstab geworden sind. Eine Verantwortung der Anteilseigner für das Unternehmen, seine Beschäftigten oder die dort hergestellten Produkte existiert in einem solchen Wirtschaftssystem nicht. Viele Aktionäre wissen ja nicht einmal Bescheid, dass sie an einer Firma überhaupt beteiligt sind – so wie Hertha Normalverbraucherin mit ihrem Riester-Rentenvertrag.

Allerdings sind ja längst nicht alle Unternehmen an den Börsen notiert oder auch nur Aktiengesellschaften, so dass die Finanzwirtschaft hier keinen Einfluss hat, könnte man meinen. Doch das stimmt nicht. Denn große Unternehmen gelten als kreditwürdiger als kleine Betriebe und bekommen Darlehen entsprechend zu günstigeren Konditionen. Somit hat die Finanzindustrie einen erheblichen Anteil am Trend zu immer größeren Firmenkonglomeraten. Gab es 1990 noch 35.000 transnationale Unternehmen, so sind es heute bereits 2,3-mal so viele. Und diese Multis verleiben sich immer mehr zuvor eigenständige Firmen ein, so dass sich die Zahl derartiger Tochterunternehmen sogar mehr als verfünffacht hat.[240]

Verteidigung der Provinz

Franz Galler hat diese Zusammenballung von ökonomischer Macht noch aus einem anderen Grund mit wachsender Beunruhigung beobachtet: Die großen Unternehmen haben ihren Sitz in großen Städten – und dorthin fließt das Geld, das die Kundschaft für deren Produkte ausgibt. Damit wird die wirtschaftliche Kraft aus den Regionen abgesogen und sammelt sich in den Zentren, wo die Konzerne ihre Schaltzentralen haben. Kleinbauern und unternehmergeführte Läden haben deshalb im gegenwärtigen System immer weniger Chancen gegen Agrarkonzerne, Discounter und Bäckereiketten, abgelegene Standorte sind wirtschaftlich im Nachteil gegenüber den Großstädten. Die Folge: Die Regionen bluten aus. „Aber ich will hier bleiben in dieser wunderschönen Gegend und will, dass auch meine Kinder die Chance haben, hier zu bleiben," sagt Galler, der am Fuße der Alpen geboren und auf einem Bauernhof aufgewachsen ist.

Nachdem er entlassen worden war, begann er zu lesen, gierig saugte er alles ein, was er über andere Formen der Geldwirtschaft in die Finger bekam. Im benachbarten Chiemgau gab es bereits eine Regionalwährung, das faszinierte Galler, und so begann er mit allen möglichen Leuten über die Idee zu reden, auch im Berchtesgadener Land eigenes Geld einzuführen. „Ich wollte keine Nische für eine Randgruppe schaffen, sondern etwas, was in der Mitte der Gesellschaft stattfindet und auch für Unternehmer attraktiv ist." Schließlich besteht Gallers soziales Umfeld keineswegs aus Freaks oder Aussteigern, sondern aus gutbürgerlichen Menschen.

2004 war es dann so weit. Im Berchtesgadener Land kursierten die ersten „Sterntaler-Gutscheine" – hübsch gestaltete Papiere, die zunächst in einem kleinen Bioladen ausgegeben wurden und heute von den 600 Vereinsmitgliedern an 13 Stellen durch den Umtausch von Euro in Sterntaler in Umlauf gebracht werden. Dafür stecken sie ihre orangefarbene Chipkarte in einen Apparat, der ähnlich wie ein Kreditkartengerät aussieht, und überweisen damit Euros von ihrem Girokonto auf ein Sperrkonto der GLS-Bank. Dafür bekommen sie dann vor Ort eine gleiche Menge Sterntaler ausgezahlt. Mit den Gutscheinen können sie in inzwischen 230 Läden, bei Handwerkern oder Kneipen ihre Rechnung bezahlen. Zugleich gibt es für Leute, die die Regionalwährung schöpfen, einen Anreiz: Für jeden neu auf den Markt geworfenen Sterntaler klingelt bei einem von ihnen ausgewählten Sozial- oder Ökoprojekt die Kasse. Weil die Mitgliedschaft im Verein für Verbraucher zudem kostenlos ist, liegt die Hürde mitzumachen sehr niedrig.

Jedes Halbjahr verlieren die Sterntaler zwei Prozent ihres Wertes und müssen dann durch eine Aufklebemarke aufgewertet werden. „Wenn ich beides im Portemonnaie habe, gebe ich natürlich lieber erst die Sterntaler aus als die Euros", erklärt Franz Galler den Sinn dieses Mechanismus. So laufen die inzwischen über 80.000 Sterntaler wesentlich schneller von einem Besitzer zum nächsten als die Euros. Genau das ist erwünscht: Denn wer Sterntaler ausgibt, lenkt damit auch das Einkaufsverhalten derjenigen, die nach ihm kommen: Das Geschäft macht wieder jemand aus der Region. Dagegen sind Euros in dieser Hinsicht neutral und wandern erfahrungsgemäß am häufigsten dorthin, wo es am billigsten ist – und das sind Aldi & Co.

Das Wunder von Wörgl

Die Idee des Schwundgelds ist nicht neu. Theoretisch entwickelt wurde sie vom Kaufmann Silvio Gesell Anfang des 20. Jahrhunderts. Der hatte insbesondere in Argentinien beobachtet, dass die Wirtschaft abgewürgt wird, wenn Menschen ihr Geld horten statt es auszugeben: Die Waren bleiben liegen, die Kaufleute sind gezwungen, mit den Preisen runterzugehen und das treibt immer mehr Firmen in die Pleite; Leute werden entlassen, die Löhne sinken und wer immer kann, legt sein Geld auf die hohe Kante aus Angst vor noch schlechteren Zeiten, so dass die Waren jetzt wie Blei in den Regalen liegen. Und so dreht sich die Spirale immer und immer weiter nach unten. Dem stellte Gesell sein Konzept des Freigelds gegenüber, das nach und nach seinen Wert einbüßt und die Besitzer deshalb veranlasst, es möglichst bald in Umlauf zu bringen.

Erstmals in größerem Umfang umgesetzt wurde Gesells Vorstellung im österreichischen Städtchen Wörgl Anfang der 30er Jahre. Nach dem Crash der New Yorker Börse schwappte die Finanz- und Wirtschaftskrise schnell auf Europa über. In Wörgl ging die Zellulosefabrik mit 400 Arbeitsplätzen pleite und die Brauerei stand ebenfalls kurz vorm Zusammenbruch. Ein Großteil der Einwohner Wörgls war auf die Armenfürsorge angewiesen. Die Zentralregierung in Wien versuchte, der Lage durch einen strikten Sparkurs, Personalabbau und Lohnsenkungen Herr zu werden. Dagegen plädierte Wörgls sozialdemokratischer Bürgermeister Michael Unterguggenberger nach der Lektüre Gesells für das genaue Gegenteil: Die öffentliche Hand solle mehr Geld ausgeben. Er schlug vor, in Wörgl eine Komplementärwährung zum Schilling einzuführen – und damit die Leute sie auch tatsächlich ausgäben, sollte sie am Ende jedes Monats ein bisschen an Wert verlieren. Im Juli 1932 begann das Experiment: Die städtischen Angestellten wurden als Erste damit entlohnt, und wer im August noch einen Juli-Schein übrig hatte, musste gegen Gebühr einen kleinen Aufwerter dafür kaufen.

Zuerst akzeptierten nur einige Ladenbesitzer die bunten Scheine. Doch neue Wasserleitungen und eine Brücke wurden gebaut, die Handwerker hatten wieder zu tun und konnten sich Lebensmittel und Kleidung kaufen. Auch die Bauern spürten den Nachfrageschub und nach und nach entschlossen sich auch die meisten zögernden Einzelhändler mitzumachen. Die Geldscheine wanderten nun schnell von Hand zu Hand, und während in den umliegenden Regionen die Arbeitslosigkeit weiter zunahm, sank sie in Wörgl um ein Viertel. Michael Unterguggenberger wurde zu einem vielgefragten Mann, auch größere Städte interessierten sich jetzt für das erfolgreiche System und wollten es gerne kopieren. Das aber missfiel den Großkopferten in Wien außerordentlich und so ließ Österreichs Nationalbank die Wörgl-Währung per Gerichtsbeschluss verbieten. Das Wunder von Wörgl war beendet, und bald stieg die Arbeitslosigkeit in dem Tiroler Städtchen wieder an.

Immer mehr Unternehmer akzeptieren Sterntaler

Zurück ins Berchtesgadener Land nach Piding, wo die Geschäftsfrau Walburga Stadler lebt. Ihre Kelterei produziert Heulimonade, Säfte und Schnäpse und hat inzwischen monatlich etwa 2000 Sterntaler in der Kasse. Walburga Stadler hat mit einem ihrer wichtigsten Zulieferer ausgehandelt, dass sie zu 30 Prozent mit Sterntalern bezahlen darf. Ihren privaten Einkauf bei Edeka bestreitet sie fast vollständig damit. Dagegen muss sie die Flaschen und Gläser für ihren Betrieb überregional beziehen. Deshalb tauscht sie ab und zu Sterntaler zurück in Euro – was mit fünf Prozent Wertverlust einhergeht. Dieser Überschuss fließt größtenteils in die sozialen und ökologischen Projekte, die die „Hersteller" der Sterntaler am Anfang der Kette beim Umtausch ausgewählt haben.

Der Edeka-Laden in Berchtesgaden hat inzwischen viele regionale Produkte ins Sortiment aufgenommen, denn nur so kann er einen Großteil der Sterntaler ohne Verluste loswerden. Die Regionalwährung gar nicht zu akzeptieren wäre für die Geschäftsführerin auch nicht klug gewesen: Viele Kunden würden dann nämlich anderswo einkaufen.

Genau so hat Christiane Fischer-Urlbauer reagiert. Die begeisterte Anhängerin des Berchtesgadener Regionalgelds leitet ein komfortables Almhotel mit Restaurant, dessen gute Küche auch viele Einheimische anlockt. Mehrfach forderte sie ihren Schlachter auf, ihr Ware gegen Sterntaler zu liefern. Als der sich weigerte, suchte sie sich einen neuen Fleischer, der dazu bereit war. So wird das Netz der Beteiligten immer engmaschiger. „Als ich mal Schwierigkeiten hatte, die ganzen Sterntaler irgendwo unterzubringen, hab ich Franz Galler Bescheid gesagt und wir haben gemeinsam überlegt, wen wir noch ansprechen können", berichtet Peter Nagy, der einen Biosupermarkt betreibt. Bäckereien, mehrere Bauern und das Lagerhaus sind auf diese Weise neu dazugestoßen. Allein zwei Dutzend Mütter von Waldorfschülern sorgen dafür, dass jährlich etwa 40.000 Euro in Sterntaler verwandelt werden – durchaus nicht uneigennützig: Sie alle wählen den Zuschuss zum Schulbusbetrieb als Projekt, das durch die drei Prozent Umtauschbelohnung unterstützt werden soll. Allein sie sorgen auf diese Weise für einen jährlichen Sterntaler-Umsatz in der Region im Wert von mehreren hunderttausend Euros, denn eine wissenschaftliche Studie hat herausgefunden, dass jeder Sterntaler durchschnittlich fünf bis sieben Stationen durchläuft, bis ihn ein Unternehmer zurück in Euro verwandelt.

Doch der umtriebige Ex-Banker Galler will mehr. Das Zinseszinsproblem und später auch die internationale Finanzkrise 2008 haben seine Überzeugung gestärkt, dass das weltweite Währungssystem über kurz oder lang zusammenbrechen wird. Deshalb sann er darüber nach, wie eine völlig unabhängige Währung aussehen könnte, die nicht mehr mit einer allgemeinen Währung unterlegt ist wie der Sterntaler, für den bei der GLS-Bank ja eine entsprechende Menge an Euros vorgehalten wird. Wieder suchte er nach historischen Vorbildern, wieder fand er ein vielversprechendes Beispiel aus der Zeit der großen Depression Anfang der 30er Jahre und wieder war es Silvio Gesell, der den Machern die entscheidenden Impulse gegeben hatte.

Eine Währung, die nur im Buche steht

In Zürich gründeten 16 Klein- und Mittelständler 1934 die Wirtschaftsring-Genossenschaft – kurz WIR-Bank. Ihr Ziel war es, gemeinsam ihren Absatz anzukurbeln. Dafür entwickelten sie ein reines Buchgeld, das nicht bar ausgezahlt werden konnte, sondern ausschließlich dazu diente, die Waren- und Dienstleistungen der Mitglieder untereinander zu verrechnen. Ging ein Konto ins Plus, fiel ein anderes entsprechend ins Minus. Als Verrechnungseinheit diente der Schweizer Franken. Anders als auf einem normalen Girokonto wurden für rote Zahlen allerdings keine Zinsen fällig, wohingegen für angehäufte Guthaben eine Gebühr zu entrichten war. Sinn der Sache war genau wie in Wörgl, dass jeder bestrebt war, sein Geld möglichst schnell wieder auszugeben: Die WIR-Teilnehmer förderten sich auf diese Weise gegenseitig und so kam der Wirtschaftskreislauf wieder in Schwung.

Während alle derartigen Experimente aus den 30er Jahren aus unterschiedlichen Gründen abgebrochen wurden, gibt es die WIR-Bank noch immer. Inzwischen residiert sie in einem edlen Gebäude in Basel und auch sonst gab es über die Jahre einige Neuerungen. Doch am Grundsatzprinzip hat sich nichts geändert. Heute beteiligen sich 60.000 Unternehmen aus der ganzen Schweiz an dem System und sie haben 2010 Geschäfte im Wert von 1,6 Milliarden Schweizer Franken (über 1,2 Milliarden Euro) darüber abgewickelt. Nach wie vor gibt es keine Zinsen für WIR-Geld, allerdings wurden 1952 auch die Gebühren für Guthaben abgeschafft, weil die Gewerbetreibenden diese Regelung immer weniger akzeptabel fanden.

Teilnehmerverzeichnisse, eine regelmäßige Inseratzeitung und ein Marktplatz auf der Homepage der Bank informieren über die Angebote im WIR-Zirkel. Getätigt werden die Geschäfte über Papierschecks, Einzahlscheine, Scheckkarten oder via Internet. Die Geschäftsbedingungen verbieten den Umtausch der WIR-Verrechnungseinheit in reale Schweizer Franken oder andere Währungen – und wer sich nicht daran hält und versucht, von der Zinsdifferenz zu profitieren, wird ausgeschlossen. Besonders viel Handel verzeichnet die WIR-Bank immer dann, wenn die allgemeine Wirtschaft lahmt. „Mit etwas Verzögerung nehmen die Aktivitäten zu, sobald es Lücken in den Auftragsbüchern gibt", berichtet Firmensprecher Hervé Dubois. Im ersten Halbjahr 2010 erlebte die WIR-Bank deshalb einen kleinen Boom, und als es danach überall aufwärts ging, ebbten die Geschäfte bei der WIR-Bank wieder etwas ab. „Wir funktionieren halt antizyklisch", erklärt Dubois.

Ein moderner Tauschring

Der zweite Impulsgeber für Franz Gallers auf der Suche nach einer völlig autonomen Währung waren Tauschringe. Die hatten sich nicht nur in den 80er Jahren in linksalternativen Kreisen sehr großer Beliebtheit erfreut, sondern waren im benachbarten Österreich auch aus der Tradition von organisierter Nachbarschaftshilfe entstanden. In beiden Fällen wird Arbeitszeit getauscht: Repariere ich eine Stunde lang deine Waschmaschine, habe ich Anrecht auf eine Stunde Babysitten oder Rasenmähen von jemand anderem aus dem Kreis. Auch hier ist das Ganze ein Nullsummenspiel: Sobald jemand eine Plusstunde auf seinem Konto hat, geht ein anderer ins Minus.

Galler kombinierte das WIR-System mit dem der Tauschringe, so dass Unternehmen den Tauschring auch für normale Geschäftsvorgänge nutzen können und Privatleute ebenfalls die Chance haben, sich zu beteiligen. So entstand die Genossenschaft „Mitanand". Die rund 100 Mitglieder des Kooperationsrings – darunter 60 Geschäftsleute – rechnen in Talenten ab; der Umrechnungskurs ist auch hier ein Euro zu einem Talent. Anders als die Sterntaler können die Talente nicht zurück in Euro getauscht werden. Doch auch sie verlieren nach und nach an Wert, so dass es Sinn macht, sie möglichst bald einzusetzen. Die Hotelbesitzerin Christiane Fischer-Urlbauer erwirbt damit Holz und Gemüse fürs Geschäft, kann aber ebenso gut eine Massage oder eine Heilpraktikerbehandlung mit der Tauschwährung begleichen. Sie selbst bekommt für etwa zehn Prozent der Speisen und Getränke

Sterntaler oder Talente – und wenn es nach ihr ginge, könnten ruhig noch viel mehr Gäste damit zahlen.

Das alternative Wirtschaftssystem im Berchtesgaden wächst und wächst. Mittelfristig soll die Genossenschaft ihren Mitgliedern auch Energie liefern – eine Photovoltaikanlage auf einem Schuldach ist gerade in Planung. Auch Gemeinschaftsautos zur Sicherung der Mobilität sind in der Diskussion, was ebenfalls an eine alte Raiffeisenüberzeugung anknüpft: Man muss nicht alles besitzen, was man benutzen will. Franz Galler hofft, dass die Genossenschaft sogar zu einem entscheidenden Teil der Altersvorsorge wird: Heute eingebrachte Talente und Arbeitsstunden sollen später in Form von Unterstützungsleistungen genossen werden können. Auch dafür hat er schon ein Vorbild gefunden.

Vorbild Japan

In Japan haben sich mehrere hundert lokale Gruppen nach dem sogenannten Fureai Kippu-System organisiert: Wer einen alten Menschen im Alltag unterstützt, bekommt ein Zeitguthaben für eine entsprechende Gegenleistung gutgeschrieben, die er später entweder selber nutzen oder verschenken kann – etwa an seine hilfsbedürftigen Eltern in einem anderen Landesteil. Initiiert wurde das inflationsfreie System Mitte der 90er Jahre von der Regierung, um mit dem Problem einer stark überalterten und damit häufig auf Hilfe angewiesenen Bevölkerung umzugehen. Inzwischen ist es landesweit gut verbreitet und sehr beliebt, auch weil hier die persönliche Beziehung von Unterstützer und Unterstütztem eine wichtige Rolle spielt.

Woher aber sollen die Menschen bei „Midanand" die Sicherheit bekommen, dass sie später einmal die heute von ihnen investierte Zeit auch zurückbekommen? Erst wenn die Genossenschaft entsprechendes Vermögen aufgebaut hat, will sie den Startschuss als Zeitbank geben, berichtet Galler. Im Krisenfall aber könne man auch schon früher starten – die technischen Voraussetzungen seien geschaffen. „Und auf so ein System verlasse ich mich lieber als auf irgendeine anonyme Pfefferminzia-Versicherung."

In Österreich mischt der Staat eifrig mit

Im österreichischen Bundesland Vorarlberg sind regionale und lokale Wirtschaftskreise ebenfalls seit ein paar Jahren verbreitet – und anders als im Berchtesgadener Land mischen hier auch staatliche Stellen intensiv mit. Zum Beispiel in der 1100-Seelen Gemeinde Langenegg, wo es seit 2008 eine eigene Währung gibt, die ebenfalls „Talente" heißt. In der Raiffeisenbank verwandeln die Mitarbeiter jeden Monat jeweils 25 bis 300 Euros von Kundenkonten in das Regionalgeld – über 10.000 Euro sind das inzwischen monatlich. Wer mitmacht, bekommt beim Einkauf einen fünfprozentigen Rabatt, den die Gemeinde aus ihrem Steuersäckel finanziert. „Es geht uns dabei vor allem um Bewusstseinsarbeit: Die Leute sollen nachdenken, wo sie ihre Euros hinrollen lassen", so Bürgermeister Georg Moosbrugger, ein ausgebildeter Sonderpädagoge.

„Am Anfang gab es einen Aufschrei: Was, schon wieder eine neue Währung", berichtet Banker Karl Herburger. Doch er nahm sich viel Zeit, um den Sinn der Sache zu erklären. Schließlich gibt es in fast keinem Dorf von der Größe Langeneggs noch einen Dorfladen. In Langenegg dagegen verdienen beim gut sortierten „Adeg" immerhin neun Leute ihr Geld, davon drei Azubis. Jährlich geben die Leute hier Talente im Wert von 150.000 Euro aus – das sind mehr als zehn Prozent des Gesamtumsatzes. „Vor allem Mitte des Monats, wenn die Leute das Geld drüben abholen, ist das hier voll", berichtet Jutta Sutterlüti und zeigt auf ein Fach in ihrer Kassenlade, wo sie die Scheine nach Farben geordnet einsortiert hat. Auf ungerade Beträge gibt sie Centmünzen heraus. „Kompliziert ist das alles nicht." Auch in der Käserei, im Café, beim Tischler, beim Elektrotechniker, in der Kfz-Werkstatt oder beim Frisör können Kunden mit Talenten bezahlen.

Langeneggs Bank beschäftigt immerhin drei Angestellte. „Wir leben vor allem vom Lebensmittelladen und umgekehrt. Wenn es den Laden nicht gäbe, würden die Leute anderswohin fahren und auch unsere Dienstleistung viel weniger in Anspruch nehmen", ist Raiffeisenbanker Herburger überzeugt. Etwa 150 Jobs hat Langenegg in den vergangenen Jahren durch eine gezielte Förderung der regionalen Wirtschaftskreisläufe geschaffen, schätzt Bürgermeister Moosbrugger. Neben der eigenen Währung haben dazu vor allem günstige Gewerbemieten in den dorfeigenen Gebäuden beigetragen.

Dass Ökonomie und Ökologie eng zusammenhängen, hat man in Langenegg längst verstanden. Der Supermarkt ist in einem schicken Glas-Holz-Neubau untergebracht, der viel Tageslicht hereinlässt. Bei ihren Architekturentscheidungen spielte für die Volksvertreter nicht nur die Ästhetik eine entscheidende Rolle, sondern sie verlangten auch eine energiesparende Passivbauweise sowie die Verwendung von Holz aus der Umgebung. „Das alles hat nur 1,2 Prozent höhere Baukosten verursacht," betont Moosbrugger. Auch den Verkehr zu reduzieren hat hohe Priorität für die Langenegger Abgeordneten. Deshalb sind Bustickets hier sehr billig, und Vereine, die für einen gemeinsamen Ausflug öffentliche Verkehrsmittel nutzen, bekommen Zuschüsse – in Talenten selbstverständlich. Das kleine Dienstauto des Bürgermeisters kann von jedem Einwohner ausgeliehen werden, wenn er es nicht für einen offiziellen Termin vorgemerkt hat. Einen erheblichen Teil der täglichen Einkaufswege legen die Langenegger aber dank des guten Angebots eh zu Fuß zurück.

Bürgermeister Georg Moosbrugger ist ein Mann ohne Parteibuch, genau wie alle anderen Volksvertreter im Dorf. Die Einführung der Talente-Währung war ein einstimmiger Beschluss, so wie hier häufig nach längerer Diskussion und Abwägung der Argumente im Konsens entschieden wird. „Viele beneiden uns, dass es hier keinen Fraktionszwang gibt. Das ist wohl auch der Grund, warum bei uns vieles klappt", mutmaßt der smarte Moosbrugger. Manchmal kommen ganze Busladungen voll Lokalpolitiker in das Dorf 20 Kilometer östlich vom Bodensee, um zu erfahren, wie die Gemeinde es schafft, eine internationale Auszeichnung nach der nächsten abzuräumen. Erst im Herbst 2010 hat sie den europäischen Dorferneuerungspreis eingeheimst.

Ähnlich wie im Berchtesgadener Land gibt es auch in Vorarlberg eine Verschränkung von Regiogeld und Tauschszene – wobei der Tauschkreis hier zuerst da war. 1996 wurden die Talente als Verrechnungseinheit bundeslandweit eingeführt. Mit 28.000 Stunden im Jahr 2009 ist der Vorarlberger Tauschkreis der größte in Europa. Neben 600 Familien nehmen daran auch 130 Betriebe teil. Angebot und Suchaufträge laufen über die monatliche Mitgliedszeitung oder das Internet, auch die Konten werden online geführt. Dabei gilt die Umrechnungseinheit: Eine Stunde sind 100 Talente, was etwa 8,70 Euro entspricht und auch in entsprechende Waren und Dienstleistungen umgewandelt werden kann. Nur Geschäftsleute haben die Möglichkeit, Talente zurück in Euro zu verwandeln – und das kostet Gebühren. Lieber beziehen sie deshalb möglichst viel Waren und Dienstleistungen, die es gegen Talente gibt, sei es Mehl von einer beteiligten Kornmühle oder die Autoreparatur in Langenegg. Der 72-jährige Dieter Feßler, der „Reparaturen fast aller Art" anbietet, hat seine Talente gegen ein ÖPNV-Abo und die Organisation einer Geburtstagsfeier eingetauscht.

Krisengewinnler in Vorarlberg

„In der Wirtschaftskrise hat unser System deutlich profitiert", berichtet Rolf Schilling, einer der führenden Köpfe der Szene. Als die Banken auf dem Weltmarkt zu crashen drohten, sprang der Umsatz auf den Talente-Tauschkreiskonten in dem österreichischen Bundesland östlich vom Bodensee um 40 Prozent nach oben. Auch Autos wechselten hier schon über die interne Verrechnungswährung den Besitzer, und ein erster Vermieter akzeptiert die Regionalwährung inzwischen ebenfalls. Der Gesamtumsatz in Vorarlberg entspricht inzwischen 1,2 Millionen Euro. Dabei ist die Tendenz rasant steigend, denn das System wird laufend erweitert. 2011 will die Region Walgau mit immerhin 50.000 Einwohnern eine eigene Gutscheinwährung ähnlich wie Langenegg einführen. Angedacht ist, dass die Gemeinden damit auch gemeinnützige Tätigkeiten entlohnen können. Umgekehrt sollen die Bürger die Möglichkeit erhalten, ihre lokalen Steuern oder die Müll- und Wassergebühren mit Walgauer Talenten zu begleichen.

Und schließlich plant der Vorarlberger Talente-Tauschkreis auch in die Zukunft und will einen Teil der Altersvorsorge seiner Mitglieder übernehmen. Im Jahr 2004 startete im Sozialsprengel Leiblachtal ein erstes Pilotprojekt: Tauschkreismitglieder, die alten Leuten im Alltag halfen, konnten sich die Stunden langfristig gutschreiben lassen, um sie später einzulösen, wenn sie einmal selbst Hilfe benötigen. Die fünf beteiligten Gemeinden übernahmen die Haftung: Sollte der Tauschring irgendwann nicht mehr funktionieren, bekämen die Sparer auf jeden Fall trotzdem den Gegenwert ihrer Zeitguthaben. Zwar hat dieser erste Versuch noch nicht allzu gut geklappt, weil die Beteiligten wenig Geld hatten und insofern ihre Talente-Guthaben lieber in Form von Waren einlösten, um erst einmal ihren gegenwärtigen Alltag zu bewältigen. Doch Rolf Schilling ist dennoch optimistisch. Vermutlich Anfang 2012 liegen die gesetzlichen Grundlagen vor, um ein solches System in ganz Vorarlberg einzuführen. Geklärt wird gegenwärtig, ob eine solche Zeitvorsorge ähnlich steuerprivilegiert werden kann wie private Rentenversicherungen, in die die Sparer regelmäßig Geld einzahlen. Auch die Frage, welche staatliche Ebene die Ausfallhaftung übernimmt und wie die Guthaben zu bewerten sind, ist noch nicht entschieden. Zwar wird ein Tauschkreissystem auf keinen Fall die Rente ersetzen können, aber doch eine wichtige Ergänzung sein können, glaubt Schilling. In puncto Sicherheit wird die Zeitvorsorge einer auf dem Kapitalmarkt abgeschlossenen privaten Rentenversicherung jedenfalls in nichts nachstehen – vielleicht im Gegenteil. „Gesetze, die den Euro absichern, gibt es nicht. Wenn der Euro ausfällt – wer haftet dann für die angesparten Rentenguthaben?", so Schilling.

Der österreichische Staat erlaubt ganz offiziell mit Euro unterlegte Parallelwährungen und Tauschkreise – allerdings unterstehen sie ab einem gewissen Umfang staatlicher Aufsicht. Dagegen lässt das bundesdeutsche Gesetz eigentlich keine Privatwährungen zu. Berchtesgadener Sterntaler, Chiemgauer, Karlsruher BürgerBlüte oder Dresdner Elbtaler sind geduldet, aber rechtlich nicht gedeckt. Dennoch boomen in Deutschland seit ein paar Jahren derartige Initiativen: Der Regiogeld-Verband zählt inzwischen 21 Orte in Deutschland mit Parallelwährungen; 38 Gruppen bereiten die Einführung von Gutscheinen vor.

Auch bei Tauschringen gibt es deutliche Unterschiede zwischen den Ländern. In Deutschland arbeiten Tauschringe nicht mit Gemeinden und Behörden zusammen, weil beispielsweise Hartz IV-Empfänger Leistungskürzungen fürchten müssen. Auch Konflikte bezüglich Schwarzarbeit und Gewerbeordnung hat es schon hier und da gegeben. Dagegen sind die österreichischen Behörden liberaler und rechnen die Vorteile aus einem Tauschring nicht an. Die Organisationen arbeiten hier in der Regel bundesländerweit, sind recht groß und professionell organisiert.

Deutschland: www.regiogeld.de

Österreich: www.talentiert.at

Schweiz: www.zeitboerse.ch

www.zart.org

Die GLS-Bank setzt auf Sinn statt auf Rendite

Trotz aller Begeisterung ist auch den Regiogeldfans klar: Ohne überregionale Banken geht es nicht. Die Wissenschaftlerin Margrit Kennedy, die zahlreiche Komplementärwährungsprojekte erforscht und unterstützt, geht davon aus, dass heutzutage bis zu 30 Prozent der Wirtschaft regional abgewickelt werden können[241] – der Rest aber eben auch nicht. So geht an nationalen und internationalen Geldinstituten also kein Weg vorbei. Andererseits halten selbst etablierte Banker den Finanzmarkt in seiner gegenwärtigen Konstruktion für überaus fragil, unberechenbar und schutzlos dem Herdentrieb der Broker ausgeliefert. Der frühere Deutsche-Bank-Vorstandsvorsitzende Hilmar Kopper bekannte Anfang 2011: „Ich bin frustriert. Ich weiß nicht, wie das ein Staat regeln soll. Die nächste Krise wird wieder aus dem Überfluss geboren."[242]

Ein deutschlandweit agierendes Kreditinstitut, das die letzte Finanzkrise völlig unbeschadet überstanden hat, ist die Gemeinschaftsbank für Leihen und Schenken – kurz GLS-Bank. „Wir haben keinen Cent verloren, weil es bei uns keine abstrakten, spekulativen Anlagen gibt", sagt Thomas Jorberg, der vor fast 35 Jahren als erster Lehrling bei der Genossenschaftsbank anfing und heute das Unternehmen mit 330 Mitarbeitern leitet. Vieles läuft hier völlig anders als bei der Konkurrenz – schon äußerlich unterscheidet sich der rotgestrichene Altbau in Bochum deutlich von den Glaspalästen in Frankfurt. Provisionen oder leistungsabhängige Boni gibt es bei der GLS-Bank nicht, dafür wirken sich zu versorgende Kinder gehaltssteigernd für die Mitarbeiter aus. Und während der Deutsche-Bank-Chef Josef Ackermann im Jahr eins nach der Finanzkrise 9,6 Millionen Euro eingestrichen hat und damit weit über hundert Mal so viel wie seine durchschnittlichen Angestellten, gibt sich der GLS-Bank-Chef mit weniger als dem Zehnfachen eines Berufsanfängers in seinem Haus zufrieden.[243]

Thomas Jorberg liebt seinen Beruf. „Ein Banker ist ein Möglichmacher: Wir bringen das Geld, das Leute zeitweise übrig haben, irgendwohin, wo es gebraucht wird, um damit dann etwas Sinnvolles zu gestalten." Die inzwischen 100.000 Kunden wissen dabei ganz genau, was mit ihren Ersparnissen geschieht. Alle drei Monate veröffentlicht die Zeitschrift „Bankspiegel", welcher Betrieb oder Verein einen wie hohen Kredit bekommen hat. Die Darlehen gehen an Ökobauern, freie Schulen, Behinderteneinrichtungen, Naturkostläden, Kindertheater oder werden in Photovoltaikanlagen und Wohnprojekte investiert. Die Kosten für Kredit- und Guthabenzinsen liegen bei der GLS-Bank im Branchendurchschnitt, und Geld vom eigenen Girokonto kann man bundesweit an 18600 Automaten gratis aus der Wand ziehen.

Wer Genosse und damit Miteigentümer der Bank werden möchte, ist mit 500 Euro dabei und erhöht so das Eigenkapital des Geldinstituts. Auf der jährlichen Generalversammlung hat jedes Mitglied eine Stimme – egal, wie viele Anteile er oder sie besitzt; insofern ist auch ausgeschlossen, dass die GLS-Bank von einem Großinvestor geschluckt wird. „Das Ziel des Zusammenschlusses ist gegenseitige Hilfe, nicht die Gewinnerzielung für ein einzelnes Mitglied oder für die Genossenschaft", heißt es in der Satzung. Deshalb gibt es für die Bankbesitzer auch keine Dividenden, und wer aussteigen will, muss dies sehr langfristig ankündigen.

Neben dem normalen Spar-, Zahlungsverkehr-, Vermögensmanagement- und Kreditgeschäft existiert unter dem Dach der GLS-Bank auch noch ein Verein, der sich zum Ziel gesetzt hat, betuchte Menschen mit Projekten zusammenzubringen, die das Geld „sinnstiftend" ausgeben. Das Spektrum reicht von einem Hilfsprojekt für Aids-Waisen in Kenia über die Förderung der Segelschifffahrt bis zur Unterstützung von Landwirten, die alte Tierrassen bewahren.

Nach der Finanzkrise verzeichnete die GLS-Bank einen enormen Zuwachs: 2010 stieg das Geschäftsvolumen um 37 Prozent, 80 neue Mitarbeiter wurden eingestellt und 2011 überschritt die Bilanzsumme dann die 2-Milliarden-Euro-Marke. „Bei uns ist Wachstum nicht das Ziel, sondern das Ergebnis unserer Tätigkeit", stellt der für die Öffentlichkeit zuständige Christof Lützel klar. Tatsächlich fließt das hier investierte Geld in die Realwirtschaft und trägt damit nicht zur finanzmarktgetriebenen Wachstumsspirale bei.

Wohl bei keinem überregionalen Finanzinstitut ist die Identifikation der Kundschaft so groß wie bei der GLS-Bank. 2011 gewann die Genossenschaftsbank aus Bochum wie schon im Vorjahr den Beliebtheitswettbewerb des Magazins Börse Online haushoch.[244] Und wohl keine andere Bank in Deutschland kann sich rühmen, haufenweise Verehrerpost zu bekommen – so wie die GLS-Bank, wie man im Internet und bei Twitter nachlesen kann.

Viele Wege führen in die Zukunft

Der Machbarkeitswahn am Ende

„Alternativlos" war das Unwort des Jahres 2010. Eine gute Wahl. Denn es gibt immer mehrere Wege. Wer das bestreitet, will mit Macht seine Position durchsetzen und andere Interessen mundtot machen.

Überaus deutlich wurde das jüngst beim Thema Atomkraft: Noch im Herbst 2010 behauptete die Bundesregierung, die Verlängerung der AKW-Laufzeiten sei als Brücke ins Zeitalter der Erneuerbaren „unverzichtbar". Unverzichtbar heißt doch wohl: Ohne sie geht es einfach nicht. Als dann in Japan radioaktive Wolken aufstiegen und riesige Landstriche evakuiert werden mussten, proklamierten plötzlich alle Parteien unisono, so schnell wie möglich aus der Atomkraft aussteigen zu wollen. Den vormaligen Unkenrufen der schwarz-gelben Bundesregierung zum Trotz konnten sieben Meiler sofort heruntergefahren werden, ohne dass deshalb auch nur eine einzige Lampe ausgeknipst werden musste. „Unverzichtbar"?

Fukushima bedeutet aber noch mehr: Die Vorstellung, der Mensch könne alles planen und beherrschen, ging vor den Augen von Milliarden Fernsehzuschauern in Rauch auf. Feuerwehrleute spritzten Wasser in ein Reaktorgebäude ohne Dach und wussten nicht einmal, ob ihr Strahl überhaupt das Abklingbecken traf. Drei Wochen nach Beginn der Havarie meldete der Betreiber, Leitungsrisse mit Kunstharz, Zeitungspapier und Sägespänen abdichten zu wollen. Mit verzweifelter Hilflosigkeit versuchten dem Tode geweihte Männer, eine völlig aus dem Ruder gelaufene Technik zu bekämpfen, die riesige Landstriche für Jahrzehnte, wenn nicht länger unbewohnbar machen kann und dies in Weißrussland, der Ukraine und auch in Japan schon gemacht hat.

Die Überzeugung, alles sei konstruier- und kontrollierbar, ist ein Kind des Industriezeitalters. Ingenieure entwickelten immer aufwändigere und gefährlichere Techniken, und stets wurde deren Einführung von der Behauptung begleitet, nur so sei ein wachsender Wohlstand zu garantieren. Die Atomwirtschaft versprach in den 50er Jahren Energie fast zum Nulltarif – und damit sollten nicht nur Waschmaschinen und Kühlschränke, sondern auch Schiffe, Flugzeuge, Eisenbahnen und sogar Autos betrieben werden.[245] Als sich das als Illusion erwies, waren längst Milliarden in die neue Technik investiert – auf Kosten der Allgemeinheit und zugunsten der Betreiberfirmen. Und während sich kein Autofahrer ohne Versicherung hinters Lenkrad setzen darf, springt bei Atomkraftwerken im Katastrophenfall der Staat ein.[246]

Das, was technisch machbar ist, gilt in dieser Perspektive als rational. Natürliche und soziale Einflüsse erscheinen als „weiche Faktoren" und damit zu vernachlässigende Größen. Doch sie sind es nicht. Die Welt ist wesentlich komplexer und vielfältiger, als es sich auch das bestqualifizierteste Ingenieurteam ausdenken kann. Wenn ein Super-GAU eintritt, ist es bei einer hochgefährlichen Technik wie der Atomkraft zu spät, um aus den Fehlern zu lernen. Deshalb haben die Verantwortlichen auch stets die Unwahrscheinlichkeit eines solchen Unfalls behauptet und nicht, dass er im Notfall schon beherrschbar wäre.

Nach Fukushima kann es keinen Zweifel mehr geben: Techniken, die unabsehbare Gefahren bergen, sind inakzeptabel. Notwendig sind vielmehr Produktionsweisen, die überschaubar, fehlertolerant und in ihren Wirkungen regional begrenzbar sind.

Aus genau diesem Grund kann auch die grüne Gentechnik keine Zukunftstechnik sein. Wie sich bereits gezeigt hat, breitet sich das manipulierte Erbgut unkontrolliert und unkontrollierbar aus. Außerdem reagieren die Gene von Pflanzen offenbar auf die Umgebung und sind wesentlich flexibler als die von Tier und Mensch. Ihr Stoffwechsel ist komplex, immer wieder treten unerwartete Effekte auf – manchmal auch bei Produkten, die schon seit Jahren auf dem Markt sind.[247] Bei der Nanotechnologie, die gerade auf dem Weg zum vermeintlichen Heilsbringer gegen Rohstoffknappheit ist, ist ebenfalls äußerste Vorsicht geboten: Die winzigen Partikel können natürliche Grenzen überwinden und zum Beispiel in die Blutbahn oder durch die Nasenschleimhaut ins Gehirn eindringen – mit unbekannten Folgen. Derartige Dinge einfach auf den Markt zu werfen und abzuwarten, ob etwas Schlimmes passiert, ist einfach zu riskant.

Statt dauernd etwas in die Welt zu setzen, das die Natur überwindet, wäre es deutlich sicherer, sich an der Natur und ihrer Wirtschaftsweise zu orientieren. Innerhalb von 3,5 Milliarden Jahren hat sie aus demselben Material immer mehr und immer Vielfältigeres hergestellt. Die Atmosphäre, die Existenz fruchtbaren Bodens, eine unübersehbare Vielfalt an Lebewesen – all das sind Folgen dieses Entwicklungsprozesses. Niemand kann bestreiten, dass die Natur extrem produktiv ist. Zudem ist sie hocheffizient: Müll gibt es nicht, alles wird zu etwas Neuem umgebaut.

Dagegen ist es der Menschheit innerhalb weniger Jahrzehnte gelungen, große Mengen sauberen Süßwassers zu vergiften, das zuvor Milliarden von Jahren permanent genutzt wurde und doch immer frisch blieb. Auch haben wir dafür gesorgt, dass 100- bis 1000-mal so viele Tier- und Pflanzenarten auf Nimmerwiedersehen verschwinden, wie dies unter natürlichen Umständen geschehen würde.[248] Und wir verändern das Klima in einer für viele Ökosysteme existenzbedrohlichen Geschwindigkeit.

Grüne Versuchsballons

In den vergangenen Jahren gab es vielfältige Vorschläge, wie menschliche Produktion wieder ins Gleichgewicht mit der Natur zu bringen sei. Der Fokus lag dabei zunächst darauf, die eingesetzten Ressourcen, Gifte und Müllberge zu begrenzen. Doch die Entwicklung hat gezeigt, dass parallel zu fast jeder Materialreduzierung beim Einzelprodukt die Zahl der hergestellten Gegenstände wuchs. Auch die Bemühungen, spritsparendere Automotoren zu konstruieren, führten keineswegs dazu, dass der Autoverkehr heute weniger Benzin verbraucht. Im Gegenteil. Die

Erfolge der Ingenieure wurden durch ein höheres Gewicht und aufwändigere Ausstattungen aufgefressen. Und weil darüber hinaus immer neue Vehikel hinzukamen, stieg der Treibstoffbedarf statt zu sinken. „Reboundeffekt" heißt das im Fachjargon.

Auch die Aufstellung von Grenzwerten für gefährliche Stoffe ist keine Lösung. „Sie macht das alte System lediglich ein bisschen langsamer zerstörerisch. In manchen Fällen kann sie sogar schädlicher sein, weil ihre Wirkung subtiler und langfristiger ist",[249] schreibt der Chemiker Michael Braungart. Er schlägt stattdessen eine Kreislaufwirtschaft vor, die sich am Vorbild der Natur orientiert. Technische „Nährstoffe" wie Metalle sollen dabei komplett recycelt werden, indem die Konstrukteure ihre Wiederverwendung bereits beim Design mit einplanen. Wo giftige Stoffe unvermeidlich sind, will Braungart sie vollständig von der normalen Lebenswelt isolieren. Davon getrennt soll es einen zweiten Kreislauf für natürliche Rohstoffe geben, die wie in der Natur zirkulieren und nach dem Gebrauch zu Dünger für die nächste Pflanzengeneration werden.

Zwar klingt das Konzept überzeugend. Doch viele der Beispiele, die Braungart auf den von ihm veranstalteten Messen[250] zeigt, sind es keineswegs. Nicht nur darf sich dort der Grüne Punkt präsentieren, sondern zum Beispiel auch der weltgrößte Teppichhersteller Shaw aus den USA. Der bietet seinen europäischen Kunden zwar an, ihren Bodenbelag nach Gebrauch zurückzunehmen, wenn sie ihn zum nächsten Überseehafen bringen. Doch tatsächlich decken die zurückgegebenen Mengen nur einen winzigen Teil des Materialbedarfs – und für den überwiegenden Teil der Neufasern wird frisches Erdöl eingesetzt.[251] Kombiniert mit dem enormen Transportaufwand dürfte das Kreislaufkonzept deshalb nicht einmal für einen Teil der Produktion wirklich funktionieren. So ist die Teppichrücknahme wohl eher als Werbegag eines Großkonzerns einzuordnen denn als Vorbild für eine umweltverträgliche Produktion.

Wer sich tatsächlich an den Herstellungsmethoden der Natur orientieren will, muss ihre dezentrale Struktur sowie die vielfältigen Lösungen für unterschiedliche Umgebungen beachten. Zwar gibt es auch natürliche Kreisläufe, die sich über Tausende von Kilometern erstrecken – der Vogelzug und der Golfstrom sind nur zwei Beispiele dafür. Doch die weit überwiegenden Vernetzungen sind relativ kleinräumig. Deshalb sind Firmen, die gleichförmige Massenprodukte weltweit absetzen wollen, strukturell ungeeignet, sich in natürliche Kreisläufe einzufügen.

Die Macht der Etablierten

Genau darin liegt heute ein zentrales Problem: Großkonzerne haben in den vergangenen Jahrzehnten eine internationale Arbeitsteilung etabliert und damit immer mehr ökonomische und politische Macht gewonnen. Sie haben Infrastrukturen und Handelsströme so geprägt, dass die vor allem für sie und ihresgleichen von Vorteil sind. Eine auf permanentes Wirtschaftswachstum fixierte Politik hat diese Entwicklung massiv gefördert. Weil sie ein höheres Bruttoinlandsprodukt zum Ziel und zentralen Maßstab erklärt hat, ist die immer ungerechtere Verteilung der Einkommen ebenso aus dem Blickfeld verschwunden wie der Preis, der in anderen Lebensbereichen bezahlt werden muss. Mehr Transportaufwand ist aus dieser Perspektive ja schließlich ein Wohlstandsgewinn – egal, wie viele Menschen und Tiere dabei unmittelbar oder indirekt unter die Räder kommen und egal, wie stark das Klima belastet wird.

Dabei ist es ein Mythos, dass Großstrukturen tatsächlich produktiver sind und damit aus Gründen der Versorgungssicherheit wünschenswert. Im Gegenteil.

Hunderte von Wissenschaftlern aller Disziplinen haben im Weltagrarbericht nachgewiesen, dass eine kleinteilige, vielfältige und regional angepasste Landwirtschaft wesentlich geeigneter ist, die Bedürfnisse der überwältigenden Mehrheit der Menschheit zu erfüllen als Riesenplantagen und internationale Lebensmittelverarbeiter.

Der Bankensektor hat 2008 selbst eindrucksvoll vorgeführt, dass Großstrukturen in diesem Bereich keineswegs besonders produktiv, sondern im Gegenteil fehlerfördernd und extrem gefährlich sind. Die Branche hat die gesamte Weltwirtschaft an den Rand des Kollapses gebracht, der nur durch massives Eingreifen der Staaten noch einmal abgewendet werden konnte.

Auch die Behauptung der Stromriesen, Atommeiler seien billig und kleinteilige erneuerbare Energieanlagen teuer, erweist sich als Propaganda: Das Forum Ökologisch-Soziale Marktwirtschaft hat ausgerechnet, dass die Atomwirtschaft in Deutschland durch Forschungsförderung, die Suche nach einem Endlager, Steuervergünstigungen und noch ein paar weitere Vorteile 164 Milliarden Euro Subventionen erhalten hat.[252] Umgerechnet auf die Kilowattstunde sind das mehr als 3,9 Cent staatliche Hilfen. Dagegen haben Wind, Sonne, Biomasse und Geothermie in der Zeit zwischen Einführung des Erneuerbaren Energien Gesetzes im Jahr 2000 bis zum Jahr 2009 rund 49 Milliarden Euro Unterstützung von den Stromkunden bekommen, was die Kilowattstunde längst nicht im gleichen Maß verteuert hat.[253] Dass Atomstrom heute billig ist, liegt ausschließlich daran, dass der Staat den Konzernen in der Vergangenheit mit hohen Summen geholfen hat und die Meiler inzwischen abgeschrieben sind.

Die Fakten sind also eindeutig. Was jedoch bisher ein Umsteuern in diese Richtung behindert, sind die Machtverhältnisse. Die, die vom gegenwärtigen System profitieren, haben vorgesorgt. Zum Beispiel durch Saatgut, das nur im ersten Jahr und in Kombination mit den Chemikalien desselben Lieferanten hohe Erträge bringt. Einfach auszusteigen ist für die Kunden kaum möglich, denn samenfeste Sorten sind so gut wie nicht mehr im Angebot, seit die Großen die Branche fast vollständig aufgekauft haben. Hinzu kommt, dass nationale Gesetze und internationale Verträge absichern, dass Landwirte bei Nachzucht Lizenzen für patentierte Nutztiere und -pflanzen bezahlen müssen. So sind viele Bauern abhängig von diesen Konglomeraten aus Agrochemie- und Saatgutherstellern, die sie zwangsweise Jahr für Jahr weitermästen.

Für den Bankensektor sah es nach dem Crash ein paar Monate lang so aus, als ob das gängige Geschäftsmodell nicht mehr weiter funktionieren würde: Die Regierungen mussten über Nacht Hunderte von Milliarden Euro lockermachen, mehrere Geldhäuser wurden verstaatlicht. Politiker aller Parteien forderten damals, die Banken so stark zu schrumpfen, dass jede von ihnen ohne volkswirtschaftliche Probleme pleite gehen könnte wie andere Firmen auch. Doch passiert ist fast nichts. Weil die Regierungen sich auf internationaler Ebene nicht auf eine strenge Regulierung einigen konnten, machen die Banken weiter wie zuvor. So blieb Bundespräsident Christian Wulff und Kanzlerin Angela Merkel beim jährlichen Bankentag zweieinhalb Jahre nach dem Crash nur der erhobene Zeigefinger sowie der Appell an die Vernunft, doch bitte Maß zu halten – schließlich könne der Staat die Geldindustrie kein zweites Mal retten, weil die öffentlichen Kassen schon jetzt auf viele Jahre hochverschuldet sind. Solche mahnenden Worte aber werden die neue Party wohl kaum beenden.

Auch die Ölindustrie kann nach dem Unfall der Plattform Deepwater Horizon im Golf von Mexiko im Frühjahr 2010 weitermachen wie zuvor. Nachdem die Firmen der US-Regierung damit gedroht hatten, Leute zu entlassen, erhielten die Ölkonzerne Bohrgenehmigungen für neue Vorhaben in noch tieferen Meeresregionen. Die Spitzenmanager der Firma, deren Arbeiter auf der havarierten Plattform umkamen, durften sich im gleichen Jahr über Boni für das „beste Sicherheitsjahr" freuen, und der auf Bohrungen spezialisierte US-Konzern Halliburton meldete im ersten Quartal 2011 ein Rekordergebnis.[254]

Anders ist die Lage für die großen Vier der Energiewirtschaft in Deutschland. Ihre Machtposition ist durch Fukushima tatsächlich ins Wanken geraten. Wie hier die Weichen gestellt werden, entscheidet maßgeblich darüber, ob ein Umsteuern in Richtung kleinteilige, dezentrale und naturverträgliche Strukturen eine Chance hat oder nicht. Der Dreh- und Angelpunkt dabei ist die Frage des Netzausbaus: Wird die Infrastruktur weiterhin auf wenige große Zulieferer zugeschnitten bleiben oder die vielen Kleinen ins Zentrum stellen?[255] Das Konsortium Desertec wird sicher massive politische und finanzielle Unterstützung für den Leitungsausbau bis nach Nordafrika fordern und dabei herausstreichen, dass nur mit Hilfe dieses 400-Milliarden-Projekts das Weltklima zu retten und die Stromversorgung zu sichern sei. Gleiches gilt für die geplanten Offshore-Windparks. Wieder werden Lösungen als „alternativlos" angepriesen werden, die allein aufgrund der Dimensionen nur von Großkonzernen gebaut werden können. Abgesehen von den technischen Unwägbarkeiten werden die sozialen Rahmenbedingungen dabei wie eh und je ignoriert werden. Klar dagegen ist: Wenn die Politik diese Projekte fördert, wird sie direkt oder indirekt den Ausbau der kleinteiligen Erneuerbaren drosseln.

Was ansteht, ist ein Machtkampf. Worum es geht ist nichts weniger als die Frage, ob die Menschheit Auswege findet aus einer Wirtschaftsweise, die auf weltweit agierende Großstrukturen setzt und in ungeheurem Maßstab zerstörerisch wirkt. Mit Sicherheit werden deren Verteidiger behaupten, dass die Alternative ein „Zurück" ins Mittelalter oder gleich ganz in die Steinzeit sei. Und haben sie nicht vielleicht Recht damit?

Nein. Denn im Zentrum steht nicht die Frage, ob Lebensmittel, Strom und Gegenstände des täglichen Bedarfs produziert werden, sondern wie. Unmittelbar damit verbunden ist die Frage, wer über die Art der Herstellung sowie über die Verteilung bestimmt.

Noch haben die zu riesigen Konglomeraten gewachsenen Megakonzerne nicht nur ökonomisch immenses Gewicht, sondern auch politisch. Hinzu kommt, dass die Infrastruktur in diese Richtung ausgebaut wurde und somit stabilisierend wirkt. Kleinteilige Zulieferstrukturen gingen dabei kaputt, so dass auch der gutwilligste Einkäufer heute vieles nicht mehr in der Region findet, was dort durchaus hergestellt werden könnte und früher auch wurde. Die Macht des Bestehenden ist also groß. Doch zugleich ist klar, dass es wie bisher nicht weitergehen kann. Immer mehr Menschen werden an den Rand gedrängt, Ressourcen knapp und damit teuer. Und seit der frühere Weltbankökonom und Berater der britischen Regierung Nicholas Stern 2006 in einem Report gewarnt hat, dass das Bruttoinlandsprodukt durch den Klimawandel massiv einbrechen wird, ist auch in Wirtschaftskreisen angekommen, dass der schwitzende Globus kein reines „Ökoproblem" darstellt.

Intelligente Schwärme greifen schwere Tanker an

Die Zeit drängt. Bedrohliche Entwicklungen wie der Klimawandel erfordern schnelle und grundlegende Veränderungen – Veränderungen, die durch weltweite Verhandlungen allein ganz offensichtlich nicht zu erreichen sind: Noch nie wurde so viel CO_2 in die Luft geblasen wie im Jahr 2010. Die Beispiele in diesem Buch zeigen dagegen, dass es auf allen Gebieten Vorbilder gibt, die in die richtige Richtung weisen. Aber sind es nicht letztlich doch versprengte Einzelne – liebenswerte und skurrile Spinner, die es nie und nimmer aus der Nische herausschaffen werden? Kann so etwas übertragen werden aufs „große Ganze"?

Einiges spricht dafür. Denn die kleinteilige Graswurzelbewegung hat nicht nur Menschen in ganz unterschiedlichen Lebens- und Arbeitsbereichen auf ihrer Seite. Sie knabbern die bestehenden Machtstrukturen auch von mehreren Seiten her an und könnten so die Kraft eines gewaltigen Schwarms entwickeln.

Zwar haben die Großkonzerne hohe Verteidigungsmauern aufgebaut: Computermultis koppeln ihre Soft- und Hardware aneinander und Saatgutfirmen unterbinden die Vermehrung der Samen durch die Bauern; in beiden Fällen geht es darum, die Käufer von den eigenen Produkten auf Dauer abhängig zu machen. Darüber hinaus versuchen die Konzerne, ihre Machtposition durch riesige Marketingetats, Patente sowie massiven Druck auf die Politik zu schützen. Und weil Hightec-Firmen auf nichts so sehr angewiesen sind wie auf kluge und eigenwillige Köpfe, kopieren sie selbstbestimmte Formen der Arbeitsorganisation und die damit verbundene Atmosphäre. Doch genau hier liegt auch ihr zentraler Schwachpunkt: Gerade die unabhängigsten und innovativsten Entwickler wollen keine Pseudofreiheit, bei der letztlich das Aktionärsinteresse Ziel und Inhalt ihrer Arbeit bestimmt.

Stattdessen ist eine wachsende Zahl von Programmierern bereit, ihre Erfindungen jedem kostenlos zur Verfügung stellen. Durch ein hohes Gehalt sind die nicht zu ködern. Das hat wenig mit Entsagung oder Altruismus zu tun. Was diese Menschen antreibt, ist vielmehr der Spaß, mit Gleichgesinnten etwas zu entwickeln, was sie selbst gerade benötigen und dabei Zugriff zu haben auf das, was andere schon einmal erarbeitet haben. So vermeiden sie nicht nur sinnlose Mühen. Weil digitale Dateien strukturell beliebig kopierbar sind, ohne dass dadurch Kosten entstehen, konnte sich eine überaus komplexe Gemeinschaftsökonomie entwickeln. Deren Ergebnisse sind denen der Konzerne strukturell überlegen, weil hochkompetente Nutzer sie ständig weiterentwickeln. Längst ist belegt, dass Netzwerke aus vielen unabhängigen Geistern weitaus intelligentere Lösungen zuwege bringen als Großkonzerne mit einer umfangreichen Forschungs- und Entwicklungsabteilung.[256]

Auf dem Gebiet materieller Waren bröckelt die Macht der Konzerne ebenfalls. Im Prinzip profane Gegenstände wie Turnschuhe und T-Shirts werden von den Markenfirmen zwar so dargestellt, als ob dafür eine exzeptionelle Expertise vonnöten sei. Tatsächlich aber besteht ihre Hauptleistung heute darin, einen für wenige Euro herstellbaren Massengegenstand durch Design, Marketing und Branding so aufzuladen, dass die Kundschaft paradoxerweise durch den Kauf das Gefühl hat, zu einer exklusiven Gemeinschaft zu gehören. Eine solche Täuschung ist kaum auf Dauer aufrecht zu erhalten, und inzwischen gibt es vielfältige und vielversprechende Ansätze, die Herstellung des Alltäglichen wieder dorthin zu verlagern, wo es benötigt wird. Nicht nur die unweigerlich wachsenden Transportkosten drängen in diese Richtung. Inzwischen beginnt sich die open-source-community aus der Computerszene heraus in die Sphäre der Gegenstände zu bewegen.

Auch in der Landwirtschaft muss es darum gehen, die sich selbst vermehrenden und damit im Prinzip kostenlosen Nutzpflanzen aus ihrer Randposition zurück ins Zentrum der Landwirtschaft zu holen. Außerdem stößt auch die auf Stickstoffdünger basierende, künstlich hergestellte Fruchtbarkeit der Böden bald an Grenzen, weil die Erdölvorräte schwinden. Eine Gegenentwicklung in diesem Bereich kann allerdings nur längerfristig gelingen, weil natürliche Vermehrung und Bodenverbesserung Zeit brauchen. Doch auch hier haben engagierte Menschen den Keim zur Veränderung gelegt und zeigen: Anders ackern ist möglich und erzeugt wesentlich höhere Qualität.

Nirgendwo anders ist die Entwicklung schon so weit wie im Energiesektor: Die Erneuerbaren haben die Nische längst verlassen. Weil Sonne und Wind an vielen Stellen einzusammeln sind, entspricht eine dezentrale Herstellung der Struktur dieser Techniken. Es ist geradezu notwendig, dass sich viele beteiligen und beispielsweise ihre Dächer zur Verfügung stellen. Zudem lässt sich der Bau solcher Anlagen auch von Kleininvestoren stemmen. Genau das ist in den vergangenen Jahren vieltausendfach passiert – und so gehört heute der allergrößte Teil der Anlagen Privatleuten und kleinen Unternehmen.

Viele wollen wieder ein ganzes Leben

Eine kleinteilige, tendenziell regional orientierte, auf Kooperation basierende Wirtschaft durchbricht die ausschließliche Fixierung auf einen möglichst hohen Geldgewinn. Damit könnten im Arbeits- und Geschäftsleben wieder Werte eine Chance bekommen, die dort heute aufgrund von Konkurrenz und des Strebens nach Höchstrenditen als deplaziert oder bestenfalls funktional sinnvoll gelten: Vertrauen, gegenseitige Hilfe und Teilen. Genau das sind Werte, die in persönlichen Beziehungen als wünschenswert und beglückend gelten.[257] Damit hat eine derart strukturierte Ökonomie ein hohes emotionales Potenzial auf ihrer Seite – eine wichtige Voraussetzung für Verhaltensänderungen.

Außerdem ist es hier leichter, alle Menschen einzubeziehen, während die herrschenden Wirtschaftsstrukturen viele als überflüssig und uneffektiv aussortieren. Der Buschberghof bei Hamburg beispielsweise beherbergt und betreut nicht nur Menschen mit Hilfsbedarf, sondern ist bei der Erzeugung der vielfältigen landwirtschaftlichen Produkte genauso auch auf ihre Unterstützung angewiesen. Dagegen akzeptiert das heutige System Millionen von Arbeitslosen, gibt vielen jungen Menschen nie die Chance „reinzukommen" und zählt alle über 50-Jährigen zum alten Eisen. Sie alle sind gleichsam die Kollateralschäden einer Ökonomie, die das für die Folgen eines Investments blinde Kapital kurzfristig immer dorthin schickt, wo es gerade die höchste Rendite gibt – und es abzieht, sobald anderswo ein paar Euro mehr abzugreifen sind.

Vor Ort Neues zu entwickeln ist für die Beteiligten außerdem häufig mit Gemeinschaftserlebnissen verbunden: Sie lernen von- und miteinander und eignen sich Dinge an, von denen sie vorher keine oder nur ausschnitthaft Ahnung hatten. Zu machen sind somit echte Erfahrungen und es besteht die Chance, die zu Fragmenten zersplitterten Lebensbereiche wieder stärker zusammenzubinden. Beeinflussbare, sinnlich wahrnehmbare Strukturen, in denen Fehler tolerierbar und spielerisches Ausprobieren möglich sind, eignen sich besser, das eigene Leben selbst zu gestalten als das, was anonyme, globale Großkonzerne zu bieten haben. Bei kühler Betrachtung haben deren scheinbar vielfältige Angebote oft tatsächlich den Charme von Sachzwängen. Auch inszenierte Events, bei denen die eigene Aktivität über den Spaß hinaus keinen weiteren Sinn hat, finden häufig wohl vor allem deshalb Anklang, weil nichts anderes in Sicht ist.

Anders als in den 80er Jahren, als „Ökos" vom Rest der Gesellschaft als lustfeindlich und moralinsauer wahrgenommen wurden, steht das persönliche Wohlergehen bei den heutigen Graswurzlern oben auf der Agenda. Weil es nicht mehr darum geht zu verzichten, sondern etwas zu gewinnen, liegt in ihren vielfältigen Ansätzen das Potenzial für eine breite Entwicklung.

An den politischen Weichen schrauben

Auf politischer Ebene lassen sich heute nicht mehr einfach Fakten schaffen, die Regierende und Konzerne im sprichwörtlichen Hinterzimmer ausgedealt haben. Gegen den Willen von „Wutbürgern" ein Bahnhofsprojekt wie „Stuttgart 21" einfach durchzuziehen, ist heute ausgeschlossen. Gezeigt hat sich dort außerdem, dass die Protestierenden sehr gut informiert sind und Kalkulationen, die den gesunden Menschenverstand beleidigen, nicht akzeptieren. Außerdem konnten alle, die wollten, das Schlichtungsverfahren auch live zu Hause am Rechner mitverfolgen. Das Internet ermöglicht aber nicht nur solche neuen Formen von Transparenz. Es unterstützt auch dezentrale Strukturen und die Vernetzung von Menschen überall auf der Welt, die zu irgendeinem Thema etwas zu sagen haben. Damit ist in kürzester Zeit eine Expertise zu versammeln, die kein Konzern je einkaufen könnte. Projekte wie das Internetlexikon Wikipedia belegen eindrucksvoll, dass offenbar sehr viele Menschen bereit sind, ihr Wissen kostenlos zur Verfügung zu stellen. All diese Entwicklungen kratzen die gewachsenen Machtstrukturen mehr als nur ein bisschen an.

Soll der Hebel zugunsten vielfältiger, regionaler, naturverträglicher Entwicklungen umgelegt werden, müssen die politischen Rahmenbedingungen grundlegend verändert werden – und das kann nur zu Lasten der bisherigen Profiteure gehen. Um herauszufinden, wie so etwas gelingt, lohnt eine genauere Betrachtung des Erneuerbare-Energien-Gesetzes. Das ist so konstruiert, dass es das Ziel ins Zentrum stellt: einen möglichst raschen Ausbau der grünen Stromanlagen. Genau deshalb ist es so durchschlagend erfolgreich. Ersonnen wurden seine Grundzüge von einem klugen, querdenkenden Menschen fernab der politischen Insiderkreise, der unbeeinflusst von den Interessen der bisherigen Platzhirsche überlegte, wie ein gutes Gesetz aussehen müsste. Zur Einführung waren dann später selbstverständlich entsprechende Mehrheitsverhältnisse im Bundestag nötig. Hätten jedoch von Anfang an die etablierten Energiekonzerne mitgeredet, läge der

Anteil an Wind- und Sonnenstrom in Deutschland mit Sicherheit kaum über dem Promillebereich.

Die Energieversorgung ist das Rückgrat der Wirtschaft. Weil ihre Infrastruktur auf Jahrzehnte angelegt ist, entscheidet sich am Stromnetzausbau ein erheblicher Teil der künftigen Wirtschaft. Wie es nun weitergeht, ist eine politische Entscheidung. Stimmen die Rahmenbedingungen, wird sich der Boom kleinteiliger Stromerzeugung fortsetzen – richtet der Staat sich weiter an den Interessen der Großkonzerne aus, wird er abgewürgt. Genau diese Entscheidung steht jetzt an.

Zugleich stellt sich die Frage, ob die Energiepreise so billig bleiben können – und sollten – wie in der Vergangenheit. Sie haben nicht nur einem oft sinnlosen Immer-größer-und-schneller zum Beispiel in der PC-Technik Vorschub geleistet, sondern auch in der Produktion: Maschinen nach ihrem Stromverbrauch auszuwählen war in der Industrie bisher betriebswirtschaftlich unsinnig, weil der in den Bilanzen unter „ferner liefen" auftaucht. Stromsparen bedeutet deshalb in vielen Fällen nicht Verzicht, sondern einen gezielteren, intelligenteren Einsatz. Damit die Entwicklung in diese Richtung geht, muss die Politik Anreize setzen und das Steuerrecht entsprechend gestalten.

Auch in anderen Bereichen ist ein radikales Umsteuern nötig – und wie die Beispiele in diesem Buch zeigen, auch möglich. Ein wichtiges Feld ist die Agrarpolitik. Mit Sicherheit ist die Mehrheit der EU-Bürger nicht dafür, dass mit ihrem Geld Millionen Kleinbauern in Asien und Afrika zum Hungern verdammt werden. Auch dürfte es kaum ihr Wille sein, die Fruchtbarkeit vieler Äcker zu ruinieren oder Tierfabriken mit Zehntausenden von Schweinen zu fördern. Doch genau das finanziert die EU zurzeit mit der Hälfte ihres Etats. Solche Entscheidungen sind von Menschen getroffen – und sie können verändert werden, wenn genügend Bürger klar machen, dass das für sie ein entscheidendes Thema ist.

Die gute Nachricht aber ist, dass jeder sofort mit einer kleinteiligen, dezentralen Entwicklung anfangen kann und nicht warten muss, bis sich eine Massenmobilisierung auf politischer Ebene abzeichnet. Nichts muss von Anfang an perfekt oder umfassend sein, Fehler gehören dazu und sind als Grundlage für die Weiterentwicklung sogar produktiv. Es gibt immer mehrere Wege, nichts ist „alternativlos". Anders wirtschaften ist machbar, Frau Nachbar – und es macht glücklich!

Wer in seiner Region Ansprechpartner sucht, hat vielfältige Möglichkeiten. Der Regionale Aufbruch versucht, Initiativen zu vernetzen:

www.regionaler-aufbruch.de

Dank

Dank sagen möchte ich allen Menschen, die in diesem Buch auf-
tauchen, für ihre Offenheit, ihre Zeit und die vielen spannenden
Einsichten, die sie mir ermöglicht haben; das schließt ausdrück-
lich auch diejenigen ein, die hier nicht namentlich erwähnt werden konnten. Des weiteren danke ich Dr. Ute Scheub, Ulrike
Herrmann, Heike Aghte, Uli Anders und Franko Falkenhagen
für hilfreiche Anregungen und Korrekturen, Udo Blum für zahlreiche Hinweise, Kontakte und Beispiele, meiner Mutter für
Wohlwollen und Ermutigung, Rolf Schulten für das Foto, meiner
Agentin Aenne Glienke für ihren zähen Einsatz und meinem Lek-
tor Dr. Patrick Oelze für sein Vertrauen in das Projekt.

Anmerkungen

[1] Zastiral, Sascha, Die Vermesser des Glücks, taz, 5.12.2009

[2] Photon, Februar 2009, S. 78–84

[3] Flieger, Burghard, in: Contraste, Monatszeitung für Selbstorganisation, März 2010, S. 1

[4] Liebrich, Silvia et al., Das große Versagen, Süddeutsche Zeitung, 12.1.2011

[5] O. A., Eine Mischung aus Allmacht und Filz, Spiegel 9/1986

[6] Thomas, Torsten; Berner, Joachim, Wer, wieviel, mit was? In: Sonne Wind & Wärme 13/2010, S. 58 ff.

[7] ZEO2 4/2010, S. 39

[8] Greenpeace Magazin 5/2010, S. 22

[9] Zahlen vom Bundesverband Erneuerbare Energie, 7.2.2011

[10] Schlögl, Robert; Schüth, Ferdi, Transport und Speicherformen für Energie, in: Die Zukunft der Energie, hrsg. Grus, Peter; Schüth, Ferdi, München 2008, S. 246–281, hier S. 251/252

[11] Bundesministerium für Ernährung, Landwirtschaft und Verbraucherschutz, Wege zum Bioenergiedorf, Leitfaden, Hürth 2008, S. 19

[12] Wissenschaftlicher Beirat der Bundesregierung Globale Umweltveränderungen, Welt im Wandel, Zukunftsfähige Bioenergie und nachhaltige Landnutzung, Berlin 2009, S. 37

[13] Herren, Hans Rudolf, Die Ernährungskrise – Ursachen und Empfehlungen, in: Aus Politik und Zeitgeschichte 6/7 2009, S. 11

[14] Bukold, Steffen, Öl im 21. Jahrhundert, Band 2, München 2009, S. 13

[15] Werdes, Alexandra, Dicke Luft, in: Brand eins 6/08, S. 43–48, hier S. 48

[16] Herren, Hans Rudolf, Die Ernährungskrise – Ursachen und Empfehlungen in: Aus Politik und Zeitgeschichte 6/7 2009, S. 9 ff.

[17] FAO, World Agriculture: Towards 2015/2030, London 2003

[18] International Assessment of Agricultural Knowledge. Science and technology for Development, Weltagrarbericht – Synthesebericht, Hamburg 2009, S. 105/106

[19] Idel, Anita, Die Kuh ist kein Klima-Killer, Marburg 2010, S. 15

[20] Bukold, Steffen, Öl im 21. Jahrhundert, Band 2, München 2009, S. 17 und eigene Berechnungen

[21] ebenda S. 31

[22] Pestizid Aktions Netzwerk, www.pan-germany.org/deu/projekte/
biodiversitaet/pestizide_gefaehrden_bienen/vorsorgender_
pflanzenschutz.htm, abgerufen 4.4.2011

[23] Angewandte Chemie, International Edition 2010-49/41, S. 3572 ff.

[24] International Assessment of Agricultural Knowledge. Science and
technology for Development, Weltagrarbericht – Synthesebericht,
Hamburg 2009, S. 111

[25] IÖW, Kommunale Wertschöpfung durch erneuerbare Energien,
Renews Special 39, 22.9.2010, www.unendlich-viel-energie.de/
uploads/media/AEE_Beispiel_Wertschoepfung_Rhein-Hunsrueck_
sep10.pdf, abgerufen 4.4.2011

[26] Berchem, Andreas, Das unterschätzte Gesetz, ZEIT-online,
www.zeit.de/online/2006/39/EEG?page=all, abgerufen 4.4.2011

[27] Hischl, Bernd, Erneuerbare Energien Politik, Berlin 2007, S. 132 ff.

[28] ebenda S. 187, Anm. 215; dort zitiert der Autor Udo Kords, Die Ent-
stehungsgeschichte des Stromeinspeisegesetzes vom 5.10.1990, Ma-
gisterarbeit Berlin 1993, S. 90

[29] Bundesministerium für Umwelt, Naturschutz und Reaktorsicherheit,
www.erneuerbare-energien.de/inhalt/45919/42038/
abgerufen 4.4.2011

[30] Bukold, Steffen, Öl im 21. Jahrhundert, Band 1, München 2009, S. 119

[31] Agentur für Erneuerbare Energien; Erneuerbare Energien – Vorher-
sage und Wirklichkeit, Kurzgutachten 2009, S. 16

[32] ebenda S. 17

[33] ebenda S. 8

[34] Bundesministerium für Umwelt, Naturschutz und Reaktorsicherheit,
www.erneuerbare-energien.de/inhalt/45919/42038/, abgerufen 16.6.
2011

[35] Matthes, Felix, Erste Auswertung des am 5. September 2010 ausge-
handelten Modells für die Laufzeitverlängerung der deutschen Kern-
kraftwerke, www.oeko.de/oekodoc/1065/2010-111-de.pdf, abgerufen
4.4.2011

[36] CCS steht für Carbon Dioxide Capture and Storage

[37] www.vattenfall.de/de/vorreiter-in-technologie.htm, abgerufen 4.4.2011

[38] www.vattenfall.com/en/ccs/index.htm, abgerufen 4.4.2011

[39] www.siemens.com/innovation/pool/de/Publikationen/Zeitschriften_
pof/pof_fruehjahr_2010/open_innovation/co2_faenger/pof_110_
openinno_co2abscheidloesung.pdf, abgerufen 4.4.2011

[40] DIW-Wochenbericht, 8.9.2010, S. 3

[41] Wolff, Reinhard, Mondlandung verschoben, taz, 7.3.2011

[42] DIW-Wochenbericht, 8.9.2010, S. 7

[43] Scheer, Hermann, Der energethische Imperativ, München 2010, S.143

[44] ebenda S. 142/143

[45] Rauch, Ernst, Initiator Desertec von der Münchner Rück, Interview, Süddeutsche Zeitung, 15. Juli 2010

[46] cte, Brüderle verspricht Desertec Unterstützung, Spiegel online, 8.3. 2010, www.spiegel.de/wirtschaft/unternehmen/0,1518,682380,00. html, abgerufen 4.4.2011

[47] Son, Paul van, Geschäftsführer Desertec Industrial Initiative (DII), Interview, FAZ, 23.10.2010

[48] Scheer, Hermann, Der energethische Imperativ, München 2010, S. 37

[49] Canty, Kevin; Lüdemann, Volker, Strompreisbildung ohne Aufsicht, FAZ, 19.11.2010

[50] Läsker, Kristina, Gegenwind für Strom vom Meer, Süddeutsche Zeitung 8.6.2011, S. 19

[51] Scheer, Hermann, Der energethische Imperativ, München 2010, S. 191/192

[52] Massarrat, Mohssen, Die andere Brückentechnologie, Blätter für Deutsche und internationale Politik 6/2011, S. 12–15

[53] Peter Ahmels, Leiter der Abteilung Erneuerbare Energien bei der Deutschen Umwelthilfe (DUH), Vortrag auf dem Energiekongress 2010 „Stromaufwärts" 24./25. September 2010, Berlin

[54] Bernau, Varinia, Vollwaschgang per Funksignal, Süddeutsche Zeitung 6.5.2011, S. 22

[55] Arzt, Ingo, Intelligent vernetzte Ströme, taz 21./22. April 2011, S. 8

[56] Biedenbach, Gerhard, Kapazitäten in Stromnetzen optimal ausschöpfen, in: EW Magazin für die Energiewirtschaft, 2009, Heft 14–15, S. 74–83, www.nexans.de/Germany/2009/ew_Monitoring_CAT1.pdf, abgerufen 4.4.2011

[57] Steinberg, Rudolf, Zweifelhafter Schnellschuss, FAZ 27.6.2011, S. 10

[58] Peter Ahmels, Leiter der Abteilung Erneuerbare Energien bei der Deutschen Umwelthilfe (DUH), Vortrag auf dem Energiekongress 2010 „Stromaufwärts" 24./25. September 2010, Berlin

[59] Wiedemann, Karsten, Einmal Fjord und zurück, in: Neue Energie 07/2010, S. 33–39

[60] Janzing, Bernward, Kraft auf Vorrat, in: Neue Energie 07/2010, S. 24–31

[61] Peter Ahmels, Leiter der Abteilung Erneuerbare Energien bei der Deutschen Umwelthilfe (DUH), Vortrag auf dem Energiekongress 2010 „Stromaufwärts" 24./25. September 2010, Berlin

[62] Lubbadeh, Jens, Stromspeicher, Greenpeacemagazin 4/2011, S. 31

[63] Schlögl, Robert / Schüth, Ferdi, Transport und Speicherformen für Energie, in: Die Zukunft der Energie, hrsg. Grus, Peter / Schüth, Ferdi, München 2008, S. 246–281, hier S. 258

[64] Janzing, Bernward, Effizienz entscheidet Energiewende, taz 29. Juni 2011, S. 3

[65] Sachverständigenrat für Umweltfragen, Wege zu einer 100-% erneuerbaren Stromversorgung, Sondergutachten, Berlin, Januar 2011, S. 548

[66] ebenda S. 550

[67] ebenda S. 553

[68] Janzing, Bernward, Störfall mit Charme, Die Schönauer Stromrebellen im Widerstand gegen die Atomkraft, Freiburg 2008, S. 11

[69] ebenda S. 22

[70] ebenda, S. 71

[71] Heinze, Mira / Voss, Karsten, Ziel Null Energie DBZ 1/2009 http://www.arch.uni-wuppertal.de/Forschungs_und_Lehrbereich/ Bauphysik_und_technische_Gebaeudeausruestung/Aktuelle_ Forschung/EnOB_Monitor/p_pics/DBZ_109.pdf, abgerufen 31.1.2011

[72] Bundestagsdrucksache 16/13325 vom 4.6.2009, Unterrichtung der Bundesregierung über die Wohnungs- und Immobilienwirtschaft in Deutschland

[73] http://www.mainova.de/pdf/Mainovamagazin07.pdf, S. 29, abgerufen 4.4.2011

[74] Bild der Wissenschaft 1/2008, S. 94

[75] Telefonat mit dem Autor der Studie, Diplomingenieur Werner Eicke-Hennig

[76] Wick, Ingeborg, Schutz der Arbeit in Partnerschaftsabkommen in China? Fallbeispiele Adidas, Metro und Aldi, Siegburg 2010, S. 16

[77] Bundesagentur für Außenwirtschaft, Textination Newline, 29.4.2008

[78] Wirtschaftswoche, 26.07.2008, www.wiwo.de/unternehmen-maerkte/ adidas-chef-2008-in-china-wieder-50-prozentiges-wachstum-301833/ abgerufen 30.3.2011

[79] Hainer, Herbert im Interview, Wirtschaftswoche, 26.07.2008, www.wiwo.de/unternehmen-maerkte/adidas-chef-2008-in-china-wieder-50-prozentiges-wachstum-301833/, abgerufen 30.3.2011

[80] Bundesministerium für Ernährung, Landwirtschaft und Verbraucherschutz

[81] Martin Demmeler, Ökologische und ökonomische Effizienzpotenziale einer regionalen Lebensmittelbereitstellung, Dissertation, München 2008, S. 115

[82] Statistisches Bundesamt, http://www.destatis.de/jetspeed/portal/cms/ Sites/destatis/Internet/DE/Content/Statistiken/Verkehr/ Verkehrsunfaelle/Aktuell.psm, abgerufen 03.08.2011

[83] Umweltbundesamt, Martin Lambrecht et al., Strategien für einen nachhaltigen Güterverkehr, Oktober 2009, S. 21

[84] Umweltbundesamt, www.umweltbundesamt.de/verkehr/laerm/ strassen-und-schienen-verkehr.htm#gf, abgerufen 10.3.2011

[85] Schröder, Daniela, Comeback der Dorfläden, Spiegel-online, 3.11.2009, www.spiegel.de/wirtschaft/service/0,1518,657696,00.html, abgerufen 30.3.2011

[86] Pressemitteilung Handelsverband Deutschland, 30.3.2010, www.einzelhandel.de/pb/site/hde/node/793653/Lde/index.html, abgerufen 30.3.2011

[87] Gerster, Richard, Blick in den Kleiderschrank, S. 17, www.alliancesud.ch/de/lernmedien/downloads/globalisierung_ gerechtigkeit.pdf, abgerufen 30.3.2011

[88] Merkel, Angela, Verkehrsvermeidung im Güterverkehr, Umweltbundesamt Texte 78/98, S. 3, http://umwelt.hs-pforzheim.de/fileadmin/ dokumente/1998/Verkehrsvermeidung_UBA-Texte_78_98.pdf, abgerufen 30.3.2011

[89] Bundesministerium für Verkehr, Bau und Stadtentwicklung, Verkehr in Zahlen 2010/2011, Hamburg 2010, S. 48/49

[90] Im Jahr 2009 reisten 8,4 Prozent der in Tonnen gemessenen Waren per Eisenbahn und 84 Prozent per LKW; vgl. ebenda S. 243

[91] Im Jahr 2003 entfielen 15,7 Prozent der Tonnenkilometer (tkm) auf die Eisenbahn, im Jahr 2009 waren es immerhin 16,5 Prozent. Der Straßengüterverkehr erledigte in den beiden Jahren 70,6 bzw. 71,2 Prozent der Tonnenkilometer. In absoluten Zahlen nahmen die Tonnenkilometer bei der Eisenbahn aber nur um 10,7 Milliarden tkm zu, während der LKW-Verkehr um 32,7 Milliarden tkm zulegte. vgl. Bundesministerium für Verkehr, Bau- und Stadtentwicklung, Verkehr in Zahlen 2010/2011, Hamburg 2010, S. 245/247

[92] Verband Öffentlicher Verkehr, Manual Schienengüterverkehr Schweiz, Bern, Oktober 2009, S. 90

[93] Plehwe, Dieter, Güterverkehr, in: Schöller, Oliver; Canzler, Weert; Knie, Andreas, Handbuch Verkehrspolitik, Frankfurt/M. 2007, S. 359

94 Die Familie möchte anonym bleiben und hat deshalb in diesem Text einen anderen Namen bekommen

95 Schwab, Arndt, Verkehrsberuhigter Bereich mit Rekordverkehrsmengen in Duisburg, in: Mobilogisch 4/08, S. 21–22

96 Artikel 84, Absatz 2 BV

97 ITP/BVU, Prognose der deutschlandweiten Verkehrsverflechtungen 2025, München/Freiburg, November 2007
Sie ist die theoretische Grundlage des im November 2010 vom Bundesverkehrsministerium vorgelegten „Aktionsplan Güterverkehr" sowie der Überprüfung der Bedarfspläne für den Straßenbau, vom BMVBS veröffentlicht am 11.11.2010

98 ebenda S. 200

99 Ingenieurgruppe IVV, Verkehrliche Überprüfung der Straßenbauprojekte im Bedarfsplan für die Bundesfernstraßen 2004, Aachen, August 2010 und darauf fußend die Stellungnahme des Ministeriums am 11.11.2010
www.bmvbs.de/cae/servlet/contentblob/59396/publicationFile/31047/bedarfsplan-de.pdf – www.bmvbs.de/cae/servlet/contentblob/59398/publicationFile/30534/schlussbericht-bundesfernstrassen-de.pdf, abgerufen 30.3.2011

100 Fatih Briol, Chefökonom der IEA, zitiert im Independent vom 3. August 2009, www.independent.co.uk/news/science/warning-oil-supplies-are-running-out-fast-1766585.html, abgerufen 17.6.2011

101 Exxon Mobil, Pressemitteilung 12.08.2009

102 O. A., Energieagentur erwartet Ölpreis von 200 Dollar, Frankfurter Allgemeine Zeitung, 13.11.2008

103 ITP/BVU, Prognose der deutschlandweiten Verkehrsverflechtungen 2025, München/Freiburg, November 2007, S. 54

104 Robert Hirsch et al., Peaking of World Oil Production, Impacts, Mitigation and Risk Management, Februar 2005, www.netl.doe.gov/publications/others/pdf/Oil_Peaking_NETL.pdf, abgerufen 30.3.2011, http://www.mnforsustain.org/oil_peaking_of_world_oil_production_study_hirsch.htm

105 Bukold, Steffen, Öl im 21. Jahrhundert, Bd. II., München 2009, S. 77

106 Verband Öffentlicher Verkehr, Manual Schienengüterverkehr Schweiz, Bern, Oktober 2009, S. 58

107 WDR5, Out of Oil, Sendemanuskript vom 18.3.2007

108 Fachagentur Nachwachsende Rohstoffe, Flyer: Basisdaten Deutschland, Gülzow 2008

109 FAO, The State of Food and Agriculture, 2008

[110] Institute European Environmental Policy; Anticipated Indirect Land Use Change Associated with Expanded Use of Biofuels and Bioliquids in the EU, November 2011; www.ieep.eu/assets/731/ Anticipated_Indirect_Land_Uce_Change_Associated_with_ Expanded_Use_of_Biofuels_and_Bioliquids_in_the_EU_-_An_ Analysis_of_the_National_Renewable_Energy_Action_Plans.pdf, abgerufen 30.3.2011

[111] Bundesministerium für Verkehr, Bau- und Stadtentwicklung, Verkehr in Zahlen 2010/2011, Hamburg 2009, S.101

[112] Kunert, Uwe; Link, Heike, Bundesfernstraßen – enge Spielräume für Netzerweiterungen auch bei hohen Investitionen, in: Informationen zur Raumentwicklung, 6/2004, S.395–400, www.bbr.bund.de/nn_36558/BBSR/DE/Veroeffentlichungen/IzR/ 2004/Heft06Raumordnung.html, abgerufen 30.3.2011

[113] Umweltbundesamt, Martin Lambrecht et al., Strategien für einen nachhaltigen Güterverkehr, Oktober 2009, S.46

[114] ITP/BVU Prognose der deutschlandweiten Verkehrsverflechtungen 2025, München, Freiburg 2007, S.272–273

[115] Fraunhofer Institut für System- und Innovationsforschung, Long Term Climate Impacts of the Introduction of Mega-Trucks, Karlsruhe 2009; www.endseurope.com/docs/90514a.pdf, abgerufen 30.3. 2011

[116] PlasticsEurope, Plastics – The Facts 2010, S. 5, www.plasticseurope. org/learning-centre/publications-test.aspx, abgerufen 4.3.2011

[117] Pretting, Gerhard / Boote, Werner, Plastic Planet, Die dunkle Seite der Kunststoffe, o.O., 2010, S.176

[118] In geringerem Umfang wird auch Erdgas als Syntheserohstoff verwendet, das aber ebenfalls eine fossile, nicht erneuerbare Energiequelle darstellt

[119] Fischer, Hermann, Plädoyer für eine sanfte Chemie, Karlsruhe 1993, S.55ff.

[120] ebenda S.69

[121] Chemical Abstracts Service (CAS), Pressemitteilung 8.9.2009; www.cas.org/newsevents/releases/50millionth090809.html, abgerufen am 6.3.2011

[122] Stelz, Herbert, Preis des Versagens, in: Die Zeit 10/1993, www.zeit.de/1993/10/preis-des-versagens, abgerufen 4.4.2011

[123] Braungart, Michael / McDonough, William, Einfach intelligent produzieren, Berlin 2003, S.60/61

[124] Fischer, Hermann, Plädoyer für eine sanfte Chemie, Karlsruhe 1993, S.125

[125] Freytag, Bernd, Chemie im Zenit, Frankfurter Allgemeine Zeitung 26.2.2011

[126] Mooney, Pat, Next Bang! Wie das riskante Spiel mit Megatechnologien unsere Existenz bedroht, München 2010, S.105

[127] ebenda S.103

[128] ebenda S.107

[129] ebenda S.89

[130] ebenda S.106/107

[131] Pauli, Gunter, Vortrag 25.1.2011 in Berlin

[132] Pauli, Gunter, Interview 14.10.2010, www.nachhaltigkeit.at/article/articleview/84824/1/25546/ abgerufen 3.3.2011

[133] Pauli, Gunter, Interview 31.10.1993, www.fastcompany.com/magazine/00/pauli.html?page=0%2C1, abgerufen 3.3.2011

[134] Pauli, Gunter, Neues Wachstum, Wenn grüne Ideen nachhaltig blau werden, Berlin 2010, S.31/32

[135] ebenda S.31–34

[136] Pauli, Gunter, Upcycling, Wirtschaften nach dem Vorbild der Natur für mehr Arbeitsplätze und eine saubere Umwelt, München 1998, S.38

[137] Pauli, Gunter, Neues Wachstum, Wenn grüne Ideen nachhaltig blau werden, Berlin 2010, S.36

[138] Pauli, Gunter, Upcycling, Wirtschaften nach dem Vorbild der Natur für mehr Arbeitsplätze und eine saubere Umwelt, München 1998, S.21

[139] Zero Emissions Research Initiative

[140] www.community.blueeconomy.de/m/news/view/Strom-ohne-Batterien und www.iuk.fraunhofer.de/index2.html?Dok_ID=74&Sp=1&MID=1408&PHPSESSID=efb290bc07 abgerufen am 3.3.2011

[141] vgl. auch www.bbc.co.uk/news/uk-england-leeds-11959381, abgerufen am 2.3.2011

[142] dpa, Smartphones rücken vor – Nokia rutscht ab, 19.5.2011

[143] Students and Scholars against Corporate Misbehavior, Workers as Machines 12.10.2010, http://sacom.hk/wp-content/uploads/2010/11/report-on-foxconn-workers-as-machines_sacom.pdf, abgerufen 27.6.2011

[144] Video-Dokumentation www.ipe.org.cn/En/about/notice_de.aspx?id=9684, abgerufen 9.3.2011

[145] Friends of Nature u.a., Schwermetalle außer Kontrolle, http://asienhaus.de/public/archiv/schwermetalle_ausser_kontrolle.pdf abgerufen 9.3.2011

[146] Nauckhoff, Mikael Henrik von, Strategische Metalle und Seltenerdmetalle, München 2010, S. 33

[147] Wuppertal Institut für Klima, Umwelt, Energie, Zukunftsfähiges Deutschland, Frankfurt/Main 2008, S. 143

[148] Fraunhofer-Institut für System- und Innovationsforschung, Rohstoffe für Zukunftstechnologien, Stuttgart 2009, S. 328

[149] Bork, Henrik, Chinas Kokain, Süddeutsche Zeitung, 6./7. November 2010, S. 28

[150] Büschemann, Karl-Heinz, Fragwürdiger Tauschhandel, Süddeutsche Zeitung, 6./7. 11. 2010, S. 29

[151] Politische Ökologie, Juni 2009, S. 60

[152] Zajec, Olivier, Herr über die seltenen Erden, Le Monde diplomatique, November 2010, S. 6–7

[153] ebenda

[154] Pressekonferenz der Technischen Universität Berlin/ReUse-Computer-Projekt, 28.10.2010

[155] Vahldiek, Axel, Heise online 9.1.2009, www.heise.de/netze/meldung/Support-fuer-Windows-2000-endet-am-13-Juli-2010-195663.html, abgerufen 29.7.2011

[156] Hackmann, Joachim, Windows-7-Migration ist unausweichlich, Computerwoche 4.5.2010, www.computerwoche.de/mittelstand/1935464/ abgerufen 4.3.2011

[157] Umweltbundesamt, Computer, Internet und Co, Dessau-Roßlau August 2009, S. 36

[158] Hagelüken, Christian, Verlorene Schätze, in: Recycling Almanach 2010, München 2010, S. 146–149, hier S. 148

[159] Nauckhoff, Mikael Henrik von, Strategische Metalle und Seltenerdmetalle, München 2010, S. 116

[160] Melzer, Chris, UN warnen vor weltweiter Krise bei Spezialmetallen, dpa, 13. Mai 2010

[161] Nauckhoff, Mikael Henrik von, Strategische Metalle und Seltenerdmetalle, München 2010, S. 112

[162] Neef, Wolfgang, Welche Ökonomie braucht nachhaltige Technikentwicklung? In: Becker, Frank u.a. (Hrsg.), ReUse-Computer, München 2005, S. 10–22, hier S. 15

[163] Mooney, Pat, Next Bang! Wie das riskante Spiel mit Megatechnologien unsere Existenz bedroht, München 2010, S. 108

[164] Neef, Wolfgang, Welche Ökonomie braucht nachhaltige Technikentwicklung? In: Becker, Frank u.a. (Hrsg.),. ReUse-Computer, München 2005, S. 10–22

[165] Statista, Daten und Fakten zur Verpackungsindustrie, o. J. http://de.statista.com/statistik/faktenbuch/150/a/branche-industrie-markt/verarbeitendes-gewerbe/verpackungsindustrie, abgerufen 10. 3. 2011

[166] Grassmuck, Volker, Freie Software, Bonn 2004

[167] zitiert in ebenda S. 224

[168] zitiert in ebena S. 221

[169] Merten, Stefan, Nehmen statt kaufen, www.oekonux.de/texte/nehmen.html abgerufen am 15. 2. 2011

[170] Gorz, André, Auswege aus dem Kapitalismus, Zürich 2009, S. 87

[171] IAASTD, Weltagrarbericht, Synthesebericht, Hamburg 2009, S. 65

[172] Scheub, Ute, Sehnsucht der Schmetterlinge, in: taz 20./21.11.2010, S. 18/19

[173] Bourke, John Gregory, Das Buch des Unrats, ursprünglich 1891, Neuauflage Frankfurt/M. 1992, S. 54 ff.

[174] Liebig, Justus von, Es ist ja die Spitze meines Lebens: Naturgesetze im Landbau (ursprüngl. 1861) Nachdr. Bad Dürkheim 1995, S. 27 ff.

[175] Hundertwasser, Friedensreich, Manifest „Scheißkultur – die heilige Scheiße", www.tierversuchsgegner.org/wiki/index.php?title=Komposttoilette, abgerufen 16. 3. 2011

[176] Paasch, Armin, Exportschlager Hunger, in Der kritische Agrarbericht 2011, Konstanz 2011, S. 82–86, hier S. 85

[177] Bund für Umwelt und Naturschutz Deutschland, Agrarreform für nachhaltige Landwirtschaft 2013, Berlin 2010, S. 5

[178] Bund für Umwelt und Naturschutz, Pressemitteilung 28. 4. 2011, www.bund.net/nc/bundnet/presse/pressemitteilungen/detail/zurueck/archiv/artikel/agrarsubventionen-an-grosskonzerne-bund-fordert-tiefgreifende-agrarreform-und-umverteilung-der-g/, abgerufen 24. 6. 2011

[179] ebenda S. 6

[180] Zukunftsstiftung Landwirtschaft / GLS Treuhand, Wege aus der Hungerkrise, Hamburg, Oktober 2009, S. 1

[181] FAO (Food and Agriculture Organisation), http://faostat.fao.org/Portals/_Faostat/documents/pdf/world.pdf, abgerufen 21. 3. 2011

[182] IAASTD, Weltagrarbericht, Synthesebericht, Hamburg 2009, S. 50

[183] Deutscher Bundestag, Protokoll 21.1.2009, Anlage 3, http://dip21.bundestag.de/dip21/btp/16/16199.pdf, abgerufen 22. 3. 2011

[184] IAASTD, Weltagrarbericht, Synthesebericht, Hamburg 2009, S. 6

[185] FAO, http://faostat.fao.org/Portals/_Faostat/documents/pdf/world.pdf, abgerufen 21.3.2011

[186] Langerhorst, Margarete, Meine Mischkulturen Praxis, Xanten 1996 Langerhorst, Jakobus, Mischkultur im Gemüsebau: Mit Pflanzen guten Boden schaffen, Klagenfurt 1986

[187] Supermarktmacht.de (Zusammenschluss von 24 NGOs und Gewerkschaften), www.supermarktmacht.de/marktmacht/, abgerufen 21.3.2011

[188] Paasch, Armin, Exportschlager Hunger, in: Der kritische Agrarbericht 2011, Konstanz 2011, S. 82–86, hier S. 85

[189] Leutner, Franz, Zukunft, Glück und Nahrung, in: Tagwerk, Leben á la carte, Dorfen, Nov. 2009, S. 9–13, hier S. 11

[190] Müller-Ermann, Heiner, Nur regional ist bio ökologisch, in: Tagwerk, Leben á la carte, Dorfen, Nov. 2009, S. 23–29, hier S. 24

[191] Frölich, Kai; Kopte, Susanne, Alte Nutztierrassen, Schwarzenbek 2010, S. 18

[192] Müller, Christa, Urban Gardening, Über die Rückkehr der Gärten in die Stadt, München 2011, S. 32

[193] Müller, Christa, Urban Gardening, Über die Rückkehr der Gärten in die Stadt, München 2011

[194] Pauli, Gunter, Neues Wachstum, Wenn grüne Ideen nachhaltig „blau" werden, Berlin 2010, S. 58

[195] Christ, Manfred, Am Anfang war das Saatgut in: ders. (hrsg) Bedrohte Saat, Dornach 2010, S. 11–48, hier S. 22

[196] ETC Group, Zahlen aus 2007, www.gmwatch.org/component/content/article/10558-the-worlds-top-ten-seed-companies-who-owns-nature, abgerufen 25.3.2011

[197] Christ, Manfred, Am Anfang war das Saatgut, in: ders. (hrsg) Bedrohte Saat, Dornach 2010, S. 11–48, hier S. 19

[198] Zitiert nach: Hammer, Karl, Agrarbiodiversität und pflanzengenetische Ressourcen, Bonn 1998, S. 25/26

[199] Klett, Manfred, Die Entstehung der Kulturpflanzen und das Saatgut als Kulturerbe der Menschheit, in: Christ, Manfred (Hrsg.), Bedrohte Saat, Dornach 2010, S. 49–88, hier S. 57ff.

[200] Asendorf-Höfflin, Sophia, Von bäuerlicher Züchtung zum Agrobusiness – und zurück?, in: Tagwerk, Leben á la carte, Dorfen, Nov. 2009, S. 99ff.

[201] Fuchs, Nicolai, Agro-Gentechnik – Stolperstein für eine gesellschaftliche Neuorientierung, in: Christ, Manfred (hrsg.), Bedrohte Saat, Dornach 2010, S. 89–116, hier S. 90–91

202 Mooney, Pat; Fowler, Cary, Die Saat des Hungers, Hamburg 1991, S. 10–13

203 Deutschlandfunk 17.4.2008, Wettlauf gegen einen Pilz, www.dradio. de/dlf/sendungen/forschak/771769, abgerufen 25.3.2011

204 Blawat, Katrin, Schrecken der Weizenfelder, Süddeutsche Zeitung 15.6.2011

205 Christ, Manfred, Am Anfang war das Saatgut, in: ders.(Hrsg.) Bedrohte Saat, Dornach 2010, S. 11–48, hier S. 22

206 Klaphake, Ute, Reichtum ernten, Stuttgart 2009, S. 131

207 Prall, Ursula, Genetische Vielfalt, geistiges Eigentum und Saatgutverkehr, in: Christ, Manfred (hrsg.), Bedrohte Saat, Dornach 2010, S. 187–216, hier S. 208 ff.

208 IAASTD, Weltagrarbericht, Synthesebericht, Hamburg 2009, S. 13

209 Idel, Anita, Die Kuh ist kein Klima-Killer, Marburg 2010, S. 61

210 Niemann, Eckehard, Agrarindustrie macht einsam, in: Der kritische Agrarbericht 2011, Konstanz 2011, S. 185

211 Paasch, Armin, Exportschlager Hunger, in: Der kritische Agrarbericht 2011, Konstanz 2011, S. 82–86, hier S. 82

212 Beck, Sebastian, Es war einmal ein Bauer, Süddeutsche Zeitung 30.6.2011

213 Frölich, Kai; Kopte, Susanne, Alte Nutztierrassen, Schwarzenbek 2010, S. 16–19

214 Gura, Susanne, Das Tierzucht-Monopoly, in: Buko Agrar Dossier 27, Agrobiodiversität – landwirtschaftliche Vielfalt in Gefahr, Hamburg 2007, S. 58–62, hier S. 58/59

215 Klawitter, Nils, Im Akkord zur Schlachtreife, Spiegel 14.2.2011, S. 66 ff.

216 Zastiral, Sascha, Indien droht das Wasser auszugehen, taz, 22.8.2009,

217 Damm, Haidy, Studie im Auftrag von Oxfam Deutschland, Grenzenlos und billig, Dez. 2009, S. 12

218 ebenda S. 11–19

219 Thies, Christian, Agro-Gentechnik – Zur Einführung in die Diskussion, in: Drell, Volker; Thies, Christian (hrsg.), Agro-Gentechnik, Berlin 2008, S. 1–14, hier S. 6

220 Sauter, Arnold, Transgenes Saatgut in Entwicklungsländern – Erfahrungen, Herausforderungen, Perspektiven, Büro für Technikfolgen-Abschätzung beim Deutschen Bundestag (TAB) 2008, www.itas.fzk. de/deu/lit/2008/saut08a_zusammenfassung.htm, abgerufen 28.3.2011

221 Becker, Matthias, Eine Zivilisation, deren Entwicklungsmöglichkeiten sich erschöpft haben, in: telepolis 14.6.2011, http://www.heise.de/tp/artikel/34/34887/1.html, abgerufen 25.6.2011

222 European Food Safety Authority, Scientific Opinion on the assessment of allergenicity of GM plants and microorganisms and derived food and feed, EFSA Journal 2010; 8(7):1700, www.efsa.europa.eu/de/scdocs/doc/1700.pdf, abgerufen 24.6.2011

223 IAASTD, Weltagrarbericht, Synthesebericht, Hamburg 2009, S. 26 und 129/130

224 Statistisches Bundesamt, Bruttoverdienste vollzeitbeschäftigter Arbeitnehmer 2009; für den männlichen Otto-Normalverdiener sind 3320 Euro ausgewiesen.

225 Statistisches Bundesamt/BaFin – Daten für 2009

226 OECD, Renten auf einen Blick 2009, Paris 2009, S. 140

227 Schulmeister, Stephan, Der Boom der Finanzderivate und seine Folgen, in: Aus Politik und Zeitgeschichte 26/2009, Seiten 6–14, hier S. 8

228 Gorz, André, Das Ende des Kapitalismus hat schon begonnen (zuerst erschienen 2007), in: ders., Auswege aus dem Kapitalismus, Aufsatzsammlung, Zürich 2009, S. 17–29, hier Seite 18/19

229 zitiert bei Herrmann, Ulrike, Rente muss sich wieder lohnen, Le Monde diplomatique 11.9.2009

230 Klimenta, Harald, Probleme und Chancen der deutschen Bankenlandschaft, in: Aus Politik und Zeitgeschichte 26/2009, Seiten 14–19, hier Seite 15

231 Sachverständigenrat zur Begutachtung der gesamtwirtschaftlichen Entwicklung, Jahresgutachten 2010/2011, veröffentlicht Nov. 2010, S. 14

232 Schulz, Thomas, Angriff der Algos, Spiegel 27.9.2010

233 Bundeszentrale für politische Bildung, 2010, www.bpb.de/wissen/KPKYIR,0,0,Die_zehn_gr%F6%DFten_TNU_der_Finanzbranche.html, abgerufen 4.4.2011

234 Herrmann, Ulrike, Hurra, wir dürfen zahlen, München 2010, S. 33

235 Piper, Nikolaus, Völlig losgelöst, Süddeutsche Zeitung 1./2. Juni 2011, S. 26

236 Max-Neef, Manfred, Wer in Armut überlebt, kann nicht dumm sein, Interview, taz, 28.9.2010

237 Yesilgöz, Mehmet, Der „anarchistische Bankdirektor" aus Gammesfeld, in: Naturscheck, Magazin für ein ökologisches Bewusstsein, Sommer 2010, S. 11–17, hier S. 14

238 Deutscher Raiffeisenverband, Raiffeisen, Bonn. o. J., S. 1–13

239 André Gorz, Weltkrise, schrumpfendes Wachstum und Ausweg aus dem Kapitalismus (verfasst 2007), in: Auswege aus dem Kapitalismus. Beiträge zur politischen Ökologie. Zürich 2009, S. 79–90

240 Bundeszentrale für politische Bildung, Dez. 2010, www.bpb.de/wissen/3MGD0S,0,Anzahl_Transnationaler_Unternehmen.html, abgerufen 4.4.2011

241 Kennedy, Margrit; Lietaer, Bernard A., Regionalwährungen. Neue Wege zu nachhaltigem Wohlstand, München 2004

242 Rabe, Jens-Christian, Die nächste Krise wird wieder aus dem Überfluss geboren, Süddeutsche Zeitung, 22./23.1.2011

243 O. A., Die sinnsuchenden Banker, FAZ, 20.2.2010

244 Watermann, Brigitte; Hinterberger, Markus, David schlägt Goliath, Börse Online 23/2010, S. 17ff.

245 Rosenkranz, Gerd, spezial: Energie, Reinbek 1995, S. 22

246 Beck, Ulrich, „Wir sind zum Labor geworden", Interview taz, 1.4.2011

247 Then, Christoph, Dolly ist tot, Biotechnologie am Wendepunkt, Zürich 2008, S. 155ff.

248 Bundesministerium für Umwelt, Naturschutz und Reaktorsicherheit, www.bmu.de/dossier_biologische_vielfalt/doc/45491.php, abgerufen 1.4.2011

249 Braungart, Michael, McDonough, William, Einfach intelligent produzieren, Berlin 2003, S. 87

250 November 2008 Frankfurt/M. und Februar 2011, Berlin

251 Gespräch der Autorin mit einer Shaw-Mitarbeiterin auf der Messe in Frankfurt/M.

252 Als Berechnungsbasis dienen die Preise im Jahr 2008. Forum Ökologisch-Soziale Marktwirtschaft (FÖS), Staatliche Förderungen der Atomenergie im Zeitraum 1950–2008, Berlin, Sept. 2009, www.foes.de/pdf/90903-Subventionen_Atomkraft_Endbericht-3 li.pdf, abgerufen 2.4.2011

253 Arzt, Ingo, Die Schlacht um die Strom-Milliarden, taz, 24.8.2010

254 Hahn, Dorothea, Bohren to be wild, taz, 20.4.2011

255 Scheer, Hermann, Der EnergEthische Imperativ, München 2010

256 Friebe, Holm; Ramge, Thomas, Marke EigenbauFrankfurt/M. 2008, S. 173ff.

257 Felber, Christian, Gemeinwohlökonomie, Das Wirtschaftsmodell der Zukunft, Wien 2010, S. 10ff.